Die deutsche Arbeiterbewegung

Axel Kuhn

Die deutsche Arbeiterbewegung

Philipp Reclam jun. Stuttgart

Umschlagabbildung:
Demonstrierende Arbeiter in der Novemberrevolution
Aus: 1863–1963. Hundert Jahre deutsche Sozialdemokratie. Bilder und Dokumente. Hrsg. von Georg Eckert. Hannover 1963. Kap. IV. Nr. 48.

RECLAMS UNIVERSAL-BIBLIOTHEK Nr. 17042

Gesamtherstellung: Reclam, Ditzingen. Printed in Germany 2004
RECLAM, UNIVERSAL-BIBLIOTHEK und
RECLAMS UNIVERSAL-BIBLIOTHEK sind eingetragene Marken
der Philipp Reclam jun. GmbH & Co., Stuttgart
ISBN 3-15-017042-7

www.reclam.de

Inhalt

II
Aspekte

III
Quellen

Zum Thema

Die deutsche Arbeiterbewegung hat im 19. und 20. Jahrhundert Geschichte gemacht. Sie verschwand als politische Kraft, nachdem sie ihre historische Aufgabe erfüllt hatte. Heute gibt es in Deutschland keine politische Arbeiterbewegung mehr; aber es ist leichter, den Zeitpunkt zu bestimmen, zu dem sie ihren Anfang nahm, als ein Datum für ihr Ende zu finden.

Versteht man unter Arbeiter*bewegung* eine organisierte Interessenvertretung der Arbeiter, die die Gesellschaft in ihrem Sinne politisch verändern will, dann beginnt deren Geschichte 1832 mit der Gründung einer ersten Partei, deren Mitglieder überwiegend aus Teilen der sich formierenden deutschen Arbeiterschaft (es waren Handwerker) stammten. Dass sich dieser folgenreiche Auftakt in Paris ereignete, tut nichts zur Sache; im weiteren Verlauf ihrer Geschichte erfuhr die deutsche Arbeiterbewegung immer wieder entscheidende Impulse aus dem Exil. Wenn die Entwicklung von Arbeiterparteien in Deutschland seitdem auch mehrfach unterbrochen wurde, so steht der 1832 entstandene Deutsche Volksverein nichtsdestoweniger an ihrem Anfang.

Wann endete die deutsche Arbeiterbewegung als politische Kraft? In der BRD war das 1959 der Fall, als sich die Sozialdemokratische Partei Deutschlands (SPD), die auf eine ungebrochene Geschichte seit 1863 zurückblicken konnte und seit 1891 diesen Namen trug, ein neues Parteiprogramm gab. Dieses Godesberger Programm markierte, auch im Selbstverständnis der SPD, deren Übergang von einer Arbeiter- zu einer Volkspartei.

In der DDR verstand sich die 1946 aus dem Zusammenschluss von KPD und SPD entstandene Sozialistische Einheitspartei Deutschlands (SED) als »der bewußte und organisierte Vortrupp der deutschen Arbeiterklasse« (so das

Parteiprogramm von 1963). Das SED-Regime musste jedoch am 17. Juni 1953 eine Arbeiterrevolte niederschlagen und machte sich dadurch als Arbeiterpartei unglaubwürdig. Demnach erscheint es angebracht, die Geschichte der deutschen Arbeiterbewegung bis in die 1950er Jahre zu verfolgen und sie mit einem Ausblick bis zum Ende der zwei deutschen Staaten abzuschließen.

Nach der Wiedervereinigung gab es (abgesehen von Splittergruppen) keine Partei mehr, die sich die Vertretung von Arbeiterinteressen ausdrücklich zum Ziel setzte, wenn auch mit der Partei Demokratischer Sozialisten (PDS) immerhin eine sozialistische Partei. Auch die in der BRD weiterhin existierenden und kraftvoll wirkenden Gewerkschaften, die die wirtschaftlichen Interessen der Lohnabhängigen vertreten, sind kein stichhaltiges Argument gegen die Entscheidung, eine Geschichte der deutschen Arbeiterbewegung in den 1950er Jahren abzuschließen. Denn diese hat sich in erster Linie immer als eine politische und nicht als eine ökonomische Bewegung verstanden.

Damit ist der Zeitraum abgesteckt, der in diesem Band behandelt wird. Was nun die Arbeiter selbst betrifft, so entstanden sie überall dort als Klasse, wo die industrielle Revolution ausbrach und in relativ kurzer Zeit die jahrhundertelang existierende agrarische Gesellschaftsordnung in eine industrielle umwandelte. Deshalb ähnelt sich die Geschichte der Arbeiterbewegung in allen Industriestaaten bis zu einem gewissen Grade. Dennoch bildeten sich nationale Unterschiede heraus. Diese machen es möglich und lassen es zugleich als reizvoll erscheinen, dem internationalen Phänomen auch eine nationale Perspektive abzugewinnen.

Die deutsche Geschichte hat bei aller Gemeinsamkeit mit der Frankreichs und Englands in der späten Nationalstaatsgründung von 1871 eine besondere Entwicklung genommen. Das deutsche Bürgertum erwies sich aus Gründen, die weit in die Vergangenheit zurückreichen und mit der spezifischen Situation des mittelalterlichen Kaiserreichs zusammenhängen, als zu schwach, Einheit, Freiheit und Demokratie aus eigener Kraft zu erkämpfen. Daraus ergab es sich auch, dass die deutsche Arbeiterbewegung neben ihrem klassenspezifischen Ziel, die Arbeiter aus Verelendung und Unterdrückung zu befreien, noch zusätzlich die Aufgaben zu übernehmen hatte, an denen das deutsche Bürgertum gescheitert war: nämlich eine demokratische Republik aufzubauen und zu sichern.

Dieses Zusammenfallen von bürgerlich-freiheitlicher und proletarisch-sozialistischer Zielsetzung in Deutschland lässt sich auch mit den Worten der Kritiker als frühzeitige »Verbürgerlichung« der deutschen Arbeiterbewegung bezeichnen. In anderen europäischen Staaten, wie etwa Frankreich und Italien, gab es bis zum Ende des 20. Jahrhunderts starke linkssozialistische bzw. reformkommunistische Parteien, während die dortige Sozialdemokratie eine unbedeutende Größe darstellte. In Deutschland war es bis 1933 umgekehrt: Eine starke reformorientierte Sozialdemokratie stand einer Kommunistischen Partei gegenüber, die nie mehr als ein Fünftel der Wähler hinter sich brachte. Natürlich hat der Nationalsozialismus dann unter der Arbeiterbewegung gewütet. Bezeichnend für die deutsche Situation war es auch, dass sich der soziale Gegensatz zwischen Proletariat und Bourgeoisie nach 1949 in den nationalen Gegensatz zweier deutscher Staaten verwandelte. Aber auch diese Besonderheiten reichen nicht aus, um die traditionelle Schwäche des Linkssozialismus bzw. Reformkommunismus im Deutschland des 20. Jahrhunderts zu erklären. Die Mehrheitsfraktion der deutschen Arbeiterbewegung wurde vielmehr deshalb zu einer reformorientierten Bewegung, weil die traditionelle Schwäche des deutschen Bürgertums, die sich im Kaiserreich nach 1871 und in der Weimarer Republik zur Genüge zeigte, sie dazu zwang, sich erst einmal mit bürgerlichen Belangen zu beschäftigen. So bekämpfte die Mehrheits-

SPD mit Hilfe der konservativen Gewalten in der Revolution von 1918/19 alle sozialistischen Ansätze zu einer grundlegenden Veränderung der kapitalistischen Gesellschaft. So wurde die Mehrheits-SPD zum entschiedenen Verteidiger der Weimarer Republik, obwohl sie in ihr nur kurze Zeit die Reichskanzler stellte.

Für diese Politik zahlte sie einen hohen Preis: die Abspaltung des linken Flügels von der Partei und eine im europäischen Vergleich einmalig krasse Polarisierung von Reformismus und Kommunismus, die schließlich in die Unfähigkeit mündete, den deutschen Faschismus erfolgreich zu bekämpfen. Und da sich (wie auch Marx von Hegel wusste) alle weltgeschichtlichen Tatsachen zweimal ereignen, das eine Mal als Tragödie, das andere Mal als Farce, folgte auf das Scheitern der SPD in der Weimarer Republik das Scheitern der SED in der DDR.

War das die »historische Aufgabe« der deutschen Arbeiterbewegung: ein bürgerliches Staatswesen, gipfelnd in der Bonner Republik, ganz wesentlich mit aufzubauen und aller Welt zu zeigen, dass ein sozialistischer Staat aus sich heraus nicht lebensfähig ist?

Im 19. Jahrhundert schien die klassische deutsche Sozialdemokratie eine andere Aufgabe zu erfüllen. In Vereinfachung, jedoch nicht Verfälschung komplexer Prozesse lässt sich sagen, dass die deutsche Arbeiterbewegung im Kaiserreich zur Vorhut der internationalen Arbeiterbewegung wurde. Zunächst hatten England und Frankreich, die Länder, in denen die industrielle Revolution früher ausgebrochen war, auch in der Geschichte der internationalen Arbeiterbewegung den Ton angegeben. Der englische Chartismus, benannt nach dem wichtigsten Kampfmittel, der *charter* (einem Vertragsdokument, das in Form von Massenpetitionen dem Parlament zur Verabschiedung eingereicht werden sollte), wirkte von 1836 bis 1848. Bis zum Fall der Pariser *Commune* 1871 war sodann Frankreich das Land, auf das sich das internationale Arbeiterinteresse richtete. Daraufhin erhielt die deutsche Sozialdemokratie ihre weltgeschichtliche Chance. Während ihrer Vorherrschaft in Europa entwickelte sich die SPD zur Massenpartei, bot den anderen Arbeiterbewegungen von 1875 bis 1917 das Beispiel einer Einheitsorganisation, übernahm seit 1891 (in welcher Form, wird noch darzustellen sein) den Marxismus als offizielle Lehre in ihr Parteiprogramm und verteidigte diesen um die Jahrhundertwende im so genannten Revisionismusstreit.

Das waren Entwicklungen von wahrhaft bahnbrechender und beispielgebender Bedeutung für die internationale Arbeiterbewegung. Denn der Sozialismus als politische Theorie war eher als die Arbeiterbewegung entstanden, hatte sich in seiner frühen Form in intellektuellen Zirkeln verbreitet und war erst durch Karl Marx als wissenschaftlicher Sozialismus mit der Arbeiterbewegung verbunden worden.

Die deutsche Arbeiterbewegung verlor seit 1917 diese richtungsweisende Kraft an die Bolschewiki in der Sowjetunion – zu einer Zeit also, als die SPD ihre staatstragende Rolle übernahm und die KPD die Aufgabe erhielt, die UdSSR zu verteidigen. Es wird immer zu den faszinierenden Aufgaben der Geschichtswissenschaft gehören, diesen Wandel zu beschreiben.

Natürlich sind schon viele Gesamtdarstellungen über die Geschichte der deutschen Arbeiterbewegung veröffentlicht worden; aber (und das ist verwunderlich) nach 1989 hat es kaum einen weiteren Versuch mehr dazu gegeben. Es scheint, als hätte das Thema seit der Wiedervereinigung an Bedeutung verloren. Mit anderen Worten: die Geschichtsschreibung der deutschen Arbeiterbewegung profitierte in der Zeit, als es zwei deutsche Staaten gab, von der ideologischen Konfrontation zwischen BRD und DDR. Die Fragen nach dem »sozialistischen Erbe« und nach dem »richtigen Weg« trieben Historikerinnen und Historiker zu immer neuen Forschungen an.

Obwohl diese auch zu wichtigen Erkenntnissen führten, wurden sie doch durch die ideologischen Scheuklappen auf beiden Seiten der Mauer erheblich beeinträchtigt. Die DDR-Geschichtsschreibung erfüllte mehr oder weniger freiwillig den Auftrag, nachzuweisen, dass Marx und Engels in all ihren Aussagen über die ökonomische Entwicklung und den Gang der Geschichte Recht behalten hatten. Dies provozierte Widerlegungsversuche aus bundesrepublikanischer Sicht, die genau genommen ebenfalls ideologisch motiviert waren: Karl Marx oder Stephan Born, Eisenacher oder Lassalleaner, Rosa Luxemburg oder Eduard Bernstein, KPD oder SPD? Das waren hier die Fragen, deren Antworten sich zumeist nicht aus der Konfrontation der beiden miteinander konkurrierenden Systeme befreien konnten. Nach der Wiedervereinigung fiel diese Konkurrenzsituation weg, und obwohl dem Thema Arbeiterbewegung anscheinend dadurch die politische Brisanz abhanden gekommen ist, eröffnet sich andererseits eine Möglichkeit, deren Geschichte unbehelligt von politischen Verwertungsinteressen neu zu überdenken.

Der vorliegende Band ist nur ein kleiner Versuch, diesem erstrebenswerten Ziel näher zu kommen. Er besteht aus einem darstellenden und einem erörternden (Aspekte genannten) Teil, denen sich eine Sammlung wichtiger Quellen anschließt. Die Darstellung soll die Höhepunkte in der Geschichte der deutschen Arbeiterbewegung in knapper Form beschreiben und sie in den größeren Zusammenhang der allgemeinen deutschen Geschichte stellen. Es handelt sich also nicht um eine kontinuierliche Erzählung, sondern um eine Auswahl von Ereignissen, und diese werden umso detaillierter dargestellt, je umstrittener sie in der bisherigen Geschichtsschreibung gewesen sind.

In den erörternden Kapiteln geht es hauptsächlich darum, Themen aufzugreifen, die in der Arbeiterbewegung selbst umstritten waren und die epochenübergreifend mehrfach zu Auseinandersetzungen führten. Erörterung heißt in diesem Zusammenhang auch, die Frage zu stellen, was von den Debatten der Vergangenheit heute noch Bestand hat; eine Frage, die natürlich in erster Linie an den Marxismus zu richten ist.

Eine neue Sicht auf die Geschichte der deutschen Arbeiterbewegung, die an ihr Ende gelangt ist: Man könnte diese schwere Aufgabe nunmehr unbekümmert angehen, die Sentenzen der Klassiker im Gepäck, Bernstein und Marx respektlos auf den Kopf stellen, jenem zurufen: »Das Ziel ist der Weg«, und diesem: »Die Sozialisten haben die Welt nur verändert, es kommt aber darauf an, sie verschieden zu interpretieren«.

Zeittafel

1832 Deutscher Volksverein in Paris gegründet.

1834 Umwandlung des Volksvereins in den Bund der Geächteten.
Das Junge Deutschland in der Schweiz gegründet.

1836 Bund der Gerechten in Paris gegründet.

1839 Wilhelm Weitling: *Die Menschheit, wie sie ist und wie sie sein sollte.*
Gesetzliche Einschränkung der Kinderarbeit in Preußen.

1844 4. Juni: Weberaufstand in Schlesien.

1845 *Deutsches Bürgerbuch für 1845.*

1847 Bund der Kommunisten in London.

1848 Februar: Das *Manifest der Kommunistischen Partei* veröffentlicht.
18. März: Ausbruch der Revolution in Berlin.
13. April: Gründung des Kölner Arbeitervereins.
25. April: Gründung der Demokratischen Gesellschaft in Köln.
23. August – 3. September: Gründungskongress der Allgemeinen deutschen Arbeiterverbrüderung in Berlin.

1851 7. Oktober: Beginn des Kölner Kommunistenprozesses.

1854 13. Juli: Verbot aller Arbeitervereine aufgrund eines Bundesbeschlusses.

1863 1. März: Ferdinand Lassalle: *Offnes Antwortschreiben.*
23. Mai: Gründung des Allgemeinen Deutschen Arbeitervereins in Leipzig.

1864 28. September: Gründung der Internationalen Arbeiterassoziation in London (Erste Internationale).

1867 Karl Marx: *Das Kapital* (Bd. 1).

1869 7.–9. August: Gründungskongress der Sozialdemokratischen Arbeiterpartei in Eisenach.
Rede von Bischof Ketteler zur Arbeiterfrage.

1871 18. Januar: Gründung des Deutschen Kaiserreichs.

1875 Friedrich Harkort: *Arbeiter-Spiegel.*

1875 22.–27. Mai: Parteitag in Gotha; Zusammenschluss von ADAV und SDAP zur Sozialistischen Arbeiterpartei Deutschlands; Verabschiedung des Gothaer Programms.

1878 19. Oktober: Annahme des Sozialistengesetzes im Reichstag.

1882 Friedrich Engels: *Die Entwicklung des Sozialismus von der Utopie zur Wissenschaft.*
1883 Staatliche Krankenversicherung.
1884 Staatliche Unfallversicherung.
1887 Exilparteitag der SAPD in Sankt Gallen.
1889 Staatliche Alters- und Invalidenversicherung.
Clara Zetkin: *Die Arbeiterinnen- und Frauenfrage der Gegenwart.*
14. Juli: Gründungskongress der Sozialistischen Internationale (Zweite Internationale) in Paris.
1890 20. Februar: Reichstagswahlen; Sozialdemokratie mit 19,7 Prozent größte Partei.
1891 15. Mai: Enzyklika *Rerum novarum* Papst Leos XIII.
1. Juni: Gesetzliche Einschränkung der Arbeitszeit von Kindern, Jugendlichen und Frauen.
14.–20. Oktober: Parteitag der Sozialdemokratischen Partei Deutschlands; Verabschiedung des Erfurter Programms.
1892 14.–18. März: Halberstadter Kongress zum Wiederaufbau der Gewerkschaften.
1895 11. Mai: »Umsturzvorlage« der Regierung im Reichstag gescheitert.
1896 Erster zentraler Tarifvertrag im Buchdruckergewerbe.
13.–16. Oktober: SPD-Parteitag in Gotha; Naturalismus-Debatte.
1899 Eduard Bernstein: *Die Voraussetzungen des Sozialismus und die Aufgaben der Sozialdemokratie.*
26. Mai: »Zuchthausvorlage« der Regierung im Reichstag gescheitert.
1900 Rosa Luxemburg: *Sozialreform oder Revolution?*
September: Erste Frauen-Konferenz der SPD.
1903 13.–20. September: SPD-Parteitag in Dresden; Ablehnung des »Revisionismus«.
1905 17.–23. September: SPD-Parteitag in Jena für Massenstreik als politischem Defensivkampf.
1907 18.–24. August: Internationaler Sozialistenkongress in Stuttgart.
1910 Ab Februar: Wahlrechtskampf in Preußen.
14. Juli: Die badische SPD-Landtagsfraktion stimmt dem Landeshaushalt zu.

1912 Januar: Reichstagswahlen; SPD mit 110 Abgeordneten größte Fraktion.

1914 26. Juli: Beginn sozialdemokratischer Antikriegskundgebungen.

2. August: »Burgfrieden« zwischen Arbeitnehmern und Arbeitgebern.

3. August: Deutscher Einmarsch in Belgien.

4. August: Die SPD-Reichstagsfraktion stimmt den Kriegskrediten zu.

2. Dezember: Karl Liebknecht stimmt als Einziger gegen die zweite Kriegskreditvorlage.

1915 21. Dezember: 20 SPD-Reichstagsabgeordnete stimmen gegen neue Kriegskredite.

1916 24. März: 18 SPD-Reichstagsabgeordnete verlassen die Fraktion.

2. Dezember: Gesetz über den »Vaterländischen Hilfsdienst«.

1917 6.–8. April: Gründungskongress der USPD in Gotha.

19. Juli: Friedensresolution im Reichstag.

1918 3. Oktober: »Parlamentarisierung« des Kaiserreichs; Sozialdemokraten erstmals Regierungsmitglieder.

29. Oktober: Befehlsverweigerung von Marinesoldaten der Hochseeflotte vor Wilhelmshaven.

3. November: Blutige Zusammenstöße zwischen Arbeitern und Militär in Kiel; Bildung des ersten Arbeiter- und Soldatenrats in Kiel.

9. November: Ausrufung der Republik in Berlin durch Philipp Scheidemann und Karl Liebknecht.

10. November: Bildung des Rats der Volksbeauftragten aus MSPD- und USPD-Vertretern; Bildung des Vollzugsrats der Groß-Berliner Arbeiter- und Soldatenräte.

12. November: Einführung des Frauenwahlrechts.

15. November: Bildung einer Zentralarbeitsgemeinschaft zwischen Gewerkschaften und Unternehmerverbänden.

16.–20. Dezember: Erster Reichsrätekongress in Berlin.

28. Dezember: Rücktritt der USPD-Vertreter aus dem Rat der Volksbeauftragten.

30. Dezember – 1. Januar 1919: Gründungsparteitag der KPD.

1919 5.–12. Januar: Aufstand der Linksradikalen in Berlin.
1919 10. Januar – 4. Februar: Bremer Räterepublik.
19. Januar: Wahlen zur Nationalversammlung.
Januar – April: Streikbewegung im Ruhrgebiet.
11. Februar: Wahl Friedrich Eberts zum Reichspräsidenten.
13. Februar: Bildung der ersten Regierung der Weimarer Koalition unter Scheidemann.
7. – Ende April: Münchener Räterepublik.
17. April: Der 1. Mai wird gesetzlicher Feiertag (gilt nur für das Jahr 1919).
2. Juni: Versailler Vertrag in der Nationalversammlung mehrheitlich gebilligt.
31. Juli: Verabschiedung der Weimarer Verfassung.
1920 18. Januar: Betriebsrätegesetz verabschiedet.
13.–17. März: Kapp-Putsch.
15. März: Generalstreik gegen die Putschisten und Arbeiteraufstand gegen die Republik.
24. März: Bielefelder Abkommen zur Beendigung der Kämpfe.
6. Juni: Debakel für die SPD bei den ersten Reichstagswahlen.
12.–17. Oktober: Spaltungsparteitag der USPD in Halle.
4.–7. Dezember: Vereinigungsparteitag von USPD (Linke) und KPD in Berlin.
1921 18.–24. September: SPD-Parteitag in Görlitz; Verabschiedung eines neuen Parteiprogramms.
1922 18. Juli: Gesetz zum Schutz der Republik.
24. September: Zusammenschluss der (Rest-)USPD mit der SPD in Nürnberg.
1923 Oktober (bis 29. Oktober): Koalitionsregierungen von SPD und KPD in Sachsen und Thüringen.
1925 13.–18. September: SPD-Parteitag in Heidelberg; Verabschiedung eines neuen Parteiprogramms.
27. November: Locarno-Verträge im Reichstag angenommen.
1926 20. Juni: Volksentscheid zur Fürstenenteignung.
1928 28. Juni – 27. März 1930: Große Koalition unter Hermann Müller.
10. August: Regierungsbeschluss löst »Panzerkreuzeraffäre« aus.

1928 30. Dezember: Gründung der KPD (Opposition).

1929 1. Mai: Blutige Zusammenstöße zwischen Arbeitern und der Polizei in Berlin.

1. Dezember: Gründung der Revolutionären Gewerkschaftsopposition.

1930 30. März: Bildung der ersten Präsidialregierung unter Heinrich Brüning.

14. September: Reichstagswahlen mit Erdrutschsieg der NSDAP.

1931 4. Oktober: Gründung der Sozialistischen Arbeiterpartei in Berlin.

1932 20. Juli: Absetzung der SPD-geführten preußischen Landesregierung.

1933 30. Januar: Machtübernahme der NSDAP.

28. Februar: Notverordnung der Hitlerregierung, Verbot der KPD.

23. März: SPD stimmt gegen das Ermächtigungsgesetz.

2. Mai: Auflösung der Gewerkschaften.

22. Juni: Betätigungsverbot für die SPD.

1934 28. Januar: *Prager Manifest* der SPD.

1935 21. April: Auflösung der KPD-Parteileitung in Deutschland.

August: 7. Weltkongress der Komintern.

1936 2. Februar: Gründung der deutschen Volksfront in Paris.

1939 23. August: Hitler-Stalin-Pakt.

1. September: Deutscher Angriff auf Polen.

1941 18. März: Gründung der Union deutscher Sozialistischer Organisationen in Großbritannien.

22. Juni: Deutscher Angriff auf die UdSSR.

1942 Februar: KPD-Widerstandsgruppe um Robert Uhrig aufgedeckt.

August: Widerstandsorganisation Rote Kapelle aufgedeckt.

1943 Nationalkomitee Freies Deutschland gegründet.

1944 Juli: KPD-Widerstandsgruppe um Anton Saefkow aufgedeckt.

20. Juli: Staatsstreich gegen das Hitler-Regime gescheitert

1945 13. April: *Manifest der demokratischen Sozialisten des ehemaligen Konzentrationslagers Buchenwald.*

8. Mai: Bedingungslose Kapitulation Deutschlands.

11. Juni: Aufruf zur Wiedergründung der KPD.

15. Juni: Aufruf zur Wiedergründung der SPD.

1945 2. August: Potsdamer Abkommen.
1946 21.–22. April: Gründung der SED durch Zusammenschluss von SPD und KPD.
9.–11. Mai: Erster Parteitag der Westzonen-SPD in Hannover.
1948 29.–30. Juni: Sitzung des Parteivorstands der SED; Forderung nach einer »Partei neuen Typus«.
1949 8. Mai: Grundgesetz der BRD verabschiedet.
30. Mai: Verfassung der DDR verabschiedet.
15. September: Wahl Konrad Adenauers zum Bundeskanzler; SPD wird Oppositionspartei.
1951 17. März: Das ZK der SED beschließt den »Kampf gegen den Formalismus in Kunst und Literatur«.
21. Mai: Paritätische Mitbestimmung in der Montanindustrie der BRD.
1952 Juli: Parteikonferenz der SED beschließt den »planmäßigen Aufbau des Sozialismus«.
11. Oktober: Betriebsverfassungsgesetz in der BRD.
1953 17. Juni: Arbeiterrebellion in der DDR niedergeschlagen.
1956 August: Verbot der KPD in der BRD.
1959 15. November: Godesberger Programm der SPD.
1960 30. Juni: Bundestagsrede von Herbert Wehner (SPD).
1961 13. August: Mauerbau in der DDR.
1966 1. Dezember: Bildung der großen Koalition in der BRD.
1968 April: Höhepunkt der Studentenunruhen in der BRD.
1969 21. Oktober: Bildung der sozialliberalen Koalition unter Willy Brandt (SPD).
1970 12. August: Moskauer Vertrag zwischen der BRD und der UdSSR; Beginn der neuen Ostpolitik.
1971 3. Mai: Erich Honecker löst Walter Ulbricht als Ersten Sekretär des ZK der SED ab.

I
Darstellung

1
Anfänge der Arbeiterbewegung vor 1848

Wirtschaftliche und soziale Verhältnisse

Der Übergang von der agrarischen zur industriellen Gesellschaft vollzog sich in Deutschland nicht nur später, sondern auch unter komplizierteren Verhältnissen als in England und Frankreich, denjenigen zwei Ländern, die in dieser Hinsicht eine Vorreiterrolle spielten. Im Unterschied zu diesen beiden Ländern bestand Deutschland in der ersten Hälfte des 19. Jahrhunderts nicht aus einem geeinten großflächigen Territorium und hatte keine erfolgreiche bürgerliche Revolution erlebt. Seit 1815 gab es einen Deutschen Bund aus 39 souveränen Staaten, die sich auch wirtschaftlich durch Zollschranken voneinander abgrenzten. Erst 1834 wurde mit der Gründung des Deutschen Zollvereins ein erster Schritt auf einen großflächigen Wirtschaftsverband hin getan. Politisch wehte der Wind der Restauration fürstlicher Allmacht; liberale, demokratische und nationale Bewegungen wurden unerbittlich verfolgt, ihre Anhänger ins Exil getrieben.

Natürlich waren auch in Deutschland diejenigen sozialen Schichten vorhanden, aus denen sich die moderne Fabrikarbeiterschaft entwickeln sollte: die Bauern und die Handwerker. Sie hatten sogar ein ähnliches Schicksal erlitten wie ihre Kollegen in Frankreich, trotz des Ausbleibens der bürgerlichen Revolution. Denn in Deutschland wurden zu Beginn des 19. Jahrhunderts einige Errungenschaften der Französischen Revolution durch Reformen von oben verwirklicht.

Dazu gehörte vor allem die so genannte Bauernbefreiung, die von Preußen ausgehend nach 1807 ihren Weg nahm. Anstelle der aus dem Mittelalter stammenden Abhängigkeitsverhältnisse (wie Leibeigenschaft, Erbuntertänigkeit, Frondienste) trat dadurch eine anders geartete Abhängigkeit des nunmehr den Boden besitzenden Bauern von seinem früheren Grundherrn: die finanzielle. Denn der Bauer musste sich in der Regel von seinen feudalen Pflichten freikaufen. Dieser Freikaufungsprozess erlebte in Preußen (das uns als Beispiel gilt) erst nach 1848 seinen Höhepunkt. Von 1811 bis 1848 »befreiten« sich hier rund 170 000 Bauern durch Geldzahlungen und 70 000, die zu wenig Geld besaßen, durch Landabtretungen. Von 1850 bis 1865 waren es dagegen 640 000 Bauern, die sich »befreiten«. Diese Form der Bauernbefreiung hatte zur Folge, dass vielen Bauern der verbleibende und finanziell belastete Besitz keine ausreichende Existenz mehr bot, während der Großbesitz gestärkt wurde. Viele sahen deshalb oft nur den Ausweg, bei dem Gutsherrn als Tagelöhner zu arbeiten. So entstand – mit dem Schwerpunkt im agrarischen Osten Deutschlands – eine ländliche Unterschicht, das Landproletariat.

Eine andere Wurzel des zukünftigen Proletariats war die Handwerkerschaft. Auch sie wurde durch eine Errungenschaft der preußischen Reformen, die andere Bundesstaaten nachahmten, aus der Bahn geworfen: durch die Gewerbefreiheit. Diese schaffte die Zunftverfassung ab, die zwar der freien Wirtschaftsentwicklung abträglich war, aber doch die Zahl der Meister und Gesellen in Grenzen gehalten hatte. Als Folge einer ohne »flankierende« Maßnahmen durchgeführten Gewerbefreiheit konnten sich zwar einige Handwerker zu Unternehmern aufschwingen, die große Masse war aber erst einmal schlechter gestellt als früher. Ihre Zahl stieg nämlich schneller als die der Bevölkerung; einzelne Handwerkszweige waren deutlich überbesetzt. So waren die Handwerker nun alle »frei«, konnten jedoch von ihrer Hände Arbeit kaum mehr leben.

An der Grenze zwischen Handwerk und Fabrikarbeit standen die Arbeiterinnen und Arbeiter in der Textilindustrie, die im Verlagssystem tätig waren. Dabei beschäftigte ein Verleger Menschen, die mit ihren eigenen Werkzeugen das von ihm gelieferte Rohmaterial zu Hause bearbeiteten. Das fertige Stück wurde dann wieder vom Verleger verkauft; die Heimarbeiter erhielten Stücklohn. Die Zentren dieser Heimarbeit waren Schlesien, Sachsen und Westfalen.

Die Fabrikarbeiter waren vor 1850 in Deutschland gegenüber den genannten bäuerlichen und handwerklichen Unterschichten noch weit in der Minderheit. Bis 1850 gab es in Deutschland nur schwache Ansätze einer Industrialisierung. Die Firma Krupp begann 1811 in Essen mit 7 Arbeitern; im Jahr 1849 beschäftigte sie 80 Arbeiter. In derselben Größenordnung bewegten sich andere Fabriken der Eisen- bzw. der chemischen Industrie: Borsig (seit 1839 in Berlin), Maffei (seit 1839 in München), Zeiss (seit 1846 in Jena) sowie Siemens & Halske (seit 1847 in Berlin).

Die Industrialisierung wurde vor allem durch Mangel an Kapital, unzulängliche Produktionsmittel und fehlendes Know-how erschwert, während potentielle Arbeitskräfte, wie geschildert, im Überfluss vorhanden waren. Erste Zentren der kapitalistischen Produktionsweise lagen im Königreich Sachsen, in Berlin, Schlesien und Rheinpreußen. Doch nur die preußische Rheinprovinz besaß vor 1850 schon Wesenszüge einer frühkapitalistischen Gesellschaft. Das linksrheinische Deutschland hatte seit seiner zwanzigjährigen Zugehörigkeit zu Frankreich (1794–1814) einen ökonomischen Vorsprung erwirtschaftet, den die anderen Staaten des Deutschen Bundes bis 1850 nicht aufholen konnten. Im Rheinland waren etwa 25 Prozent aller deutschen Industriearbeiter beschäftigt. In ganz Preußen waren es – um absolute Zahlen zu nennen – nicht mehr als 550 000; das sind ungefähr zwei Drittel der preußischen Handwerker. In Sachsen gab es 250 000 Industriearbeiter; in Baden – um ein noch weit gehend agrarisches Land als Gegenbeispiel anzuführen – nur 10 000 Fabrikarbeiter.

Zusammengefasst lässt sich also sagen: Die ersten 50 Jahre des 19. Jahrhunderts waren eine Zeit des Übergangs. Die Handwerker bildeten noch den Hauptteil des entstehenden deutschen Proletariats. Aus ihren Reihen sollten dann auch die Mitglieder der ersten selbständigen deutschen Arbeiterorganisationen kommen.

Frühsozialistische Theorien

Die soziale Frage trat in Deutschland vielen Menschen erst dann ins Bewusstsein, als die Auswirkungen der industriellen Revolution bereits abzusehen waren. So beschränkte sich die theoretische Auseinandersetzung bis 1850 noch auf kleine frühsozialistische Zirkel, und es gab eine Vielzahl alternativer Ansätze.

Der Frühsozialismus war eine eigenständige Phase in der Geschichte der sozialistischen Ideen; er wurde seit der Mitte des 19. Jahrhunderts durch den wissenschaftlichen Sozialismus abgelöst. Bis dahin unterschied man die Begriffe Sozialismus und Kommunismus nicht voneinander, sondern gebrauchte sie weit gehend als Synonyme.

Der Frühsozialismus war durch folgende Merkmale gekennzeichnet: Die radikale Umgestaltung der Gesellschaft galt als ein moralisch-ethisches Postulat. Das heißt, man war davon überzeugt, dass sich der Sozialismus durchsetzen müsse, damit eine menschenwürdige Gesellschaft entstehen könne, ging aber nicht von einer Gesetzmäßigkeit des Übergangs zum Sozialismus aus. In der Zeit vor 1850 legten sozialistische Theoretiker ferner das Hauptgewicht ihrer Gesellschaftskritik auf die ungerechte Verteilung der

Waren und versuchten diese mit Hilfe von Gütergemeinschaften und Produktionsgenossenschaften zu überwinden. Ein weiteres Kennzeichen waren utopische Gesellschaftsentwürfe, die man durch Siedlungsexperimente ausprobieren wollte. Eine Verbindung von sozialistischer Theorie und Arbeiterbewegung gab es nur in Ausnahmefällen. In der Regel setzte man auf die Mitarbeit der Regierungen.

Obwohl die großen frühsozialistischen Theorien in England und Frankreich entwickelt wurden, gab es auch in Deutschland vor 1850 interessante frühsozialistische Denker. Eine gute Vorstellung von der Vielfalt solcher Ansätze gibt das *Deutsche Bürgerbuch für 1845*. Der heterogene Charakter der darin versammelten Aufsätze macht deutlich, dass sich die frühsozialistische Opposition in Deutschland noch in einem Klärungsprozess befand. Der Band enthält Beiträge von Republikanern, die der politischen Revolution den Vorrang vor der sozialen gaben; er enthält aber auch Artikel mit entschieden sozialer Tendenz.

Zu den Sozialisten im *Bürgerbuch* gehörte Moses Hess. Hess, der Sohn eines Kölner Zuckerfabrikanten und Autodidakt in der Aneignung philosophischer Lehren, entwickelte als Erster in Deutschland eine Theorie des sozialen Aufstands. Er sprach auch von der sozialen Revolution als der letzten aller Revolutionen. Sein *Bürgerbuch*-Artikel *Über die Not in unserer Gesellschaft und deren Abhülfe* gehört zu seinen besten Arbeiten

Ein zweiter Sozialist, Wilhelm Wolff, steuerte einen Augenzeugenbericht über den Aufstand der schlesischen Weber von 1844 bei. Wolff war während seines Studiums 1834 als Burschenschaftler verhaftet worden und hatte jahrelang in preußischen Gefängnissen zugebracht. Als Verfasser eines Aufsatzes über das Wohnungselend in Breslau (*Die Kasematten*) war er schon 1843 bekannt geworden.

Friedrich Engels, der Sohn eines Spinnereibesitzers aus

Barmen, schrieb für das *Bürgerbuch* einen Bericht über die, wie er es nannte, »kommunistischen Ansiedlungen« in Amerika und England. Er ging dabei auf Robert Owen, den großen englischen Frühsozialisten, ein, aber behandelte auch die Anhänger des württembergischen Predigers Johann Georg Rapp, der sich 1804 mit etwa 100 Familien in Pennsylvania angesiedelt hatte. Engels veröffentlichte noch in demselben Jahr 1845, die Erfahrungen aus seiner Lehrzeit in Manchester ausnutzend, sein Werk über *Die Lage der arbeitenden Klasse in England.*

Das *Bürgerbuch* wurde gleich nach Erscheinen in Preußen verboten. Die Begründung lautete, schon im Vorwort komme eine »allen bestehenden Zuständen feindliche Tendenz« zum Ausdruck, die in den Artikeln unter »Entwicklung kommunistischer Theorie sowie mit steter Hinweisung auf deren notwendige praktische Durchführung« weiter verfolgt werde.

Die Arbeiterbewegung innerhalb Deutschlands

Seit Anfang des 19. Jahrhunderts gab es in Deutschland soziale Selbsthilfeorganisationen wie Kranken-, Hilfs- und Sterbekassen. In ihnen kann man Urformen gewerkschaftlicher Betätigung sehen. Beim Eisenbahnbau, wo, etwa in Sachsen, eine größere Zahl von Arbeitern zusammentraf, kam es auch zu ersten Streiks. Für die Jahre von 1844 bis 1848 hat man etwa 40 Arbeitseinstellungen gezählt. An einigen Orten entstanden auch Aufruhr und Tumult; so etwa 1828 bei den Krefelder Seidenwebern und 1840 bei den Iserlohner Bronzefabrikarbeitern. Das bekannteste Beispiel für diese frühindustriellen Arbeiterunruhen ist der Weberaufstand, der 1844 im schlesischen Eulengebirge ausbrach.

Dieser Aufstand der schlesischen Weber war kein Hungeraufstand, kein Maschinensturm, auch nicht ein gezielter politischer Umsturzversuch. Er nahm seinen Anfang am

Weberaufstand in Schlesien 1844

4. Juni in Peterswaldau als Protest gegen Lohnkürzungen, der in Form von Gesängen vor einer Fabrikantenvilla vorgetragen wurde. Als ein Sänger verhaftet wurde, kam es zu einem unbewaffneten Zug zur Villa eines Fabrikanten. Man hatte Delegierte gewählt, die über eine Lohnerhöhung und die Freilassung des Verhafteten verhandeln sollten. Erst als man die Villa verschlossen fand und aus ihr heraus mit Ziegeln beworfen wurde, begann man das Haus zu stürmen. Zunächst wurden die Kaufmannsbücher und Warenvorräte vernichtet, dann die Inneneinrichtung, die Maschinen aber wurden weit gehend ungeschoren gelassen. Es entlud sich ein lange aufgestauter Wunsch nach Rache an einem ungeliebten und in Luxus lebenden Arbeitgeber.

Am nächsten Tag griffen die Unruhen auf den Nachbarort Langenbielau über. Jetzt beteiligten sich auch auswärtige Weber und vermehrt Frauen an den Aktionen. Bezeichnend war, dass man immer noch zwischen »schlechten« und »guten« Fabrikanten unterschied. Von den »guten« ließ man sich durch Geldzahlungen sowie Lebensmittel und alkoholische Getränke beruhigen. Die Wohnhäuser und Fabriken der »schlechten« wurden gestürmt. Vertreter der Obrigkeit behandelte man jedoch mit ausgesuchter Höflichkeit. Dennoch geriet der Lohnkampf am zweiten und dritten Tag immer mehr außer Kontrolle. Es gab keine lokale Führung; die Aufständischen begannen zu plündern, lieferten sich Kämpfe mit gegnerischen Arbeitern und dem herbeigerufenen Militär. Bei scharfen Schüssen in die Menge wurden am 5. Juni in Langenbielau 11 Aufständische getötet und 24 verletzt. 600 Mann des preußischen Militärs stellten die Ruhe wieder her. 112 Teilnehmer der Rebellion wurden verhaftet, 80 von ihnen zu mehrjährigen Haftstrafen verurteilt. Durch Begnadigungen und eine Amnestie nach dem Ausbruch der Revolution von 1848 saßen die meisten Verurteilten ihre Strafen jedoch nicht vollständig ab.

Entkleidet man den Juniaufstand der schlesischen Weber von dem Mythos, den er in Dichtung und Geschichtsschreibung erhalten hat, dann kommt zum Vorschein, dass er sich wenig von anderen frühindustriellen Unterschichtprotesten unterschied. Die Revolte hatte lokalen Charakter, kein gesellschaftskritisches Anliegen, stellte die politische Obrigkeit nicht in Frage, war weit gehend unorganisiert und in erster Linie auf Lohnverhandlungen durch kollektiven Druck ausgerichtet. Die Aktiven waren ortsansässige, nicht vorbestrafte Männer und nicht so arm wie später meist angenommen. Die Bewegung eskalierte nicht zuletzt durch ungeschicktes Verhalten der Fabrikanten und durch die Reaktion des Militärs. So traten die unorganisierten Arbeiter im Deutschland vor 1848 auf die politische Bildfläche, nicht nur 1844 in Schlesien.

Deutsche Handwerkervereine im Ausland

Die organisatorischen Anfänge der deutschen Arbeiterbewegung wurden durch die revolutionären Ereignisse zu Beginn der 1830er Jahre wesentlich gefördert: die Julirevolution in Paris (1830), den Chartismus in England (seit 1836), das Hambacher Fest in Deutschland (1832). Allerdings machte die nach dem Hambacher Fest wiederum einsetzende Unterdrückung aller Freiheitsregungen durch die deutschen Bundesstaaten eine politische Organisation der Handwerker und Fabrikarbeiter innerhalb des Deutschen Bundes unmöglich. Unter diesen Umständen organisierten sich die deutschen Arbeiter vor 1848 im Ausland. Ihre Zentren waren Paris, die Schweiz und London.

Dabei waren die Handwerker im Vorteil, weil sie während ihrer Gesellenwanderungen, die ja zur beruflichen Ausbildung gehörten, leicht ins Ausland kamen und Informationen von Ort zu Ort tragen konnten. Allerdings erklären sich die Wanderungen der Handwerker ins Ausland nicht nur aus den Vorschriften der Ausbildung. Gesellen mussten zwar wandern, aber nicht unbedingt ins Ausland. Ein zusätzlicher Grund war die allgemeine Verschlechterung der Lage im Handwerk. Unter den wandernden Gesellen waren nämlich überwiegend diejenigen Gewerbe vertreten, die sich am schlechtesten standen. Diese Gesellen flüchteten also aus wirtschaftlicher Not ins Ausland. Dort, in Frankreich oder England, sammelten sie Erfahrungen aus einer weiter fortgeschrittenen kapitalistischen Wirklichkeit.

Handwerker waren es außerdem seit langem gewöhnt, sich in Verbänden zur gegenseitigen Unterstützung zusammenzuschließen.

So entstand 1832 in Paris der Deutsche Volksverein. Seine Mitglieder waren Kaufleute, Handwerker (darunter besonders Schneider und Schuster) sowie aus Deutschland geflohene Intellektuelle. Der Verein war demokratisch or-

Deutsche Handwerkervereine im Ausland

Paris	Schweiz	London
1832 Deutscher Volksverein		
	1833 Handwerkervereine	
1834 Bund der Geächteten (Jakob Venedey)	1834 Junges Deutschland	
1836 Bund der Gerechten (Karl Schapper) (Wilhelm Weitling		1836 Junges Deutschland
		1840 Bund der Gerechten (Schapper)
	1841 Bund der Gerechten (Weitling)	
		(1844 Weitling)
		1847 Bund der Kommunisten Karl Marx)

ganisiert und arbeitete in der Öffentlichkeit. Nachdem im April 1834 in Frankreich das Vereinsgesetz verschärft worden war, wandelte sich der Volksverein in den Bund der Geächteten um. Dieser Bund arbeitete geheim und gab sich ein hierarchisches Organisationsstatut, das den einfachen Mitgliedern die Existenz der höheren Vorstandsgremien außer der obersten Leitung vorenthielt. Der Bund trat für die »Befreiung und Wiedergeburt Deutschlands« und für die Verwirklichung der jakobinischen Erklärung der Menschen- und Bürgerrechte von 1793 ein. Eine Hauptrolle spielte Jakob Venedey, ein demokratischer Journalist, der nach dem Hambacher Fest emigrierte und sich 1833 in Paris niedergelassen hatte. Mit seiner Zeitschrift *Der Geächtete* bestimmte Venedey in dieser ersten Phase die Bildungsarbeit unter den deutschen Handwerkern. 1837, nach seiner Ausweisung aus Paris, ging Venedeys Tätigkeit innerhalb der frühen deutschen Arbeiterbewegung zu Ende.

Nach Fraktionskämpfen organisierte man sich 1836 unter dem Namen Bund der Gerechten neu. Nun wurde eine demokratischere, aber immer noch geheime Organisationsform entwickelt. Es gab weiterhin mehrere Grade der Mitgliedschaft und Gruppen nur in der Größe von fünf bis zehn Personen. Dieses Modell schützte davor, bei der Entlarvung eines Mitglieds oder einer Gruppe vollständig entdeckt zu werden. Die Hauptagitatoren dieses Bundes waren Wilhelm Weitling und Karl Schapper.

Weitling gilt als der bedeutendste deutsche Sozialist vor 1848. Er war Schneidergeselle, wurde aber vom Bund der Gerechten für die politische Arbeit freigestellt. Seine erste Schrift *Die Menschheit, wie sie ist und wie sie sein sollte* erschien 1839. Weitling entwarf in ihr den Plan einer kommunistischen Gütergemeinschaft. Er hoffte, dass eine Gleichheit des Besitzes zu einer vollkommenen Gesellschaft führen werde. Im Jahr 1842 veröffentlichte er sein Hauptwerk: *Garantien der Harmonie und Freiheit*, 1845

Das Evangelium der armen Sünder. Darin erweiterte er seinen ersten Entwurf. Er forderte schließlich die Abschaffung des Geldes und den Tausch der Waren, die »gleiche Lebenslage aller« und die Aufhebung der nationalen Grenzen durch die Verbrüderung aller Menschen.

Auch Schapper gehörte zu den bedeutendsten deutschen Arbeiterführern der Jahre bis 1848. Er hatte in Gießen Forstwissenschaft studiert, war als Mitglied der Burschenschaften nach dem Frankfurter Wachensturm 1833 verhaftet worden und in die Schweiz geflohen. 1836 stieß er in Paris zum Bund der Gerechten.

Über die Stärke dieser deutschen Handwerkerbewegung in Paris lassen sich, dem Geheimcharakter entsprechend, keine genauen Angaben machen. Ein von der zentralen Untersuchungskommission des Deutschen Bundes angelegtes Verzeichnis enthält 230 Namen. Von diesen 230 behördlich festgestellten Bundesmitgliedern waren 176 Handwerker und 14 Intellektuelle, der Rest kam aus anderen Berufen.

Ein zweites Zentrum deutscher Handwerkervereine bildete sich in der Schweiz heraus. Hier gründeten Handwerksgesellen und ehemalige Burschenschaftler 1834 das Junge Deutschland, die Sektion eines internationalen Geheimbundes, der sich Junges Europa nannte. Das Junge Deutschland in der Schweiz darf also nicht mit der gleichnamigen Schriftstellergruppe in Deutschland verwechselt werden, zu der Heinrich Heine und andere Literaten des deutschen Vormärz gehörten. Das Schweizer Junge Deutschland war eine Organisation, die sich als geheimer Kern in öffentlichen Handwerkervereinen bildete. Sie fasste in 15 Schweizer und einigen französischen Städten Fuß. Im Jahr 1836 gelang sogar eine Generalversammlung der Delegierten aller Klubs.

Dann aber wurden die Schweizer Kantone auf den Druck der konservativen Mächte hin gezwungen, gegen die Handwerksgesellen schärfer vorzugehen. Viele Gesellen wurden ausgewiesen; sie gingen nach Frankreich oder England, und das deutsche Vereinsnetz in der Schweiz brach zusammen. Anfang der 1840er Jahre erlebte es jedoch einen neuen Aufschwung, als Weitling seine Tätigkeit in die Schweiz verlegte. Die Zahl der organisierten deutschen Handwerker in der Schweiz war größer als die in Paris, weil sie nicht ausschließlich im Geheimen arbeiten mussten. Man kann hier mit 500 bis 600 Mitgliedern rechnen.

Zum dritten und wichtigsten Zentrum der Vorgeschichte deutscher Arbeiterbewegung sollte London werden. Im Jahr 1836 bildeten aus der Schweiz ausgewiesene Handwerker und Intellektuelle einen Klub des Jungen Deutschlands. 1840 gründete Schapper nach seiner Ausweisung aus Paris die Londoner Sektion des Bundes der Gerechten. Sie übernahm ab November 1846 die Bundesleitung. Um diesen Geheimbund organisierte Schapper einen öffentlich wirkenden Kommunistischen Arbeiterbildungsverein. Dieser hatte rund 250 Mitglieder; die im Bund Organisierten waren der aktive Kern des Bildungsvereins. Die Mitgliedschaft war übrigens an keine Nation gebunden.

Im Bund der Gerechten liefen nun die entscheidenden Theoriebildungsprozesse der deutschen Arbeiterbewegung vor 1848 ab. An ihrem Ende stand 1848 das *Kommunistische Manifest* von Karl Marx und Friedrich Engels. Anfangs jedoch hatten diese beiden keinen Einfluss. In einer ersten Phase bis etwa 1840 setzte sich nach längeren Diskussionen Weitlings erste Schrift *Die Menschheit, wie sie ist und wie sie sein sollte* als Programm durch.

In einer zweiten Phase von 1840 bis 1845 verlor der Bund seine theoretische Einheit; Weitlings Theorien wurden kritisiert. Weitling, seit 1844 in London, hielt an der Überzeugung fest, dass die Errichtung einer kommunistischen Gesellschaft sofort möglich sei und dass man um sie einen revolutionären Kampf führen müsse. Gegen beide

Gedanken erhob sich Widerspruch. Einige verfochten den friedlichen Übergang zum Kommunismus, andere nahmen einen langen Weg zum Kommunismus an und begriffen – übrigens immer noch ohne den Einfluss von Marx – die Verwirklichung bürgerlicher demokratischer Forderungen als einen Schritt auf dem Weg dahin. So weit waren die Theoriebildungsprozesse gediehen, als Marx und Engels in die Debatten eingriffen.

Karl Marx: Leben und Schriften bis 1848

Karl Marx, 1818 in Trier geboren, begann nach seiner Schulzeit 1835 in Bonn zu studieren, 1836 ging er an die Universität Berlin. Seine geistige Entwicklung vollzog sich in vier Stufen. Die erste Stufe umfasste die Berliner Studienzeit 1836 bis 1841. Sie bestand in der kritiklosen Aneignung der Hegelschen Philosophie. Hegel hatte bis zu seinem Tod 1831 an der Berliner Universität gelehrt; doch auch danach blieb Berlin die Hochburg seiner Lehre.

Die zweite Stufe, die Jahre 1841/42, bestand in der kritischen Auseinandersetzung mit Hegels Philosophie. Dessen Anhänger waren in zwei Gruppen zerfallen. Die Alt- oder Rechtshegelianer hielten an Hegels System fest, die Jung- oder Linkshegelianer betonten dessen Denkmethode, wollten das System aber verändern. Verkürzt gesagt, ging es um die Auslegung eines Hegelschen Satzes: »Was vernünftig ist, das ist wirklich, und was wirklich ist, das ist vernünftig.« Die Alt- oder Rechtshegelianer schlossen daraus: Da die Wirklichkeit vernünftig ist, besteht das Existierende zu Recht. Von hier aus war der Weg zur Verklärung des preußischen Staates als rechtmäßig existierend und vernünftig nicht weit. Die Jung- oder Linkshegelianer schlossen dagegen: Was vernünftig ist, das muss wirklich werden. Politisch konnte das bedeuten: Den der Vernunft entsprechenden Staat müssen wir erst noch schaffen.

Marx schlug sich in dieser Debatte auf die Seite der Linkshegelianer. 1841 promovierte er in Jena mit einer Arbeit über die antike Philosophie. Er wurde Mitarbeiter der *Rheinischen Zeitung*, die seit dem 1. Januar 1842 erschien. Indem er den preußischen Staat an dem idealen Staat maß, der sich seiner Meinung nach aus der Philosophie Hegels ergeben musste, geriet die Zeitung in ein so radikales Fahrwasser – auch durch die Mitarbeit anderer Junghegelianer wie Hess –, dass sie zum Ablauf des ersten Vierteljahres 1843 verboten wurde.

Die dritte Stufe in den Jahren 1843/44 war die entscheidende Zäsur in der geistigen Entwicklung des jungen Marx. Es war biographisch die Zeit der Pariser Emigration, der Bekanntschaft mit Friedrich Engels und mit den führenden französischen Revolutionären der Zeit. Marx studierte die Schriften dieser zeitgenössischen Frühsozialisten und rezipierte den Materialismus der französischen Aufklärungsphilosophie. Über diesen Studien wurde er vom kritischen Idealisten zum Materialisten. Bisher hatte er an Hegel nur kritisieren können, dass dieser nicht den Menschen zum Träger der Geschichte mache, sondern die Ideen. Durch die Beschäftigung mit dem französischen Materialismus erkannte er jetzt, dass die Entfremdung des Menschen von sich selbst ihren Grund in den materiellen Bedingungen seiner Existenz hatte. So entstand aus der Begegnung des kritischen Junghegelianers mit dem Materialismus diejenige Kraft, die bisher schon gedachte Theorieelemente miteinander verband und ihnen dadurch eine neue Qualität gab.

In einer kurzlebigen Zeitschrift, die Marx zusammen mit Arnold Ruge in Paris herausgab, symbolisierte sich diese Verbindung. Sie hat den Titel *Deutsch-Französische Jahrbücher* und erlebte nur ein Doppelheft, das im Februar 1844 erschien. Zwei Aufsätze darin stammen von Marx, und diese sind die Zeugen der neuen geistigen Errungenschaften. Der erste ist die Rezension einer Schrift über die Judenfrage. Marx vermerkt hier kritisch, dass die Juden in verschiedenen Staaten politisch vollständig emanzipiert seien, ohne deshalb schon freie Menschen zu sein. Anhand der Judenfrage ging Marx auf, wie beschränkt die bürgerlichen Freiheitsforderungen waren.

In der zweiten Schrift *Einleitung zur Kritik der Hegelschen Rechtsphilosophie* zeigt sich Marxens Hinwendung zum Materialismus. Er bescheinigte dem damaligen linkshegelianischen Philosophen Feuerbach, die Kritik der Religion im Wesentlichen zum Abschluss gebracht zu haben. Marx forderte nun im nächsten Schritt, von der Kritik des Himmels zur Kritik der Erde vorzustoßen und von der Kritik der Theologie zur Kritik der Politik: »Die Kritik der Religion endet [...] mit dem kategorischen Imperativ, alle Verhältnisse umzuwerfen, in denen der Mensch ein erniedrigtes, ein geknechtetes, ein verlassenes, ein verächtliches Wesen ist.« Des Weiteren kritisierte Marx den zeitgenössischen Materialismus und forderte ihn auf, von der Betrachtung zur Tat überzugehen. In der Schrift erschien auch zum ersten Mal bei Marx das Proletariat als Träger der gewünschten Veränderungen. Er sieht die Lösung aller Revolutionsprobleme »in der Bildung einer Klasse mit radikalen Ketten, [...] welche mit einem Wort der völlige Verlust des Menschen ist, also nur durch die völlige Wiedergewinnung des Menschen sich selbst gewinnen kann [...]: das Proletariat.«

Die vierte Stufe umfasste die Jahre von 1845 bis 1847. In dieser Zeit wurden die neu gefundenen Anschauungen in Auseinandersetzung mit den nachhegelianischen Philosophen und den zeitgenössischen Sozialisten ausformuliert. Biographisch war das die Zeit des Brüsseler und Londoner Exils. Auf Veranlassung der preußischen Regierung wurde Marx im Januar 1845 aus Paris ausgewiesen. Er siedelte mit seiner Familie zunächst nach Brüssel über. Dort kam im Frühjahr 1845 auch Friedrich Engels hin. Gemeinsam verfassten sie die klassischen Frühschriften, wie *Die Hei-*

lige Familie, *Die deutsche Ideologie* und *Das Elend der Philosophie*. Im Frühjahr 1846 gründeten sie in Brüssel ein Kommunistisches Korrespondenzkomité, im Sommer, nach ihrer Umsiedlung nach London, ein solches in London. Anfang des Jahres 1847 traten sie dort dem Bund der Gerechten bei. Von nun an verband sich die politische Biographie des jungen Marx mit der Geschichte der deutschen Arbeiterbewegung.

Der Bund der Kommunisten

Die Theoriebildung hatte sich im Bund der Gerechten bis zu diesem Zeitpunkt in zwei Phasen vollzogen: Dominanz von Weitling und danach Pluralismus der Ansätze. In einer dritten Phase 1846/47 wurde nun die Marxsche Theorie eine Theorie unter anderen. In einer vierten Phase der Theoriebildung setzte sich dann Marx mit seinen Anschauungen durch, indem seine Theorie eine schon so ähnlich denkende Fraktion des Bundes stärkte. Die Kontroversen blieben jedoch bis zur Auflösung des Bundes im Jahr 1852 bestehen.

Den Ausschlag für die Durchsetzung von Marx gaben zwei Kongresse des Bundes im Juni und Dezember 1847. Sie wurden mit dem Ziel veranstaltet, ein Programm für eine bevorstehende Revolution zu entwickeln. Der Bund änderte seinen Namen unter Marxens Einfluss in Bund der Kommunisten um. Er nahm neue Statuten an und die neue Losung »Proletarier aller Länder, vereinigt euch!« Marx und Engels wurden beauftragt, ein *Manifest der Kommunistischen Partei* zu verfassen.

Dieses *Kommunistische Manifest* erschien 1848 kurz vor dem Ausbruch der Revolution. Seine Bedeutung liegt hauptsächlich darin, dass es als das erste ausgearbeitete Programm zur Geburtsurkunde der kommunistischen Weltbewegung wurde. Es enthält eine populäre und zündende Zusammenfassung der Frühschriften von Marx und Engels.

Die Geschichte aller Gesellschaft wurde definiert als die Geschichte von Klassenkämpfen. Von der materialistischen Geschichtsauffassung ausgehend stellte Marx die gesetzmäßigen Entwicklungstendenzen der kapitalistischen Gesellschaft dar. Dabei bescheinigte er der Bourgeoisie eine höchst revolutionäre Rolle. Ihr Bedürfnis nach immer größerem Absatz treibe alle Nationen, auch die barbarischen, in die Zivilisation. Das *Manifest* schildert weiter, wie die moderne Gesellschaft nicht nur die Bourgeoisie, sondern auch das Proletariat geschaffen habe. Zum ersten Mal erschien der Übergang zum Sozialismus nicht mehr als ein utopischer Traum, sondern als eine aus der wissenschaftlichen Analyse folgende Gesetzmäßigkeit. Das Proletariat erhielt die Aufgabe zugesprochen, diese sozialistische Revolution zu vollziehen. Der wissenschaftliche Sozialismus des *Manifests* enthielt gleichzeitig eine Absage an alle Revolutionsromantik und Putschpläne. Das Gesetz der gesellschaftlichen Entwicklung besagte vielmehr, dass sich erst die Bourgeoisie als herrschende Klasse durchsetzen müsse, bevor die Arbeiterschaft mit der bürgerlichen Gesellschaft die Klassengesellschaft überhaupt würde aufheben können.

Der letzte Teil des Manifests formulierte dann als Ergebnis der bisherigen Ausführungen die Taktik der Kommunisten in den verschiedenen Ländern. Dabei wurde auf Deutschland die Hauptaufmerksamkeit gerichtet. In Deutschland, so hieß es, solle die Kommunistische Partei so lange mit der Bourgeoisie kämpfen, wie diese revolutionär auftrete. Nach dem gemeinsam erreichten Sturz der reaktionären Klassen solle dann sofort der Kampf gegen die Bourgeoisie selbst beginnen, die bürgerliche Revolution in eine sozialistische vorangetrieben werden.

Nachdem die Februarrevolution in Frankreich ausgebrochen war, wurde die Zentralbehörde des Bundes der

Kommunisten nach Paris verlegt und Marx die Führung übertragen. Sie arbeitete 17 »Forderungen der kommunistischen Partei« aus, die die Inhalte des *Kommunistischen Manifests* auf die bevorstehende Revolution in Deutschland bezogen.

2
Die Arbeiterbewegung in der Revolution von 1848/49

Charakter der Revolution

Die deutsche Revolution von 1848/49 war eine bürgerliche Revolution. Das gilt ebenso für die erste gemäßigte Phase (die Märzrevolution 1848) als auch für die zweite radikalere Phase (die Mairevolution 1849). Das bedeutet: Die den Regierungen abgerungenen Zugeständnisse und die von den Abgeordneten der Frankfurter Nationalversammlung erzielten Kompromisse hätten die politische Herrschaft des Bürgertums sichergestellt, wenn sie in die Praxis umgesetzt worden wären. Die gesellschaftlichen Kräfte, die die absolute Monarchie trugen, also Adel und Geistlichkeit, wären politisch entmachtet worden.

Zu den Forderungen der revolutionären Demokraten, die sich in der Frankfurter Paulskirche auf der äußersten Linken versammelten, gehörte zwar auch die »Ausgleichung des Mißverhältnisses zwischen Arbeit und Kapital« (so bereits im Offenburger Programm vom 12. September 1847), doch das Interesse der erstmals für ganz Deutschland gewählten Abgeordneten konzentrierte sich auf die Arbeit an den Grundrechten und an der Verfassung.

Die Frankfurter Nationalversammlung ist als Honoratiorenparlament in die Geschichte eingegangen. Unter den

Abgeordneten befanden sich keine Arbeiter und Handwerker. Von den Sozialisten wurden Arnold Ruge in Breslau und Wilhelm Wolff in seinem schlesischen Heimatwahlkreis Neumarkt gewählt, Letzterer nur zum stellvertretenden Abgeordneten. Während Ruge sein Mandat aus Enttäuschung über die Parlamentsarbeit schon im November 1848 abgab, zog Wolff erst im Mai 1849 in die Frankfurter Paulskirche ein, blieb aber auch im Stuttgarter Rumpfparlament. Beide organisierten sich auf der äußersten Linken, in der so genannten Fraktion Donnersberg.

Dennoch haben sich Handwerker und Arbeiter an der Revolution beteiligt, ohne ihr allerdings einen spezifisch sozialistischen Charakter zu geben. Sie bildeten die größte Gruppe der Barrikadenkämpfer, wie etwa im März 1848 in Berlin. Unter den 254 Berliner Märzgefallenen waren 172 Handwerker, 34 Arbeiter und 16 Dienstboten; die restlichen 32 Opfer kamen aus dem Bürgertum (Kaufleute, Beamte, Anwälte, Studenten). Handwerker und Arbeiter lösten zwischen März und Juni 1848 in verschiedenen Städten eine Streikwelle aus, und sie waren auch im Mai 1849 zur Stelle, als es zu militärischen Auseinandersetzungen mit gegenrevolutionären Truppen kam.

Zentren der Arbeiterbewegung

Für die weitere Geschichte der deutschen Arbeiterbewegung wurde es vor allem wichtig, dass während der Revolutionsjahre erstmals auch Arbeitervereine innerhalb Deutschlands öffentlich wirken konnten. Die freie politische Betätigung galt ja offiziell für alle Gruppen. Da die Koalitionsfreiheit erst in den 1860er Jahren erreicht wurde, konnte sich 1848/49 eine gewerkschaftliche Tätigkeit noch kaum entfalten. Das mag zum Teil erklären, warum sich viele der neu gegründeten Arbeitervereine in der Revolutionszeit auf soziale Fragen konzentrierten. Ohne die deutsche organisierte Arbeiterbewegung der Revolutionszeit in ihrer Kontinuität und Stärke zu überschätzen, kann man davon sprechen, dass sie 1848 innerhalb Deutschlands ihren Anfang nahm. Während die Handwerkervereine im Vormärz noch zur *Vor*geschichte zu rechnen sind (auch weil sie im Ausland tätig waren), begann im Jahr 1848 mit den Arbeiterorganisationen der Revolutionszeit die *Früh*geschichte der deutschen Arbeiterbewegung.

Eine der wichtigsten Errungenschaften im Gefolge der Märzrevolution war also die Versammlungsfreiheit, die alle Schichten und politischen Richtungen für sich in Anspruch nahmen. Arbeitervereine wurden zunächst völlig planlos gegründet. Sie konzentrierten sich auf bildungspolitische und gewerkschaftsähnliche Aufgaben. Um diese Aktivitäten zu koordinieren und zu politisieren, begaben sich führende Mitglieder des Bundes der Kommunisten nach Deutschland. Marx und Engels gingen nach Köln, Wolff ging nach Breslau, Schapper zuerst nach Wiesbaden und Stephan Born nach Berlin. Sie sollten den Bund über ganz Deutschland ausdehnen, um die Bundesgemeinden herum öffentliche Arbeitervereine gründen und für das *Kommunistische Manifest* werben.

Schon bald zeigte sich aber, dass die Bundesmitglieder mit dieser Zielsetzung überfordert waren. Sie verloren die Verbindung untereinander und zur Zentralleitung. Es zeigte sich auch, dass die Marxsche Revolutionsstrategie nicht von allen Bundesmitgliedern geteilt wurde. Die Differenzen blieben nach der Abfassung des *Kommunistischen Manifests* bestehen.

Im Lauf der Revolution bildeten sich zwei Zentren der Arbeiterbewegung heraus: eine Allgemeine deutsche Arbeiterverbrüderung, die sich von Berlin und Leipzig aus unter der Leitung von Stephan Born entwickelte, sowie die niederrheinischen Arbeitervereine, unter denen der Kölner zum größten und bedeutendsten Arbeiterverein Deutschlands aufstieg. Da auch Karl Marx in Köln politisch tätig war, stellt sich die Frage, ob es bereits in dieser Phase nicht nur zwei Zentren, sondern auch zwei Strömungen der deutschen Arbeiterbewegung gab.

Die Allgemeine deutsche Arbeiterverbrüderung

Born, der Sohn eines Maklers, hatte das Gymnasium vorzeitig verlassen müssen. Er absolvierte ab 1840 eine Buchdruckerlehre in Berlin und wurde 1846 als wandernder Geselle in Paris Mitglied des Bundes der Gerechten. Als Abgesandter dieses Bundes wirkte er 1847 in Lyon und in der Schweiz. Danach arbeitete er als Setzer bei der *Deutschen Brüsseler Zeitung*, zu deren Mitarbeitern auch Marx und Engels gehörten. Im März 1848 ging er im Auftrag des Bundes der Kommunisten nach Berlin zurück.

Dort wählte eine Arbeiterversammlung am 11. April 1848 ein Zentralkomitee, bestehend aus 28 Mitgliedern, je eins aus den verschiedenen Gewerken. Am 19. April konstituierte sich das ZK mit einem geschäftsführenden Ausschuss von sieben Personen (vier Handwerkern und drei Akademikern). Born wurde dessen Vorsitzender. Das Berliner ZK initiierte am 27. Juni 1848 einen Aufruf an »die arbeitenden Klassen Deutschlands« zur Beschickung eines »Arbeiterparlaments«. Unterzeichnet hatten dieses Dokument neben Born Vertreter eines Königsberger Arbeitervereins, eines Maschinenbauervereins Berlin, eines Arbeitervereins Hamburg und eines Arbeiterbildungsvereins Hamburg. Die Zusammensetzung des Berliner ZK nach Gewerken sowie die Namen der den Aufruf unterstützenden Vereine machten deutlich, dass die entstehende Arbeiterbewegung noch stark zünftlerischen und bildungsbürgerlichen Vorstellungen verhaftet war.

Dieses Arbeiterparlament, das zum Gründungskongress der Allgemeinen deutschen Arbeiterverbrüderung wurde, fand vom 23. August bis 3. September 1848 in Berlin statt.

Dem Aufruf des Komitees waren 40 Teilnehmer aus 31 Arbeiterorganisationen gefolgt. Das Auftreten Weitlings in der Eröffnungssitzung blieb nur eine Episode. Man beschloss ein Manifest an die Frankfurter Nationalversammlung und arbeitete ein »Statut für die Organisation der Arbeiter« aus. An der Spitze sollte ein dreiköpfiges Zentralkomitee stehen. Neben Born wurden in dieses ZK der Schneidergeselle Georg Kick vom Zentralverein Sachsen und der Geometer Franz Schwenniger vom Handwerker- und Arbeiterverein Hamm gewählt. Das für ein Jahr amtierende ZK schlug seinen Sitz in Leipzig auf und war einer Generalversammlung verantwortlich.

Die Arbeiterverbrüderung wurde nach der Niederlage der Pariser Arbeiter im Juni 1848 und nach dem Niedergang des Chartismus in England zur bedeutendsten Arbeiterorganisation der Zeit. Sie vereinigte unter der von Born maßgeblich bestimmten Leitung des ZK mindestens 15000 Arbeiter in bis zu 170 Ortsvereinen. Unter dem Begriff »Arbeiter« waren in dieser Organisation gelernte Arbeitskräfte aus dem handwerklichen Kleinbetrieb und aus der Fabrik versammelt. Ihre Stütze fand die Arbeiterverbrüderung in den gewerkschaftsähnlichen Vereinigungen der Buchdrucker und Zigarrenarbeiter. Besondere Aktivität entfaltete sie in den großen Städten Preußens und Sachsens, aber auch in Franken und Württemberg. Neun Bezirkskomitees stellten 1850 die Verbindung zwischen den örtlichen Vereinen und dem ZK her. Seit dem 3. Oktober 1848 gab es auch ein von Born herausgegebenes und zweimal wöchentlich erscheinendes Verbandsorgan mit dem Titel *Die Verbrüderung*. Als Symbol wählte man die verschlungenen Hände, den »Handschlag« mit aufrechtem Schwert in einem Eichenlaub- und Lorbeerkranz.

Die Arbeiterverbrüderung hielt mehrere regionale Kongresse ab, u.a. im Dezember 1848 in Leipzig und im Januar 1849 in Heidelberg. Eine für Mai/Juni 1849 geplante Generalversammlung musste wegen der Mairevolution verschoben werden. Sie fand dann vom 20. bis 26. Februar 1850 in Leipzig statt. Doch nahmen daran nur noch 30 stimmberechtigte Delegierte teil. Diese beschlossen trotz des sich abzeichnenden Niedergangs der Organisation noch neue »Grundstatuten der deutschen Arbeiter-Verbrüderung«. Ins ZK wurden Schwenniger, der Redakteur Andreas Reuß aus Würzburg und der Schriftsetzer Karl Gangloff aus Leipzig gewählt.

Born und die Arbeiterverbrüderung vertraten ein Reform-Programm. Born lehnte den im *Kommunistischen Manifest* aufgestellten Weg des revolutionären Umsturzes ab und trat für baldige Reformen ein, um die Lage der arbeitenden Klasse zu bessern. Er forderte Arbeiterschutzgesetze, Maßnahmen zur Linderung der Folgen von Invalidität, Krankheit und Alter sowie Produktionsgenossenschaften und die allgemeine Schulpflicht. Als Kampfesformen propagierte man Streiks und die Gründung von Gewerkschaften. Ihren Einsatz für eine Verbesserung des Arbeiterschicksals verband die Arbeiterverbrüderung mit dem Kampf um die Demokratisierung des Staates und um eine großdeutsche Republik (d. h. ein vereintes Deutschland unter Einschluss Deutsch-Österreichs).

In der Mairevolution 1849 stand Born an der Spitze eines Aufstandes in Dresden. Nach dessen Scheitern musste er in die Schweiz fliehen. Das ZK der Arbeiterverbrüderung wurde im April 1850 durch die Ausweisung von Schwenniger und Reuß aus Sachsen arbeitsunfähig. Die lokalen Vereine wurden Anfang der 1850er Jahre in den einzelnen Bundesstaaten nach und nach verboten. Am längsten, nämlich bis 1854, konnten sie in Württemberg tätig sein.

Der Kölner Arbeiterverein

Der Kölner Arbeiterverein (KAV) wurde am 13. April 1848 auf Initiative von Andreas Gottschalk gegründet. Dieser hatte sich 1839 nach dem Ende seines Medizinstudiums in Köln als Armenarzt niedergelassen und erfreute sich einer großen Popularität unter den Arbeitern der Stadt. Am 3. März 1848 hatte Gottschalk bei einer Massendemonstration vor und im Kölner Rathaus die »Forderungen des Volks« vorgetragen und die Petition als »Bevollmächtigter der arbeitenden Klasse« dem Oberbürgermeister überreicht. Seine Forderungen waren die einer radikalen Demokratie, vermehrt um den »Schutz der Arbeit und Sicherstellung der menschlichen Lebensbedürfnisse für alle«. Gottschalk gehörte ebenfalls dem Bund der Kommunisten an, trat aber bereits im Mai 1848 wegen Differenzen mit Marx wieder aus.

Auf der Gründungsversammlung wählten die ungefähr 300 Anwesenden Gottschalk zum Präsidenten des KAV, bestimmten zwei Sekretäre und richteten ein Komitee von zunächst 31, später 49 Personen ein. Die Mitglieder dieses Komitees, das den Vorsitzenden bei seiner Arbeit unterstützen sollte, wurden nicht in der Versammlung selbst gewählt, es waren die Vertreter der einzelnen Gewerke. Nach der Geschäftsordnung kam dem Gesamtvorstand, der jeweils ein Jahr lang amtieren sollte, ein großes Gewicht zu. Er übernahm die laufende Arbeit; Generalversammlungen mussten nur abgehalten werden, wenn mindestens 50 Mitglieder oder die Mehrheit eines Gewerkes dies verlangten. Seit dem 23. April erschien eine *Zeitung des Arbeitervereines zu Köln*, die das Motto »Freiheit, Brüderlichkeit, Arbeit« trug. Das Motto wurde vom 26. Oktober an zum eigentlichen Titel der Zeitung, die unter der Verantwortlichkeit des jeweiligen Vorsitzenden bis zum 24. Juni 1849 existierte.

Die Mitgliederzahl des Vereins wuchs sprunghaft an; Anfang Mai waren es schon 5000, im Februar 1849 sollen es 7000 gewesen sein. Zum Zwecke der gegenseitigen Aufklärung und Bildung wurden im Mai sechs Filialvereine aufgebaut, die jeweils einen eigenen Vorsitzenden hatten. An dem KAV richteten sich auch andere Arbeitervereine aus, z. B. die am 25. April bzw. 9. Mai gegründeten Arbeitervereine in Düsseldorf und Trier. Beide übernahmen die Kölner Statuten, zwei Kölner Petitionen (Düsseldorf) bzw. die Kölner Zeitung (Trier).

Unter dem Einfluss von Gottschalk entwickelte der KAV große Aktivitäten auf sozialem Gebiet. In einer Reihe von Gesuchen und Petitionen strebte er (übrigens wie die Bornsche Arbeiterverbrüderung) danach, die Lage der Handwerker und Arbeiter baldmöglichst zu verbessern. Im Juni trat eine Generalversammlung des KAV einstimmig für die Bildung von Schiedsgerichten ein, die, paritätisch mit Arbeitgebern und Arbeitern besetzt, über alle Streitfälle zwischen den Gruppen entscheiden sollten. Gottschalk und die Mehrheit des Komitees sprachen sich für einen Boykott der Wahlen zur Nationalversammlung aus, weil es indirekte waren. Gegen heftige Kritik, aber doch auch unterstützt durch lauten Beifall votierte Gottschalk in einer anderen Streitfrage für die Zurückberufung des preußischen Prinzen aus dem Ausland, obwohl er dann in einer der folgenden Sitzungen ein Bekenntnis zur Republik der Arbeiter abgab.

Marx und Engels traten zunächst nicht dem KAV bei, sondern wurden Mitglieder der Demokratischen Gesellschaft (DG), die am 25. April 1848 in Köln gegründet worden war. Die DG hielt wöchentlich öffentliche Versammlungen ab, auf denen aber nur die Mitglieder das Stimmrecht hatten. Diese bestimmten auch aus ihrer Mitte für jeweils sechs Monate ein 25-köpfiges Komitee, das seinerseits den Präsidenten bzw. die Vizepräsidenten wählte. Im Unterschied zum KAV diskutierte man hier vornehmlich über politische Themen. Auch die DG hatte mit dem *Wächter am Rhein* eine eigene Zeitung.

Marx arbeitete in Köln getreu seiner These, dass die Arbeiterklasse eine zwar provisorische, aber notwendige Allianz mit den progressiven Kräften des Bürgertums eingehen müsse. Zwar sollten sich die Arbeiter in ihren eigenen Vereinen organisieren, aber zunächst weniger, um ihre eigenen sozialen Forderungen, sondern um die bürgerliche Gesellschaft politisch durchzusetzen. In einer Art Arbeitsteilung überließ Marx, wie es scheint, seinen Anhängern im Bund der Kommunisten, vor allem Karl Schapper und Joseph Moll, zunächst die Arbeit im KAV.

Zum wichtigsten Medium Marxscher Ideen wurde die *Neue Rheinische Zeitung* (NRhZ), die seit dem 1. Juni 1848 erschien und im Laufe ihrer Existenz von rund 6000 Abonnenten gelesen wurde. Ihr Untertitel lautete »Organ der Demokratie«. Auch dieser Titel deutete an, dass sich die Kommunisten Marxscher Richtung als äußerster linker Flügel der Demokratie verstanden. Konsequenterweise verzichtete die Redaktion weit gehend auf die Verbreitung kommunistischer oder auch nur Arbeiterforderungen. In den Mittelpunkt rückte sie die Verteidigung und den Ausbau der demokratischen Errungenschaften und die Forderung nach einer kleindeutschen Republik (also unter dem Ausschluss Deutsch-Österreichs). Voller Sympathie unterstützte die NRhZ die italienische und die polnische Freiheitsbewegung. Ferner trat die Zeitung für einen Revolutionskrieg gegen das zaristische Russland ein.

Marx war der Chefredakteur des Blattes, andere Mitglieder des Bundes der Kommunisten, wie Engels und Wolff, wurden seine Mitarbeiter. Wolff erledigte die tägliche Redaktionsarbeit der NRhZ. Zu ihren Redakteuren zählte das Blatt auch zwei der bedeutendsten zeitgenössischen revolutionären Dichter: Ferdinand Freiligrath und Georg Weerth. Durch sie erhielt das Feuilleton der Zeitung einen besonderen literarischen Glanz. Freiligrath veröffentlichte in der NRhZ einige seiner besten politischen Gedichte, Weerth brillierte mit politischen Satiren.

Als vom 14. bis 17. Juni 1848 ein »Kongress der deutschen demokratischen Republikaner« in Frankfurt am Main stattfand, war unter den 234 Abgeordneten aus 89 Vereinen (darunter 19 Arbeitervereinen) auch Gottschalk als offizieller Vertreter des KAV dabei. Einige Kölner Mitglieder des Bundes der Kommunisten, wie Schapper als Delegierter für den Wiesbadener Arbeiterverein und Moll für den Demokratischen Verein in Paris, nahmen ebenfalls an den Verhandlungen teil. Gottschalk, der einer der wichtigsten Kongressteilnehmer war, scheiterte jedoch bei den Wahlen für ein neu in Berlin einzurichtendes Zentralkomitee. Köln wurde als Kreisvorort für die Rheinprovinz und Westfalen ausersehen und die NRhZ neben zwei anderen Zeitungen zur Publizierung der Beschlüsse des Zentralkomitees bestimmt. Im Juni scheiterte auch Gottschalks Versuch, einen Zusammenschluss des KAV mit der DG und dem Verein für Arbeiter und Arbeitgeber in Köln einzuleiten. In der Verhandlungskommission der DG befand sich auch Karl Marx. Er trat hier zum ersten Mal in der DG führend in Erscheinung. Statt einer Vereinigung wurde lediglich ein Kreisausschuss aus je zwei Mitgliedern der drei Vereine gebildet. Dieser sechsköpfige Ausschuss sollte die Arbeit aller rheinischen und westfälischen Vereine koordinieren. Gottschalk und Friedrich Anneke gehörten ihm für den KAV an, die DG schickte u. a. wieder Marx.

Am 3. Juli wurden Gottschalk und Anneke verhaftet, weil sie auf einer Generalversammlung des KAV vom 25. Juni die baldige Einführung einer Republik angekündigt hatten. Trotz aller Proteste wurde der Prozess bis Dezember verschleppt. Er endete mit einem Freispruch für die beiden Angeklagten. Dennoch emigrierte Gottschalk nach Paris. Er kam erst nach Köln zurück, als die Revolution gescheitert war, arbeitete wieder als Arzt und starb schon am 8. September 1849 an der Cholera.

Gottschalks erzwungener Rückzug aus der Politik bedeutete einen tiefen Einschnitt in der Geschichte des

KAV. Erst jetzt konnten die Parteigänger von Marx einen entscheidenden Einfluss in ihm gewinnen. Moll wurde zum Präsidenten, Schapper zum zweiten Vertreter im Kreisausschuss gewählt. Unter ihrer Leitung diskutierte der Verein Marxsche Themen, und Engels hielt einen Vortrag. Dem Einfluss der Kommunisten Marxscher Prägung war es auch geschuldet, dass die rheinischen Arbeitervereine keine Delegierten zum Gründungskongress der Arbeiterverbrüderung schickten.

Als es im September 1848 zu einer ersten Krise der Revolution kam, brodelte es auch in Köln. Die Krise entzündete sich an der als schwächlich empfundenen Haltung der Paulskirchenabgeordneten in der Schleswig-Holstein-Frage. In verschiedenen Teilen Deutschlands kam es zu spontanen Volkserhebungen, die jedoch von Militär niedergeschlagen wurden. In Köln organisierten die Kommunisten am 13. September eine große Demokratenversammlung. Am 17. fand eine weitere Versammlung der rheinischen Demokraten in Worringen statt. Ein Führer der Düsseldorfer Delegation war übrigens der junge Ferdinand Lassalle. An der ersten Versammlung nahmen etwa 6000, an der zweiten etwa 10000 Menschen teil. Es wurde ein 30-köpfiger Sicherheitsausschuss gebildet, dem Engels, Marx, Schapper, Wolff und zwei weitere Mitglieder des Bundes der Kommunisten angehörten. Der Ausschuss arbeitete auf eine Volksbewaffnung hin und hätte sich zu einer revolutionären Regierung entwickeln können. Doch gerade Marx war es, der in dieser revolutionären Situation mäßigend wirkte, indem er von einem entscheidenden Schlag abriet. So wurden in Köln zwar am 25. September Barrikaden errichtet und der Belagerungszustand verhängt, aber zu einer Auseinandersetzung kam es nicht, auch wegen der Zurückhaltung des Militärs. Allerdings wurden bis Anfang Oktober alle politischen Vereine und deren Zeitungen verboten.

Nachdem Moll geflohen und Schapper verhaftet worden

war, stand der KAV vorübergehend ohne eine Führung da. In dieser Situation bot eine Deputation des KAV Marx die Präsidentschaft an. Dieser sagte nach kurzem Zögern zu, um den Einfluss auf den KAV nicht zu verlieren. Am 16. Oktober wurde er als Präsident in das Komitee eingeführt, am 22. bestätigte ihn die Generalversammlung. Doch ließ er sich meistens durch seine Vertrauten vertreten, da er es immer noch als die wichtigste Aufgabe ansah, eine gesamtdemokratische Front aufzubauen. So fehlten die Delegierten der niederrheinischen Arbeitervereine auf den Kongressen der Arbeiterverbrüderung vom Dezember 1848 und Januar 1849, nicht aber auf einem zweiten Demokratenkongress, der Ende Oktober 1848 in Berlin stattfand.

Am 28. Februar 1849 beendete Marx seine Präsidentschaft im KAV. Nach einer Statutenänderung, die zu einer organisatorischen Straffung des Vereins führte, wurde wiederum Schapper zum Präsidenten gewählt. Ende Mai 1849 übernahm Peter Gerhard Röser das Amt, nachdem Schapper ausgewiesen worden war. Röser, ein Zigarrenfabrikant und Mitglied des Bundes der Kommunisten, war schon unter Marx und Schapper Vizepräsident gewesen. Er leitete den KAV und seine Nachfolgeorganisation bis zu deren Auflösung.

Die Marxsche Haltung in der Septemberkrise und die Abgrenzung des KAV von der Arbeiterverbrüderung zeigten, dass die im *Kommunistischen Manifest* formulierte Taktik eingehalten wurde. Das mochte manchen Arbeitern, die voll revolutionärer Ungeduld waren, als zu maßvoll erscheinen. Das Paktieren mit den Demokraten wirkte auf sie (das galt übrigens auch für Born) als ein Verzicht auf die ausdrückliche Vertretung von Arbeiterinteressen.

Die Marxsche Revolutionsstrategie setzte, wie mehrfach erwähnt, auf die bürgerlichen Demokraten. Allerdings war der Revolutionsverlauf alles andere als erfolgreich. Das deutsche Bürgertum erwies sich nicht als so revolutionär, wie Marx es gehofft hatte, und konnte auch durch die Kommunisten nicht zu entschiedenem revolutionären Handeln vorangetrieben werden. Vielmehr verband es sich aus Furcht vor einer Radikalisierung der Revolution schon frühzeitig mit den Mächten der Reaktion. Als der preußische König am 9. November 1848 die preußische Nationalversammlung nach Brandenburg verlegen ließ, um sie dem Druck der Straße zu entziehen, reagierten die Abgeordneten zwar mit einem Aufruf zur Steuerverweigerung, konnten sich aber nicht entschließen, eine gewaltsame Auseinandersetzung zu befürworten. In Köln wäre man, organisiert durch den Kreisausschuss der Demokraten, unterstützt durch den KAV und propagandistisch begleitet durch die NRhZ, dazu bereit gewesen.

Mit der fortlaufenden Ernüchterung über die bürgerlichen Demokraten ging bei Marx nun doch eine stärkere Hinwendung zu den Arbeitern einher. Am 14. April 1849 traten Marx, Schapper, Wolff und Anneke aus dem Kreisausschuss der rheinischen Demokraten aus. Auch der KAV verließ zwei Tage später den Verband der demokratischen Vereine Deutschlands. Man beschloss nun den Anschluss an die Arbeiterverbrüderung. Dieser politische Kurswechsel konnte jedoch nicht mehr vollzogen werden, weil die Revolution insgesamt scheiterte. Eine formelle Auflösung des KAV fand nicht statt. Nach der Einführung neuer restriktiver Vereinsgesetze wandelte er sich in einen Leseverein für Arbeiter und dann im Oktober 1849 in einen Arbeiterbildungsverein um. Dieser wurde schließlich Mitte September 1850 aufgelöst.

Das Ende des Bundes der Kommunisten

Nach dem Scheitern der Revolution trafen Marx und Engels Ende des Jahres 1849 wieder in London ein. Dort bemühten sie sich um eine Neubelebung des Bundes der

Kommunisten. Ungefähr ein Jahr lang, bis Ende 1850, hofften sie noch auf einen erneuten Aufschwung der Revolution in Deutschland. Erst im November 1850 veröffentlichten sie eine Arbeit, die ihr erstes Bekenntnis zum Ende der Revolution enthielt. Sie trägt den Titel *Revue Mai bis Oktober*. Mit der Einsicht in das Ende der Revolution wurde auch eine These stärker akzentuiert, die bisher nicht im Vordergrund der Argumentation gestanden hatte: Der Ausbruch von Revolutionen, so hieß es nun, hänge mit den ökonomischen Verhältnissen zusammen und nicht nur mit dem Klassenbewusstsein der Revolutionäre. Ursachen von Revolutionen seien ökonomische Krisen, deshalb sei auch keine neue Revolution ohne eine neue ökonomische Krise zu erwarten.

Die Forderung von Marx und Engels, sich auf eine längere Wartezeit bis zur nächsten Revolution einzustellen, spaltete den Bund der Kommunisten. Die alten Gegensätze, die durch den Ausbruch der Revolution vorübergehend gegenstandslos geworden waren, brachen jetzt wieder auf. Eine Gruppe um Schapper und August Willich, zu der sich auch Hess gesellte, blieb dabei, dass Revolutionen gemacht werden könnten. Hess hatte sich 1846 in Brüssel nicht gegen Marx durchsetzen können; seine Lehre wurde im *Kommunistischen Manifest* ausdrücklich kritisiert. Jetzt unterstützte er von Paris aus Marxens Gegner im Bund der Kommunisten. Willich, in seiner Jugend preußischer Leutnant, hatte an den militärischen Kämpfen zur Verteidigung der badischen Mairevolution teilgenommen.

Als Marx sich mit seinen Ansichten nicht durchsetzen konnte, verlegte er im September 1850 die Zentralbehörde des Bundes nach Köln; Röser wurde deren Vorsitzender. Schapper bildete in London eine andere Zentralbehörde.

Im Mai 1851 wurde ein Emissär des Kölner Bundes, der Schneidergeselle Peter Nothjung, in Leipzig festgenommen. Man fand bei ihm das *Kommunistische Manifest* und, was noch schlimmer war, eine Anzahl von Adressen. Daraufhin konnte man die Kölner Zentralbehörde aufdecken, 11 Mitglieder verhaften und ihnen den Prozess machen. Auch in London und Paris wurden Mitglieder des Bundes durch Spitzel entlarvt. Der Kölner Kommunistenprozess fand im Oktober und November 1852 statt. Die Geschworenen sprachen 7 der 11 Angeklagten schuldig und verhängten über sie längere Freiheitsstrafen. Röser erhielt sechs Jahre Festungshaft. Der Bund der Kommunisten überlebte diesen Prozess nicht.

Für Marx und Engels begann nun ein neuer Lebensabschnitt. Nie wieder haben sie sich in Deutschland aktiv politisch betätigt. Politisch überhaupt tätig wurden sie erst wieder 1864 in London bei der Gründung der Ersten Internationale. Marx widmete sich in London hauptsächlich seinen Studien zur politischen Ökonomie und kommentierte als Journalist die wichtigsten zeitgenössischen Ereignisse. Er lebte mit seiner Familie in äußerst dürftigen Verhältnissen. Engels, der als Kaufmann in einem Textilbetrieb in Manchester angestellt war, unterstützte ihn finanziell. Auch Engels arbeitete darüber hinaus als Journalist und verfasste, vor allem in späteren Jahren, wichtige Arbeiten, in denen er die Marxsche Lehre popularisierte. Durch regelmäßige Korrespondenzen hielten die beiden während ihrer gesamten Exilzeit engen Kontakt zur demokratischen und sozialistischen Bewegung. Auch Wolff und Schapper emigrierten schließlich nach England, wo sie unter Entbehrungen als Privatlehrer wirkten.

Weitling, dessen Einfluss auf die deutsche Arbeiterbewegung seit 1846 rapide sank, war 1848 von einem ersten Exil in den USA nach Deutschland zurückgekehrt, hatte während der Revolution aber nur eine unbedeutende Rolle gespielt. Ende 1849 ging er ein zweites Mal und nun auf Dauer in die USA. Dort gab er von 1850 bis 1855 die Zeitschrift *Republik der Arbeiter* heraus. Dann schwand sein Einfluss auf die deutschen Arbeiter in den USA. Weitling zog sich aus der Politik zurück und arbeitete wieder in seinem Schneiderberuf. Auch Anneke und Willich emigrierten in die USA; im amerikanischen Bürgerkrieg kämpften sie auf Seiten der Nordstaaten. Moll war schon 1849 in den Kämpfen um die badische Mairevolution gefallen. Born wurde in seinem Schweizer Exil nicht mehr politisch aktiv. Er arbeitete zunächst als Redakteur der *Baseler Nachrichten*, später als Professor für deutsche Literatur in Basel und schrieb seine *Erinnerungen eines Achtundvierzigers*. Über den weiteren Lebensweg seiner vier Kollegen im ZK der Arbeiterverbrüderung ist wenig bekannt.

Mit dem Ende des Bundes der Kommunisten, des KAV und der Arbeiterverbrüderung ging auch die Frühgeschichte der Arbeiterbewegung in Deutschland zu Ende. Einiges spricht dafür, dass sich Born und Marx damals noch nicht als Kontrahenten um die Gunst der Arbeiter gegenüberstanden. Born war bis August 1848 auch als Korrespondent der NRhZ tätig, dann nahm ihn die Arbeit an seiner eigenen Zeitung zu sehr in Anspruch. Ein Besuch von Born im Hause Marx verlief im Februar 1849 in freundschaftlicher Atmosphäre. Aus dem Bund der Kommunisten wurde Born erst im Sommer 1850 ausgeschlossen.

Wenn es damals zwei Strömungen innerhalb der Arbeiterbewegung gab, dann unterschieden sie sich jedoch nicht in der Frage »Sozialreform oder Revolution?«. Die Marxsche Richtung, die sich im KAV ab Juli 1848 durchsetzte und im Bund der Kommunisten immer auf Widerstand stieß, vertrat eine politische Ausrichtung der Arbeiterbewegung, ein Bündnis mit den radikalen Demokraten und bremste allen revolutionären Überschwang, zuletzt in der Überzeugung, dass eine neue Revolution nicht so bald kommen werde. Die Anführer dieser Gruppe waren 1848 zumeist aus dem Exil zurückgekommen und stammten überwiegend aus bürgerlichen Kreisen. Die andere Strömung, für die in der Arbeiterverbrüderung vor allem Born sowie im KAV Gottschalk und seine Anhänger standen, vertrat eine soziale Ausrichtung der Arbeiterbewegung.

Sie wollte die Not der Handwerker und Arbeiter möglichst sofort lindern, neigte aber in den kritischen Phasen der Revolution auch zur »großen Tat«. Ihre Anführer waren (mit Ausnahme Gottschalks) gelernte Handwerker, stammten also aus dem Milieu, das in dieser Frühphase der deutschen Arbeiterbewegung in den Vereinen vorherrschte.

3
Arbeiteralltag zur Zeit der industriellen Revolution

Die Entstehung des Proletariats war eine der wichtigsten gesellschaftlichen Auswirkungen der industriellen Revolution. Diese setzte sich in Deutschland, nimmt man nicht die Entstehung der ersten Fabriken, sondern die plötzliche Steigerung industrieller Produktion als den Beginn, zwischen 1850 und 1870 durch. Technische Neuerungen, die wie etwa die Dampfmaschine und die Koksverhüttung zunächst aus England kamen, boten die Möglichkeit, Produkte in großem Umfang und an neuen Standorten herzustellen. In dem Maße, wie die vorindustriellen Produktionsweisen (also Handwerk, Verlagswesen und Manufaktur) von der Fabrikarbeit verdrängt wurden, entstand aus Bauern und Handwerkern der Typ des modernen Arbeiters. Mit der Durchsetzung der industriellen Revolution wurde die Fabrik zum wichtigsten Arbeitsplatz der Menschen.

Eine Fabrik ist der Ort, an dem die Arbeitsplätze zentral zusammengefasst sind und wo insgesamt eine arbeitsteilige Produktion herrscht. Die Produktionsmittel (also Fabrikgebäude, Maschinen, Rohstoffe) sind Privateigentum des Unternehmers. Mit ihrer Hilfe lässt er die Arbeiter Waren herstellen. Auch die Waren gehören dem Unternehmer, der sie verkauft und dadurch Profite erzielt. Die Arbeiter werden für ihre Tätigkeit mit Geld bezahlt; sie verkaufen ihre Arbeitskraft.

Schon vor dem Ausbruch der industriellen Revolution gab es Not und Elend in Deutschland. Sie waren so groß, dass vielen Menschen das Los eines Fabrikarbeiters als erstrebenswert galt. Trotzdem hat der technische Fortschritt das Leben der Arbeiter nicht sofort gebessert. Charakteristisch für die Situation der ersten zwei, drei Generationen von Fabrikarbeitern waren lange Arbeitszeiten, Frauen- und Kinderarbeit, niedrige Löhne, unzureichende Arbeitsbedingungen und strenge Fabrikordnungen.

Fabrikalltag

Die Arbeitszeit betrug um die Mitte des 19. Jahrhunderts nur in den günstigsten Fällen zwölf Stunden pro Tag. Hinzu kamen oft lange Hin- und Rückwege zum und vom Arbeitsplatz. Nicht gearbeitet wurde in der Regel nur an Sonn- und Feiertagen. Obwohl es damals noch mehr Feiertage als heute gab, kann man doch von einer Sechstagewoche der Arbeit sprechen. Einen gesetzlich festgelegten und bezahlten Urlaub gab es nicht. Bis zum Ende des 19. Jahrhunderts blieb der Urlaub ein Gnadengeschenk der Unternehmer. Darauf deutet das Wort »Urlaub« noch heute hin; es kommt von »erlauben«. Urlaub wurde zuerst in Großunternehmen gewährt und kam in erster Linie den Angestellten zu.

Bei den Arbeitslöhnen gab es so starke Schwankungen, dass kein einheitliches Bild entstehen kann. Im Jahr 1863 betrug der Wochenverdienst eines Arbeiters in der sächsischen Textilindustrie ein bis zweieinhalb Taler, der eines Buchdruckers in Sachsen sechs bis sieben Taler, der eines Maschinenbauers in Berlin im Akkord zwölf bis dreizehn Taler. Spitzenlöhne wurden nur in größeren Städten er-

Die Harkortsche Fabrik auf Burg Wetter

zielt. Aber auch diese waren angesichts der Lebensmittelpreise und Wohnungsmieten noch gering.

Die Unternehmer bezahlten Leistungslöhne. Dadurch machten die Arbeiter eine Phase niedrigen Verdienstes in der Jugend und eine Hochverdienstphase in der Lebensmitte durch. Im Alter, wenn die Leistungskraft wieder nachließ, wurde der Arbeiter gewöhnlich zum Tagelöhner zurückgestuft. Hinzu kam, dass die Arbeiter vielfach nicht nur durch Geld, sondern noch durch Waren entlohnt wurden. Oder sie erhielten Gutscheine für den Einkauf in Geschäften oder Gaststätten, aus denen die Unternehmer zusätzlich Gewinn zogen. Man nannte das Trucksystem. Diese Waren waren oft minderwertig oder gehörten nicht zu den wichtigen Lebensmitteln.

Frauen und Kinder mussten mitarbeiten, um den Lebensunterhalt für die Familie zu sichern. Frauen wurden mit Vorliebe in Maschinenspinnereien, Kinder in den engen Stollen der Bergwerke angestellt. Die Frauenlöhne lagen auch bei gleicher Tätigkeit weit unter denen der Männer. Für die arbeitenden Frauen galten dieselben Arbeitsvorschriften und -bedingungen wie für die Männer. Das bedeutete auch: Nur wenige Tage vor und nach einer Niederkunft durften sie der Arbeit fern bleiben. Kinder arbeiteten z. B. in der schlesischen Leinenindustrie ab dem vierten Lebensjahr. Sie hatten die gleichen Arbeitszeiten wie die Erwachsenen, nur gewährte man ihnen größere Pausen. In denen konnten sich die Kinder aber nicht erholen; sie mussten vielmehr für die Schule lernen. Kind war man übrigens nur bis zum 13. Lebensjahr, dann galt man als erwachsen.

In der staatlichen Fabrikgesetzgebung wurde zuerst die Nachtarbeit für Kinder und Frauen verboten. 1839 legte man in Preußen das Mindestalter für arbeitende Kinder auf neun Jahre fest und begrenzte deren tägliche Arbeitszeit auf zehn Stunden. Der Hauptgrund für diese Einschränkung der Kinderarbeit war die Sorge, sonst keine tüchtigen Rekruten mehr zu bekommen. Ein weiteres preußisches Gesetz von 1853 setzte das Mindestalter für Fabrikarbeit auf zwölf Jahre herauf und begrenzte die Kinderarbeit auf sieben Stunden pro Tag. Erst im Jahr 1903 wurde im deutschen Kinderschutzgesetz ein generelles Arbeitsverbot für Kinder unter zwölf Jahren festgelegt.

Die Fabrikgebäude waren zunächst nur mangelhaft und für die neue Arbeitsform nicht richtig ausgestattet. So gründete Friedrich Harkort die erste Fabrik zur Herstellung von Dampfmaschinen im Jahr 1819 auf dem Areal einer mittelalterlichen Burg oberhalb der Ruhr. Meistens fehlten sanitäre Einrichtungen. Heizung, Lüftung, Lichtverhältnisse entsprachen nicht den Bedingungen menschlicher Tätigkeit. Arbeiterinnen und Arbeiter mussten in stickiger Luft, bei unzureichendem Licht und oft in gesundheitsschädigender Haltung arbeiten. Häufig kam es deshalb zu Arbeitsunfällen.

Einen guten Eindruck von den Arbeitsbedingungen in einer Fabrik liefert das berühmt gewordene Gemälde, das Adolf Menzel 1872–75 vom Eisenwalzwerk Königshütte in Oberschlesien anfertigte. Es zeigt in der Bildmitte Arbeiter, die ein weißglühendes Eisenstück auf einem Handwagen aus dem Brennofen geholt haben und es mit Zangen in die Walze bugsieren. Außer Schürzen tragen sie keinen Schutz, ihre nackten Füße stecken in Sandalen, ihre Gesichter glühen vom Feuerschein oder von der Hitze. Hochgezogene Schiebewände lassen im Hintergrund Tageslicht einfallen. Auf dem Fußboden liegen Arbeitsgeräte und Arbeitsabfälle, über die man jederzeit stolpern kann. Nur durch ein Schutzschild getrennt verzehren Arbeiter einer anderen Schicht in demselben Raum ihr Mittagsbrot.

Eisenwalzwerk Königshütte

Die Arbeitsabläufe und Arbeitsbedingungen in einem der damals modernsten Walzwerke des Kontinents sind vom Künstler offenbar genau beobachtet und wahrheitsgetreu dargestellt worden. Das Werk steht im Widerspruch zu den meisten anderen Industriedarstellungen des 19. Jahrhunderts, die in biedermeierlicher Manier die Fremdheit der modernen Fabrikwelt beschwören oder in schönfärberischer Weise den Fortschrittsglauben verherrlichen.

Eine wichtige Quelle zur Erforschung des Fabrikalltags sind die Fabrikordnungen. In ihnen kam zum Ausdruck, wie sich die Unternehmer die Arbeiter wünschten. Es ging den Unternehmern nicht nur um eine reibungslose Produktion, sie wollten mehr: die Arbeiter disziplinieren, erziehen und an die Fabrik binden. Und so sollte man sich nach dem Willen der Fabrikleitung benehmen: »Der gewaschene und gekämmte Arbeiter macht sich in reinlicher Kleidung ehrerbietig grüßend auf den Weg zur Fabrik und geht pünktlich durch das Tor. Er verrichtet fleißig an seinem Arbeitsplatz seine Arbeit, raucht nicht, schwätzt nicht, trinkt keinen Alkohol. In der Mittagspause kommen weder Frau und Kinder noch Freunde. Und nach 13 Stunden putzt er seinen Arbeitsplatz und geht ehrerbietig grüßend nach Hause.« (Rainer Wirtz)

Für die meisten Vergehen gegen die Fabrikordnung waren Geldbußen festgelegt, und zwar in einer Höhe, die die Arbeiter empfindlich traf. Am schärfsten ging man gegen den blauen Montag und andere Formen, sich mehr Freizeit zu verschaffen, vor. In Menzels »Eisenwalzwerk« bringt übrigens noch ein junges Mädchen im Korb das Mittagsbrot; in den meisten Fabrikordnungen war das ebenfalls ein Vergehen, das mit Lohnabzug bestraft wurde.

Das schwierigste Problem bei der Durchsetzung der industriellen Produktionsweise bestand nämlich darin, die Arbeiter an die Zeitdisziplin zu gewöhnen. Bauern und Handwerker hatten einen »natürlichen«, d. h. aufgabenbezogenen Arbeitsrhythmus gehabt. Industrielle Produktion ist dagegen Arbeit nach der Uhr, und der Arbeitsrhythmus wird von der Maschine vorgegeben. Hier wirkten die Fabrikordnungen mit ihren drastischen Strafen gegen das Zuspätkommen, gegen den Besuch von Frau und Kindern in der Mittagspause und gegen das Gespräch am Arbeitsplatz disziplinierend.

Die Arbeiter lernten diese Lektionen schnell, und sie lernten sie auch akzeptieren. Sie kämpften von Anfang an nicht gegen ihre Unterordnung unter die Zeitdisziplin, sondern nur um die Zeit. Nachdem der ersten Arbeitergeneration die neue Zeitauffassung eingebläut worden war, kämpfte die zweite nur noch um die Verkürzung der Arbeitszeit und die dritte um die Bezahlung der Überstunden. Das waren zwar berechtigte Forderungen, aber sie stellten das neue System des Arbeitens nicht mehr grundsätzlich in Frage.

Die Arbeiter an die Fabrik zu binden, war ein weiteres Ziel der Unternehmer. Solange sich das Fachwissen noch auf wenige Arbeiter erstreckte, waren gelernte Arbeitskräfte kostbar. Deshalb kam es in der Anfangsphase der Industrialisierung oft zu illegalen Abwerbemaßnahmen. Die Bindung an die Fabrik wurde zum einen durch sehr begrenzte Kündigungsmöglichkeiten, zum anderen durch die Bemühungen um eine Fabrikfürsorge befördert. Die Unternehmer ließen Werkswohnungen und Kindergärten errichten, Betriebskrankenkassen aufbauen und eine Altersunterstützung einführen. Ohne die humanitären Absichten der Unternehmer zu unterschätzen, kann man aber auch feststellen, dass diese sozialen Maßnahmen die Funktion hatten, die Arbeiter zu binden und zu disziplinieren. Denn die Vergünstigungen gingen bei so genanntem unehrenhaften Ausscheiden aus der Fabrik wieder verloren. Außerdem reichten diese Maßnahmen nicht aus, um das Arbeiterelend allgemein zu mildern, denn sie kamen vor allem Arbeitern mit überdurchschnittlich langer Firmenzugehörigkeit zugute.

Arbeiter der Maschinenfabrik Rüsselsheim

Im innerbetrieblichen Bereich führte vor allem eine fabrikinterne Lehrlingsausbildung dazu, dass die unterschiedlichen Eingangsvoraussetzungen der ersten Arbeitergeneration mit der Zeit eingeebnet wurden. Früher hatte der junge Handwerker durch Wandern von einem Betrieb zum anderen eine allgemeine, vielseitig einsetzbare Qualifikation erworben. Auch auf einem Bauernhof musste ein und dieselbe Person eine ganze Reihe unterschiedlichster Arbeiten verrichten können. In der Fabrik wurde eine neue Form der Ausbildung eingeführt, die ausschließlich auf die Bedürfnisse dieser Ausbildungsstätte abgestimmt war. Damit wurden die Arbeiter einerseits an die Fabrik gebunden, andererseits ersetzte diese Ausbildung individuelle Eignung durch ein allgemein zugängliches Laufbahnmuster. Die Lehrlinge hatten nicht nur ein Lehrgeld zu zahlen (daher kommt das bekannte Sprichwort), sondern sie mussten schon bei Ausbildungsbeginn meistens versichern, dass sie die Fabrik nach dem Ende der

Ausbildung nicht verlassen würden. So paradox es heute klingen mag: In der Zeit der industriellen Revolution war es leichter, in eine Fabrik hinein-, als aus ihr herauszukommen.

Dass die Disziplinierung der Arbeiter meist erreicht wurde, lässt sich auf Fotos von Fabrikarbeitern gut erkennen. Während die erste Generation noch in individueller Kleidung und Haltung dasteht, postiert sich die zweite, dritte Generation bereits in Reih und Glied sowie in einheitlicher Kleidung, man möchte sagen, Uniform.

Wohnverhältnisse

Die Arbeitsverhältnisse bestimmten auch das Leben außerhalb der Fabrik: Die lange Arbeitszeit bedingte eine kurze Freizeit, der niedrige Lohn zog einen schlechten Lebensstandard nach sich, und die Konzentration der Arbeitsplätze führte zur Zusammenballung des Wohnraums in den Städten. Die Lebensverhältnisse der Arbeiter waren in der industriellen Revolution durch Wohnungsnot, Unterernährung und Krankheiten gekennzeichnet.

Das Kernproblem der städtischen Arbeiterwohnungsfrage war die große Dichte des Zusammenlebens. Das bezog sich einerseits auf eine zu enge und zu dichte Bebauung. Beispiele dafür sind mehrstöckige Mietskasernen mit Hinterhöfen, enge Keller- und Dachwohnungen. Das äußerte sich andererseits in einer Überbelegung der einzelnen Räume mit zu vielen Personen. Große Familien wurden in sehr kleinen Ein- oder Zweizimmerwohnungen untergebracht. Innerhalb Deutschlands waren die Berliner Wohnverhältnisse am schlimmsten.

Berlin erfuhr zwischen 1865 und 1875 eine explosionsartige Verdoppelung der Bevölkerung bis knapp unter die Millionengrenze. Das war die Zeit, die aus Berlin die größte Mietskaserne der Welt machte. Ganze Stadtregionen, wie Kreuzberg oder der Wedding, entstanden nach folgendem Muster: Die Vorderhäuser waren für Rechtsanwälte, Apotheker und Offiziere. Durch ein Tor ging es in einen Hinterhof, der nur so groß war, dass eine Feuerwehrspritze darin wenden konnte. Die Quergebäude und Seitenflügel waren den Arbeitern vorbehalten. In Berlin wurden die Arbeiter sogar gezwungen, sich vor den Toren der Stadt aus Kisten, alten Brettern und Blechen Baracken zu errichten. Es entstanden Siedlungen mit Slumcharakter. In den Arbeiterwohnungen fehlten oft die notwendigsten Gegenstände des alltäglichen Bedarfs. Die Kinder mussten bei den Eltern schlafen oder ein Bett mit ihren Geschwistern teilen.

Für die Ernährung der Familie wurden bis zu zwei Drittel des Lohnes ausgegeben. Noch zu Beginn des 20. Jahrhunderts galt die Regel: Je ärmer eine Familie war, desto mehr musste sie prozentual für das Essen ausgeben. (Zum Vergleich: 2002 gab eine vierköpfige Arbeitnehmerfamilie in der BRD nur noch etwa 30 Prozent des Einkommens für die Ernährung aus.) Da die monatlichen Mietausgaben feststanden, konnte andererseits nur an den Ausgaben für Ernährung und Kleidung gespart werden. Das Essen war eintönig und einseitig. Es gab Kartoffeln, Brot oder Mehlspeisen, aber selten Fleisch, und das nur für den Familienvater. Interessant ist auch das statistische Ergebnis, dass die Armen und die Reichen etwa gleich viel Geld für die billigen Lebensmittel, wie Kartoffeln und Fette, ausgaben. Reich zu sein bedeutete also in diesem Zusammenhang, sich bis zu viermal so viel Fleisch, Speck und Wurst kaufen zu können.

Wohnungsnot und Unterernährung führten zum dritten Charakteristikum des Alltags außerhalb der Fabrik: der Anfälligkeit für Krankheiten. Die rasch wachsenden Großstädte wurden schon damals von Ärzten als Krankmacher bezeichnet. Durch das enge Zusammenleben einer großen Menge von Menschen stieg die Gefahr, dass sich Infektionskrankheiten rasch ausbreiteten. Erst mit der Inbetriebnahme von zentralen Wasserversorgungsanlagen gingen Erkrankungen wie der im Sommer periodisch auftretende Durchfall erheblich zurück. Um 1875 besaßen zwar fast alle Großstädte in Deutschland eine solche Wasserversorgung, jedoch die Klein- und Mittelstädte erst zur Hälfte. Die am häufigsten auftretende Arbeiterkrankheit, die Tuberkulose, war bedingt durch Unterernährung und dunkle, feuchte, überfüllte Wohnungen sowie auch durch unkontrollierte Staubentwicklung am Arbeitsplatz. Zeitgenössische Ärzte haben errechnet, dass das Wohnen in solchen Verhältnissen, namentlich in Kellerwohnungen, die durchschnittliche Lebenserwartung um zwei bis drei Jahre verminderte.

Die proletarische Familie

Die Entstehung von Arbeiterfamilien ist ein Phänomen, das inmitten der allgemeinen Umwälzungen der industriellen Revolution nicht unterschätzt werden sollte. Denn die so genannte dienende Klasse und die Masse der vorindustriellen Handwerker waren überwiegend ledige Bevölkerungsteile gewesen. Sie hatten als solche in der Familie des Herrn oder des Meisters gelebt. Die Arbeiter ahmten die Form der bürgerlichen Familie nach. Die typische proletarische Familie war ebenfalls eine Kleinfamilie, die meistens nur zwei Generationen umfasste: Vater, Mutter, Kinder. Freilich war sie mehr als die bürgerliche Familie auf die gegenseitige Unterstützung aller Familienmitglieder angewiesen. Sie wurde durch Krankheit oder Tod eines Elternteils an ihren Wurzeln bedroht. Vor allem der proletarische Mann konnte nicht allein leben, weil er einen Haushalt nicht zu führen wusste. Wiederverheiratung war die fast notwendige Folge. Die Funktion der proletarischen Familie war hauptsächlich auf eine Wohn- und Essgemeinschaft begrenzt, in der Solidarität den höchsten Wert einnahm.

Einige wichtige Anzeichen sprechen dafür, dass die Arbeiter auch in ihrer Mentalität bürgerliche Ideale übernahmen und sie verwirklichten, wenn es eben ging. Dazu gehörte als augenfälliges Merkmal der Siegeszug der »guten Stube« innerhalb der Arbeiterwohnungen und des Sonntagsanzugs mit Schlips und Kragen bei der Arbeiterkleidung. Mit Statussymbolen wie der silbernen Taschenuhr versuchten sich Männer über ihre bittere Armut hinwegzutäuschen. Auch die sprichwörtlich gewordenen weißen Gardinen im sonst so staubigen Ruhrgebiet gehören in diesen Zusammenhang.

Dass die Lebenschancen der Arbeiter nicht durch die Höhe ihres Lohnes, sondern durch dic Lebensverdienstkurve bestimmt wurden, hatte auch Auswirkungen auf die Eheschließung. Die wirtschaftlichen Voraussetzungen zu einer Heirat waren nur in der Hochverdienstphase gegeben. Die Altersverarmung musste durch die Verdienstfähigkeit des ältesten Kindes ausgeglichen werden. Mit anderen Worten: Die Ehen wurden in relativ hohem Alter geschlossen, und die Kinder mussten so früh kommen, dass sie erwachsen waren, wenn die Arbeitskraft des Vaters nachließ.

In manchen Gegenden ermöglichten es Gesetze den Unternehmern und Gemeinden, bis in diesen persönlichsten Bereich der Arbeiter einzugreifen. In Württemberg waren z. B. für eine Heiratsgenehmigung Zeugnisse über die wirtschaftliche Lage des Kandidaten und die Sicherheit seines Arbeitsplatzes nötig. So wurden heiratswillige Arbeiter zum Sparen und zu politischem Wohlverhalten gezwungen. Manche entschlossen sich, Kinder unehelich zu zeugen, wenn der Staat die Heirat nicht genehmigte.

Was die proletarische Familie von der bürgerlichen unterschied, ging auf das Konto der wirtschaftlichen Lage und nicht auf den Wunsch der Arbeiter, alternative Beziehungen zu entwickeln. Man hat die Familienstruktur der frühen Arbeiterschaft als »halb offen« bezeichnet. Sie war nicht, wie die bürgerliche, eine geschlossene emotionale Einheit von Vater, Mutter, Kind, aber auch nicht mehr vergleichbar mit dem offenen Typ der bäuerlich-handwerklichen Großfamilie. Die Arbeiterfamilie war halb offen, weil die wirtschaftliche Not Mann, Frau und größere Kinder in die Fabriken trieb. Kleinere Kinder wurden oft stundenlang allein gelassen und nicht selten an einen Stuhl gebunden, damit sie sich nicht beim Herumlaufen verletzten. Die proletarische Familie war auch halb offen durch das Phänomen des Schlafgängers. Das war ein Untermieter, der in der Arbeiterfamilie kein Zimmer, sondern nur ein Bett gemietet hatte, das er schichtweise mit dem Familienvater oder einem anderen Kollegen teilte. Die zeitgenössische bürgerliche Öffentlichkeit konnte dies nur unter moralischen Gesichtspunkten verwerflich finden, ohne wahrzunehmen, dass es eine bittere ökonomische Notwendigkeit war.

Durch den materiellen Rahmen nicht vorgegeben war in der Arbeiterfamilie die Durchsetzung der Lebensform Familie überhaupt und deren patriarchalische Struktur. Auch die politisch aktiven Arbeiter haben, trotz der sozialistischen Theorien von der Gleichberechtigung der Geschlechter, an der Vorherrschaft des Mannes und der Geringschätzung der Hausarbeit festgehalten. In der bürgerlichen Familie wurde die Macht der arbeitenden Männer über die zu Hause bleibenden Frauen durch die industrielle Revolution verstärkt. Die proletarische Familie fand zu derselben Rollenverteilung, obwohl Mann und Frau der Lohnarbeit nachgingen. Auch in der Arbeiterfamilie war die Frau für den Haushalt und die Kindererziehung zuständig, oft genug nach einem vollen Arbeitstag in der Fabrik.

Klassenbewusstsein

Die Arbeiter konnten sich, wenn man ihren Alltag in der industriellen Revolution zusammenfassend betrachtet, mit guten Gründen als »ausgebeutete« sowie als physisch und geistig »verelendete« Menschen bezeichnen. Das machte sie empfänglich für politische Theorien und Programme, die die industrielle Gesellschaft grundsätzlich in Frage stellten. Doch nahmen sie von Anfang an in ihrem Alltagsverhalten auch einige Lebensformen der »herrschenden Gesellschaft« auf. Sie verbanden ihr Schicksal mit dem technischen Fortschritt und ahmten Strukturen der bürgerlichen Familie nach.

Dennoch förderten die spezifischen Arbeits- und Lebensverhältnisse – so schlimm sie im Einzelnen waren und obwohl man sich anpasste – das Klassenbewusstsein unter den Arbeitern.

Die industrielle Revolution ließ die Arbeiter zunächst nur unbewusst und unorganisiert als eine Klassengemeinschaft entstehen. Bevor sie sich auch politisch zu gemeinsamem Handeln zusammenschließen konnten, musste das Bewusstsein hinzukommen, dass sie alle einem gleichen Schicksal unterworfen waren. Dieser Prozess vollzog sich nicht in einer Generation. Voraussetzungen für die Entstehung eines Klassenbewusstseins waren: die Einebnung der unterschiedlichen sozialen Herkunftsmerkmale im Fabrikalltag sowie die Herausbildung von Heiratsbeziehungen, eines geborenen Proletariats und der Familienform überhaupt. Alle diese Faktoren führten dazu, dass sich Arbeiterinnen und Arbeiter über die Gemeinsamkeit von Arbeits- und Lebensbedingungen vermittelt als eine neue soziale Gruppe begriffen.

4
Neubeginn in der Reichsgründungszeit

Nach dem Scheitern der Revolution von 1848/49 trugen die 1850er Jahre den »Stempel der siegenden Reaktion«, wie ein konservativer Wortführer im preußischen Abgeordnetenhaus damals triumphierend formulierte. Während nun die industrielle Revolution über Deutschland mit voller Wucht hereinbrach, hatte das Proletariat zunächst keine organisierte Interessenvertretung mehr. Das sollte sich zu Beginn der 1860er Jahre ändern. 1861 kam es in Preußen zu einem Thronwechsel; der neue König Wilhelm I. berief gemäßigt liberale und gemäßigt konservative Minister in seine Regierung. Eine »neue Ära« schien zu beginnen. Die internationale politische Entwicklung, vor allem die sich vollziehende italienische Einigung, wirkte zusätzlich beflügelnd.

Von diesen Tendenzen ermutigt, begann sich das deutsche Bürgertum zu organisieren. Schon 1859 entstand der Deutsche Nationalverein, aus dem heraus sich 1867 die Nationalliberale Partei entwickelte. 1861 wurde die Deutsche Fortschrittspartei gegründet. Die liberalen Vertreter im preußischen Abgeordnetenhaus widersetzten sich einer Heeresreform und riskierten damit 1862 einen Verfassungskonflikt, der bis 1866 dauerte, dann jedoch durch den neuen preußischen Ministerpräsidenten Otto von Bismarck im Sinne der Krone gelöst wurde. Dieser preußische Verfassungskonflikt war sozusagen eine Fortsetzung der Revolution von 1848 mit parlamentarischen Mitteln, in der die politische Vertretung des Bürgertums ein zweites Mal scheiterte. Seine zweite Niederlage legte nicht nur endgültig die Richtung fest, in der sich die deutsche Einheit 1871 vollziehen sollte, sondern besiegelte auch die politische Schwäche des deutschen Bürgertums bis zum Ausbruch des Ersten Weltkriegs.

Die Arbeiterschaft konnte sich in der »neuen Ära« ebenfalls wieder politisch organisieren, wurde aber gezwungen, neben den sie spezifisch betreffenden Problemen der sozialen Frage auch zu den großen politischen Themen der Reichseinigung Stellung zu nehmen.

Theorien zur Lösung der sozialen Frage

Die deutschen Arbeiter konnten in den 1860er Jahren zwischen liberalen, katholischen und sozialistischen Konzepten zur Lösung der sozialen Frage wählen.

Die bedeutendste liberale Beschreibung der kapitalistischen Wirtschaftsform stammte schon aus dem 18. Jahrhundert. Im Jahr 1776 hatte Adam Smith sein epochemachendes Werk *An Inquiry into the Nature and Causes of the Wealth of Nations* veröffentlicht. Es begründete die klassische Nationalökonomie, die im Deutschland des 19. Jahrhunderts viele Anhänger fand. Smith formulierte das »Naturgesetz« von Angebot und Nachfrage, das Prinzip der freien Konkurrenz der Unternehmer untereinander und des freien Handels zwischen den Nationen sowie die Forderung des *Laisser faire*, was bedeutet, der Staat solle die wirtschaftliche Entwicklung sich selbst überlassen.

Diese klassisch-liberalen Grundsätze traten auch bei der Debatte um die soziale Frage zutage. Der wichtigste Grundsatz liberaler Anschauungen lautete hier: Die Arbeiter sollen ihre missliche Lage aus eigener Kraft verändern – und zwar durch Fleiß, Sparsamkeit und Solidarität. Aus dieser Überzeugung heraus wurden sie aufgefordert, Selbsthilfeorganisationen aufzubauen, mit denen sie sich vor Existenzvernichtung durch Krankheit, Unfall oder Tod sichern könnten.

Ein Vertreter solchen liberalen Denkens war Friedrich Harkort, der als einer der führenden rheinischen Unternehmer der Frühindustrialisierung schon erwähnt wurde. Harkort veröffentlichte 1875 einen *Arbeiter-Spiegel*. Diese Schrift gehörte bald zu den populärsten Broschüren über die soziale Frage; zwei Jahre später erschien sie schon in der 11. Auflage.

Aus diesem Geiste heraus förderten und initiierten liberale Politiker wie Hermann Schulze-Delitzsch Anfang der 1860er Jahre die Gründung von Arbeiterbildungsvereinen und Genossenschaften. Unter ihrer Anleitung und Kontrolle sollten sich die Arbeiter in eine Richtung entwickeln, die den liberalen Interessen entsprach, vor allem ihre politische Vertretung in den liberalen Parteien sehen. Schulze, der aus dem sächsischen Ort Delitzsch stammte, verlor seinen Einfluss auf die Arbeiter schon bald nach dem erfolgreichen Auftreten Ferdinand Lassalles.

Der bedeutendste katholische Sozialtheoretiker dieser Zeit war Wilhelm Emmanuel Freiherr von Ketteler. Ketteler, seit 1850 Bischof von Mainz, leitete eine Neuorientierung des Katholizismus gegenüber der sozialen Frage ein. Er schlug vor, das kapitalistische System nicht mehr durch die Rückkehr zu einem mittelalterlichen Ständestaat aufzuheben, wie das in der ersten Hälfte des 19. Jahrhunderts in Kreisen der katholischen Kirche vertreten worden war. Vielmehr sollte eine praktische Sozialpolitik den Kapitalismus innerhalb der bestehenden Ordnung verändern. Das kam einer Anerkennung der durch die industrielle Revolution hervorgerufenen Umwälzungen gleich.

Im Sommer 1869 hielt Ketteler in Offenbach eine Rede, die seither zum Programm der christlichen Arbeiterbewegung wurde. Fünf Forderungen der Arbeiter fanden Kettelers uneingeschränkte Zustimmung: Erhöhung des Arbeitslohnes, Verkürzung der Arbeitszeit, Gewährung von Ruhetagen, Verbot der Kinderarbeit sowie Abschaffung der Fabrikarbeit von Müttern und jungen Mädchen. Ketteler trat weiterhin dafür ein, dass sich die Arbeiter zur Vertretung ihrer Interessen zusammenschlossen und zwar in christlichen Arbeitervereinen. Außerdem forderte er (im Unterschied zu den Liberalen) staatliche Initiativen zur Lösung der sozialen Frage.

Die von Ketteler eingeleitete Entwicklung einer katholischen Soziallehre wurde durch den im Bismarckreich ausbrechenden Streit zwischen Staat und Kirche, der als Kulturkampf bekannt wurde, verzögert. So erschien die offizielle Stellungnahme der katholischen Kirche zur sozialen Frage erst relativ spät – fast ein halbes Jahrhundert nach dem *Kommunistischen Manifest*. Es war die Enzyklika *Rerum novarum* vom 15. Mai 1891. In diesem Weltrundschreiben (dessen lateinische Anfangsworte man frei mit »erwachter Wille nach Neuem« übersetzen kann) bestätigte Papst Leo XIII. die Teilung der Gesellschaft in zwei Klassen, die Verelendung der Besitzlosen und die Zuspitzung der sozialen Konflikte. Strikt abgelehnt wurden dagegen Vorstellungen vom Klassenkampf und Forderungen nach Vergesellschaftung der Produktionsmittel. Eigentum wurde als ein Menschenrecht betrachtet. Vom Staat verlangte die Enzyklika aber, durch Reformen dafür zu sorgen, dass auch der Arbeiter Eigentum erwerben könne.

Im Sinne Kettelers begannen ab 1884 katholische Arbeitervereine zu wirken. Sie blieben jedoch, ebenso wie evangelische Gründungen seit 1882, gegenüber der sich mächtig entwickelnden sozialistischen Richtung weit gehend unbedeutend. Die katholischen Arbeitervereine hatten 1891 rund 65 000, die evangelischen rund 40 000 Mitglieder.

Innerhalb der Arbeiterbewegung gewannen die Theorien von Ferdinand Lassalle und Karl Marx größeren Einfluss. Zunächst überwogen die Gemeinsamkeiten beider Ansätze; erst die weitere Entwicklung zeigte, dass beide Theorien in wesentlichen Punkten voneinander abwichen.

Marx wie Lassalle traten für die Schaffung einer eigenen, vom Bürgertum getrennten Organisation der Arbeiterbewegung ein. Die Emanzipation der Arbeiter musste das Werk der Arbeiter selbst sein, weil sie sich nach Marx und

Lassalle auf Kosten des Bürgertums vollzog. Beide forderten auch die Arbeiterbewegung auf, sich über die Erkämpfung des allgemeinen, gleichen und direkten Wahlrechts eine Interessenvertretung in den Parlamenten aufzubauen. Damit erteilten sie Bestrebungen, den Schwerpunkt der politischen Auseinandersetzungen auf direkte Aktionen zu legen, eine Absage. In diesen beiden Punkten gipfelten die politischen Gemeinsamkeiten von Marx und Lassalle. Sie reichten aus, um eine Zeit lang denselben Weg aufzuzeigen und die deutsche Arbeiterschaft sowohl von den sozialen Versprechungen des Bürgertums als auch von der anarchistischen Strömung abzugrenzen.

Ein erster Unterschied zwischen den Theorien von Lassalle und Marx bezog sich auf den Charakter der proletarischen Verelendung. Lassalle erklärte sie mit dem »ehernen Lohngesetz«, Marx mit der »Mehrwerttheorie«. Nach Lassalle wird der Lohn des Arbeiters immer nur zur Deckung des notwendigen Lebensunterhalts reichen. Marx sah das Elend auch in einer geistigen und moralischen Verkrüppelung des Menschen und verstand die Lohnverelendung im relativen Sinne. Der Proletarier könne sehr wohl mehr als das Existenzminimum verdienen, doch würden die Profite stets mehr steigen als die Löhne. Lassalle zog aus seiner Analyse den Schluss, die Arbeiterschaft vornehmlich in einer Partei zu organisieren; gewerkschaftlichen Aktionen stand er skeptisch gegenüber. Nach Marx waren dagegen Kämpfe um Lohnerhöhung und Arbeitszeitverkürzung sinnvoll, obwohl sie die Ausbeutung nicht grundsätzlich abschafften. Er forderte die Arbeiter auf, sich in Partei und Gewerkschaft zu organisieren.

Was das Verhältnis der Arbeiterparteien zu den bürgerlichen Parteien betraf, so sollte die Arbeiterbewegung nach Lassalle von Anfang an gegen alle bürgerlichen Parteien kämpfen. Seiner Meinung nach waren nämlich gegenüber der Arbeiterklasse »alle anderen Klassen nur eine reaktionäre Masse«. Marx hatte dagegen, wie erwähnt, schon im

Kommunistischen Manifest und in der Revolution 1848/49 ein taktisches Konzept entwickelt, nach dem ein zeitliches Paktieren mit den demokratischen Kräften des Bürgertums sinnvoll erschien.

Auch in der Einschätzung der Rolle des Staates für die Emanzipation der Arbeiterschaft unterschieden sich Marx und Lassalle grundsätzlich. Für Lassalle würde der Staat nach Einführung des allgemeinen Wahlrechts die Interessen der Bevölkerungsmehrheit vertreten, nach Marx auch weiterhin die Interessen der wirtschaftlich Mächtigen. Lassalle entwickelte von seiner Staatsvorstellung ausgehend ein Konzept, das staatliche Unterstützung für Produktionsgenossenschaften der Arbeiter vorsah. Nach Marx sollten die Produktionsmittel in einem revolutionären Prozess vergesellschaftet und der Staatsapparat sollte zerschlagen werden. Er nannte diese Übergangszeit »Diktatur des Proletariats«.

Gründung sozialistischer Arbeiterparteien

In vielen deutschen Städten waren Bildungsvereine für Fabrikarbeiter und Handwerker entstanden. Sie wurden vom liberalen Bürgertum ins Leben gerufen oder gerieten doch unter dessen Einfluss. Die Loslösung der deutschen Arbeiterschaft aus dieser Verbindung mit dem Bürgertum fand in zwei Etappen statt.

Zu einem ersten organisatorischen Bruch kam es 1863. Die Initiative dazu übernahm eine Gruppe des Leipziger Bildungsvereins, der den Namen Vorwärts trug. Sie gründete ein Zentralkomitee zur Berufung eines allgemeinen deutschen Arbeiterkongresses. Im Auftrag dieses Komitees verhandelte eine Arbeiterdelegation in Berlin im Oktober 1862 zunächst mit den Führern der Liberalen über ein politisches Zusammengehen. Die Arbeiterführer erhielten eine Absage. Die Zeit sei noch nicht reif, hieß es, um die Arbeiter als Mitglieder bei den Liberalen aufzunehmen.

Daraufhin wandte sich das ZK im Februar 1863 an Ferdinand Lassalle. Lassalle war zu einem bekannten Berliner Arbeiterführer geworden. 1825 in Breslau als Sohn eines jüdischen Seidenhändlers geboren, hatte er eine humanistische Ausbildung erhalten und die Philosophie Hegels studiert. In den 1840er Jahren war er ebenfalls wie Marx, aber nicht zur gleichen Zeit, in Paris gewesen. Während der Revolution wirkte er in Düsseldorf; die 1850er Jahre waren auch für ihn die Zeit theoretischer Studien. Doch im Unterschied zu Marx lag Lassalles Stärke nicht in der Theorie. Was ihm in dieser Hinsicht an Format fehlte, das ersetzte er durch ein großartiges Redner- und Agitationstalent.

Am 12. April 1862 hatte er vor den Maschinenbauern der Firma Borsig gesprochen. Sein Vortrag war als Arbeiterprogramm veröffentlicht worden. Als das Leipziger ZK ihn nun um einen Programmentwurf bat, schickte Lassalle am 1. März 1863 ein *Offnes Antwortschreiben.* Dieses Dokument ist das Lassallesche Pendant zum *Kommunistischen Manifest* von 1848. Beide, *Manifest* und *Antwortschreiben*, waren Programmschriften, die im Auftrage deutscher Arbeiterorganisationen angefertigt wurden.

Auf der Grundlage dieses Lassalleschen Programms wurde am 23. Mai 1863 der Allgemeine Deutsche Arbeiterverein (ADAV) gegründet und Lassalle zu seinem Präsidenten gewählt. Er stand dem ADAV bis zu seinem plötzlichen Tod am 31. August 1864 vor. In dem einen Jahr seiner Präsidentschaft brachte er den Verein in unermüdlicher Agitation auf 4600 Mitglieder. Auch erreichte er, dass seine programmatischen Schlagworte einen festen Platz in den politischen Vorstellungen der Arbeiter fanden: Dazu gehörten das allgemeine Wahlrecht und die Produktionsgenossenschaften mit Staatshilfe. Getreu seiner Überzeugung richtete Lassalle die ganze Schärfe seiner Agitation gegen das liberale Bürgertum. Damit fand er sich freilich an der Seite des preußischen Ministerpräsidenten wieder, der ja eben in diesen Jahren den Verfassungskonflikt mit dem Bürgertum austrug.

Zu diesem preußenfreundlichen Image des ADAV kam eine autoritäre Leitung der jungen Partei unter Lassalle und seinen Nachfolgern, besonders Johann Baptist von Schweitzer, der 1867 Präsident des ADAV wurde. So nimmt es nicht Wunder, dass sich eine Arbeiteropposition zum ADAV herausbildete. Viele Arbeitervereine hatten es abgelehnt, sich dem ADAV anzuschließen. Als Antwort auf seine Gründung schlossen sie sich 1863 in einem Verband deutscher Arbeitervereine zusammen. Diesen Verband spalteten August Bebel und Wilhelm Liebknecht 1868, als sie auf seinem 3. Vereinstag in Nürnberg zum Anschluss an die Internationale Arbeiterassoziation und zur Gründung von Gewerkschaften aufriefen.

Wilhelm Liebknecht, 1826 in Gießen geboren, stammte aus einer Gelehrten- und Beamtenfamilie. Er studierte Philosophie, Philologie und Theologie und wurde 1847 Lehrer in Zürich. 1849 beteiligte er sich als Freischärler am badischen Aufstand und ging nach dessen Scheitern ins Exil. Im Jahr 1862 kehrte er aus London nach Deutschland zurück. Seine Biographie ähnelt denen anderer Arbeiterführer wie Marx, Engels und Lassalle. Sie alle waren durch die eigenen Erlebnisse während der Revolution 1848/49 geprägt worden. Durch sie wurden die Ideen der bürgerlichen Revolution in der deutschen Arbeiterbewegung aufgenommen, während sich das Bürgertum zur gleichen Zeit seiner revolutionären Traditionen weit gehend entledigte und sich mit dem entstehenden Obrigkeitsstaat zu arrangieren begann.

August Bebel, 1840 in Deutz geboren, war zu jung gewesen, um sich an der Revolution zu beteiligen. Als Drechsler verkörperte er den anderen, aus der Handwerkerschaft kommenden Sozialisationsstrang der deutschen Arbeiterbewegung. Nach seinen Wanderjahren wurde er

1860 in Leipzig sesshaft. In kritischer Auseinandersetzung mit dem von Lassalle vertretenen Weg fand er zu seinen politischen Überzeugungen.

Aus dem Verband deutscher Arbeitervereine entstand vom 7. bis 9. August 1869 in Eisenach die Sozialdemokratische Arbeiterpartei (SDAP). Damit gab es neben dem ADAV eine zweite Arbeiterpartei in Deutschland. Ihre Anhänger kamen vor allem aus den mittel- und süddeutschen Arbeitervereinen. Die Mitgliederzahl der Eisenacher blieb aber immer hinter der der Lassalleaner zurück. Insgesamt bewegten sich die Zahlen in einer Größenordnung, die in etwa denen der Arbeiterorganisationen von 1848 entsprach.

Im Jahr 1867 wurden die ersten Arbeitervertreter in ein deutsches Parlament gewählt. Bebel und Reinhold Heinrich Schraps gehörten, damals noch für die Sächsische Volkspartei, dem konstituierenden Norddeutschen Reichstag an. Schraps war ein Demokrat; er entwickelte sich bald zum Gegner der Arbeiterbewegung. In der ersten Legislaturperiode des Norddeutschen Reichstags kamen dann Liebknecht für die spätere Eisenacher Richtung, Schweitzer für die Lassalleaner und zwei weitere Abgeordnete hinzu. Bei den Wahlen zum ersten deutschen Reichstag fielen im März 1871 3,2 Prozent der abgegebenen Stimmen auf die Kandidaten der Arbeiterparteien, etwa zwei Drittel auf Lassalleaner und ein Drittel auf die Eisenacher. Aufgrund des Mehrheitswahlrechts wurden jedoch nur Bebel und Schraps gewählt, wobei Bebel sich gegen Schulze-Delitzsch durchgesetzt hatte.

Haltung zur Reichsgründung

Die unterschiedliche Stellung der beiden Arbeiterparteien in den zeitgenössischen politischen Auseinandersetzungen lässt sich nur teilweise mit dem Gegensatz zwischen Lassallescher und Marxscher Theorie erklären. Zwar traten die Eisenacher, nicht aber die Lassalleaner, der 1864 in London gegründeten Internationalen Arbeiterassoziation (der Ersten Internationale) bei, in der Marx eine wichtige Rolle spielte. Aber die Gegensätze innerhalb der deutschen Arbeiterorganisationen entzündeten sich vor 1875 hauptsächlich an Problemen der deutschen Politik.

Das große Thema der 1860er Jahre war die Einigung Deutschlands. Zu ihr mussten auch die Arbeiterparteien Stellung nehmen. Die Geister schieden sich in Bezug auf die Rolle Preußens in der Epoche der deutschen Einigung. Die unter dem Einfluss von Bebel und Liebknecht stehenden Eisenacher vertraten eine föderalistisch-großdeutsche Lösung. Sie lehnten eine Reichsgründung von oben durch die preußische Machtstaatspolitik als eine Zwangseinheit ohne Freiheit ab. Die Lassalleaner setzten auf die kleindeutsch-preußische Lösung, weil sie keine andere realistische Möglichkeit sahen.

So widersetzten sich Liebknecht und Bebel bereits der Errichtung des Norddeutschen Bundes, der als Vorstufe zur nationalen Einigung gedacht war. In der Reichstagsabstimmung über seine Verfassung gehörten Bebel und Schraps im April 1867 zu den 55 Abgeordneten, die mit Nein votierten. Die meisten anderen Neinsager stammten aus der Fortschrittspartei. Dagegen hatte eine Generalversammlung des ADAV schon im Dezember 1866 die Formel »durch Einheit zur Freiheit« ausgegeben, was eine Akzeptierung des preußischen Weges in der deutschen Frage bedeutete. Die ganze Schärfe des Gegensatzes, der damit in den Reihen der Arbeiterbewegung aufbrach, klingt in einem Vers an, den Liebknecht 1868 dichtete: »Durch Blut und Eisen eint man Knechte – So sollen wir nun ewig stehn! Auf, laß uns, Gott der Menschenrechte, zur Einheit durch die Freiheit gehn!« Hier bricht – insbesondere in der Anrufung des Gottes der Menschenrechte – das ganze revolutionäre Pathos des 1848er Demokraten auf, der in Preußen einfach nichts anderes sehen konnte als eine freiheitsfeindliche Macht.

Der Ausbruch des Deutsch-Französischen Krieges bot neuen Anlass zu Kontroversen. Für die Internationale Arbeiterassoziation (IAA) versuchte Marx zu klären, welche historische Funktion diesem Krieg im Zusammenhang mit der Bildung von Nationalstaaten beizumessen war. Er verfasste im Juli 1870 die *Erste Adresse des Generalrats über den Deutsch-Französischen Krieg*. Demnach handelte es sich nach Marx nicht um einen nationalen Befreiungskrieg oder um einen Volkskrieg mit revolutionärem Charakter, sondern um einen dynastischen Krieg. An einem solchen, so seine Folgerung, sei das europäische Proletariat nicht interessiert. Problematischer war es, dass Marx dem Krieg im Namen der IAA, die ja auch französische Mitglieder hatte, von deutscher Seite den Charakter eines Verteidigungskriegs gab.

Nach der Niederlage Napoleons III. bei Sedan und der Ausrufung der französischen Republik im September 1870 war die Lage anders. In einer *Zweiten Adresse des Generalrats* wurde dargelegt, dass der Krieg deutscherseits in einen Eroberungskrieg umgeschlagen sei, und vor der Annektion Elsass-Lothringens gewarnt.

In Deutschland waren sich die Lassalleaner in der unbedingten Stellungnahme für die deutsche Seite einig. Sie wurden von der Woge nationaler Begeisterung mitgetragen und verstanden den Krieg wie Marx als einen Verteidigungskrieg gegen das Frankreich Napoleons III. In der Eisenacher Partei herrschte Zwietracht. Bei der Reichstagsabstimmung über die Bewilligung der Kriegskredite enthielten sich Bebel und Liebknecht am 21. Juli 1870 der Stimme. Liebknecht hatte sich nur durch Bebel davon abhalten lassen, mit Nein zu stimmen. Die Lassalleaner und der Tabakarbeiter Friedrich Wilhelm Fritzsche, ein weiterer Eisenacher Abgeordneter, der nachgerückt war, stimmten für die Anleihe. Die Parteileitung der Eisenacher missbilligte Bebels und Liebknechts öffentlich demonstrierte Distanzierung vom Krieg. Die Parteipresse der Lassalleaner sprach von Vaterlandsverrat. Trotz dieser augenfälligen Parallelen zum 4. August 1914 war es kein sozialistischer Internationalismus, der den Vater Karl Liebknechts zu einer Entscheidung trieb, die der Sohn 1914 wiederholen sollte. Es war vielmehr eine Verbindung von demokratischer Anschauung und tief eingewurzeltem Preußenhass, die Wilhelm Liebknecht dazu führte, dem Krieg auch in seiner ersten Phase gegen den Ratschlag von Marx den nationalen Charakter abzusprechen.

Mit der Entscheidung von Sedan und der Ausrufung der Republik in Frankreich wurden die verschiedenen Richtungen in der deutschen Arbeiterbewegung wieder zusammengeführt. Nun war es Lassalleanern und Eisenachern klar, dass Bismarck den Krieg als Annektionskrieg zur Schwächung des republikanischen Frankreich weiterführen ließ. Die Abgeordneten von ADAV und SDAP stimmten nun geschlossen gegen weitere Kriegskredite.

Einigung in Gotha

Auf einem Parteitag in Gotha vereinigten sich die beiden konkurrierenden deutschen Arbeiterparteien, der ADAV und die SDAP, zur Sozialistischen Arbeiterpartei Deutschlands (SAPD). Der Parteitag fand vom 22. bis 27. Mai 1875 statt. Die Voraussetzungen zur Überwindung der Spaltung waren seit 1871 nach und nach besser geworden. Die unterschiedliche Haltung zur Reichsgründung musste nach der Entscheidung von 1871 immer mehr an Bedeutung verlieren. Eine neue, gemeinsame Erfahrung kam hinzu. Der Staat, dessen Entstehung beide Arbeiterparteien so unterschiedlich beurteilt hatten, verfolgte beide Organisationen gleichermaßen. Der Kampf gegen das gemeinsame Schicksal trug mehr als andere Faktoren dazu bei, die feindlichen Geschwister zu versöhnen. Mit Schweitzers Abtreten von der politischen Bühne (1871) war schließlich auch das personelle Haupthindernis einer Einigung weggefallen.

Eine wichtige Zwischenstation auf dem Weg nach Gotha waren die Reichstagswahlen vom Januar 1874. Beide Parteien verzichteten in verschiedenen Wahlkreisen darauf, Kandidaten gegeneinander aufzustellen. Das Wahlergebnis gab denen Recht, die sich von einem Zusammenschluss eine Stärkung der Arbeiterbewegung versprachen. Deren Stimmenanteil verdoppelte sich und stieg insgesamt auf 6,8 Prozent, wobei beide Parteien nahezu gleich viele Stimmen erhielten. In Sachsen, ihrer Hochburg, bekamen beide Parteien sogar 36,2 Prozent aller gültigen Stimmen. Statt bisher zwei zogen neun Abgeordnete der Arbeiter in den Reichstag ein, sechs Eisenacher und drei Lassalleaner.

Die eigentlichen Einigungsverhandlungen begannen im Februar 1875. Die Lassalleaner führte Wilhelm Hasenclever an, die Eisenacher Liebknecht, da Bebel bis zum 1. April 1875 im Gefängnis saß.

Der Entwurf für das Parteiprogramm stammte von Liebknecht. Anfang März wurde er veröffentlicht und damit zur Diskussion freigegeben. Die schärfste Kritik kam von Karl Marx aus London. In seinen *Randglossen zum Programm der deutschen Arbeiterpartei* stellte er völlig zu Recht dar, dass es nicht auf dem Boden des Marxismus stehe. Doch irrte Marx, wenn er glaubte, dass der Programmentwurf ein theoretischer Kompromiss und ein Sieg der Lassalleaner über die Eisenacher sei. Der Entwurf entsprach vielmehr in dieser Form dem damaligen Bewusstseinsstand der deutschen Arbeiter und ihrer Führer. Marx meinte, die Eisenacher hätten den wissenschaftlichen Sozialismus bereits erfasst, während die Lassalleaner eine zum Absterben verurteilte Sekte seien. Aber in Wirklichkeit ging Liebknecht keinen Kompromiss ein; es waren seine Anschauungen, die in dem Entwurf zum Ausdruck kamen.

Die Marxschen *Randglossen* wurden 1875 nur einer kleinen Gruppe von Eisenachern bekannt. Selbst Bebel bekam sie nicht zu Gesicht; allerdings stand er mit Marx und Engels in Briefkontakt und kannte ihre kritische Einstellung im Allgemeinen. Den Parteimitgliedern und Delegierten aber wurden die *Randglossen* vorenthalten. So konnte die später berühmt gewordene Schrift auf die Entwicklung der Gothaer Partei nur wenig Einfluss nehmen. Engels hat sie erst 1891 unter dem Titel *Kritik des Gothaer Programms* veröffentlicht, zu einem Zeitpunkt, als die Partei erneut in einer Debatte um ein Programm stand.

Ein anderer prominenter Kritiker des Programmentwurfs war Bebel. Aber auch er ließ seine Kritik nicht an die Öffentlichkeit dringen. Er stimmte Liebknechts Argument zu, dadurch könne es zu einem Eklat kommen und die Vereinigung unmöglich werden. Der Wille zum Zusammenschluss war allenthalben so groß, dass die Bedenken gegenüber dem Programm zurückgestellt wurden.

Die einzige öffentliche Kritik wurde auf einem Westdeutschen Arbeitertag laut, der Mitte 1875 in Dortmund stattfand. Hier waren fast ausschließlich Lassalleaner zusammengekommen. Nach ihrer Kritik versicherten sie jedoch den Eisenachern begütigend, man würde, wenn die Einigung davon abhinge, jedes Programm annehmen, das nicht gegen die Parteiprinzipien verstieße, »und wäre es auch nur ein Stück weißes Papier mit einer geballten Faust darauf«.

Der Verlauf des Einigungsparteitags ist unter diesen Umständen schnell geschildert. 71 Lassalleaner waren als Delegierte von 16 500 Mitgliedern gekommen, und 56 Eisenacher vertraten ihre 9100 Mitglieder. Auch in Gotha selbst kümmerte man sich aus lauter Begeisterung über den Zusammenschluss nicht sonderlich um Einzelheiten des neuen Programms. Über den Antrag eines Eisenachers, einen Kernbegriff des Lassalleschen Arbeiterprogramms, die These von der »einen reaktionären Masse«, aus dem

Entwurf zu streichen, wurde namentlich abgestimmt. 111 Delegierte waren für die Beibehaltung, 12 Delegierte für die Streichung; das war die Minderheit selbst der Eisenacher.

Ein Antrag Bebels, das Frauenstimmrecht ausdrücklich als Forderung zu erheben, wurde mit 62 gegen 55 Stimmen abgelehnt. So blieb es bei der undeutlichen Formulierung, allen Staatsangehörigen vom 20. Lebensjahr an das Stimmrecht zu gewähren. Das waren die beiden einzigen Kampfabstimmungen über den Programmentwurf. In der Endabstimmung wurde er einstimmig angenommen.

Drei Wurzeln waren es im Wesentlichen, aus denen das Gothaer Programm seine Kraft zog. Erstens hatten sich die Lassalleschen Theorieelemente in der politischen Agitation als erfolgreich erwiesen. Nicht nur die These von der »einen reaktionären Masse« findet sich im Programm wieder, auch die Forderungen nach der Zerbrechung des ehernen Lohngesetzes und nach »sozialistischen Produktivgenossenschaften mit Staatshilfe« wurden aufgenommen. Zweitens waren immer noch die revolutionären Erfahrungen von 1848/49 einflussreich. Das zeigte sich insbesondere in radikaldemokratischen Forderungen, die als »Grundlagen des Staates« aufgestellt wurden, wie direkte Gesetzgebung und Rechtsprechung durch das Volk. Eine dritte Kraftquelle des Programms speiste sich aus den täglichen Erlebnissen des Arbeiterelends. Um das Elend zu lindern, wurden Forderungen »innerhalb der heutigen Gesellschaft« erhoben. Dazu gehörten das Koalitionsrecht, der Normalarbeitstag (eine weitere undeutliche Formulierung!), ein Verbot der Sonntags- und Kinderarbeit sowie ein Verbot aller der Gesundheit und Sittlichkeit schädigenden Frauenarbeit.

Das Programm zerfiel in einen theoretischen und einen praktischen Teil, die nicht miteinander verbunden waren. Das heißt, die Forderungen zu den Grundlagen des Staates und innerhalb der damaligen Gesellschaft waren nicht aus dem theoretischen Teil hergeleitet. Trotz dieser Schwäche erfüllte das Gothaer Programm seine Aufgabe, nämlich die deutsche Arbeiterbewegung angesichts der staatlichen Einigung Deutschlands ebenfalls zu einigen.

Auch in der Organisationsfrage gab es in Gotha keine großen Gegensätze. Ein neues Parteistatut wurde beschlossen, das auf den Erfahrungen der Eisenacher aufbaute. Die neue SAPD war wie die frühere Eisenacher Partei demokratisch von unten nach oben durchstrukturiert und gab sich, ebenfalls nach dem Vorbild der früheren Eisenacher, eine kollektive Führung.

Anfänge der Gewerkschaften

Nach vielerorts kleinen und erfolgreichen organisatorischen Anfängen setzte 1868 eine große Welle von Gewerkschaftsgründungen ein. Sie ging von den Parteien aus und hatte zum Ziel, politischen Einfluss auf die noch unorganisierten, aber spontan streikenden Arbeiter zu gewinnen. Auch in dieser Phase mangelte es der Bewegung noch an Kontinuität. Lokale Gewerkschaften schossen aus dem Boden; man gründete Kassen zur Unterstützung in Not geratener Mitglieder, Arbeitsvermittlungsbüros und Herbergen für wandernde Kollegen. Aber diese Initiativen brachen, vor allem während des Krieges 1870/71, oft ebenso schnell zusammen, wie sie entstanden waren.

Anfangs gab es in Deutschland vier konkurrierende Gewerkschaftskonzeptionen. Da war erstens der 1868 von den Lassalleanern gegründete Allgemeine Deutsche Arbeiterschaftsverband. Der ADAV hatte sich nach Lassalles Tod zögernd dem Gewerkschaftsgedanken geöffnet. Seine Nachfolger argumentierten zwar weiterhin in seinem Sinne, dass Streiks ökonomisch erfolglos seien, fügten aber jetzt hinzu, sie könnten ein vorzügliches Mittel zur Bewusstseinsbildung der Arbeiter sein. Daraus folgten Gewerkschaftsgründungen von oben: durch einen Dachverband und ein Organisationsstatut, das den ADAV und den Arbeiterschaftsverband durch Personalunion in der Führung zusammenhielt, sowie die Gewerkschaftsmitglieder zur Anerkennung der politischen Grundsätze des ADAV zwang.

Die zweite Konzeption war die der Internationalen Gewerksgenossenschaften (IG). Sie ging von der Ersten Internationale aus und wurde in Deutschland dann von den Eisenachern vertreten. Die IG waren also auch politische Gründungen. Sie sollten jedoch unabhängig von der Partei errichtet und von unten nach oben aufgebaut werden. Man entwickelte »Musterstatuten für Deutsche Gewerkschaften«, die neben der organisatorischen Selbständigkeit und der innerverbandlichen Demokratie das Prinzip der Berufsgenossenschaften festlegten.

Eine dritte Konzeption wurde ebenfalls 1868 in die Tat umgesetzt. Sie ging von dem liberalen Gewerkschaftstheoretiker Max Hirsch und dem Fabrikanten Franz Duncker aus. Diese Hirsch-Dunckerschen Gewerkvereine lehnten sozialistische Ideen ab und übten gegenüber Streiks eine große Zurückhaltung aus. Sie traten für die Selbsthilfe der Arbeiter ein und hatten einen wirtschaftsfriedlichen Charakter.

Schließlich entstanden viertens die so genannten »gelben« Arbeitervereine. Sie waren Gründungen der Unternehmer und propagierten die Interessenharmonie von Arbeit und Kapital. Ihren Namen übernahmen sie von Frankreich, wo Mitglieder ähnlicher Vereine die gelbe Ginsterblüte als Symbol gewählt hatten.

Die allgemeine Vierteilung der Gewerkschaften bestand bis 1875. Im Anschluss an den Gothaer Vereinigungsparteitag der Lassalleaner und Eisenacher schlossen sich deren beiden Gewerkschaften ebenfalls in Gotha zu den Freien Gewerkschaften zusammen. Diese sollten dann den Charakter der deutschen Gewerkschaftsbewegung entscheidend prägen.

5
Das Sozialistengesetz und seine Folgen

Als das deutsche Kaiserreich am 18. Januar 1871 mitten im Krieg vor den versammelten Soldaten und Fürsten in Versailles proklamiert wurde, befanden sich Bebel, Liebknecht und der Vorstand der Eisenacher Partei im Gefängnis. Ihr Kampf gegen die preußische Form der Reichsgründung war als Hochverrat ausgelegt worden. Kein anderes Ereignis zeigt so deutlich die Distanz von großen Teilen der deutschen Arbeiterbewegung zum Bismarckschen Einigungswerk.

Mit der Proklamation Wilhelms I. zum Deutschen Kaiser war das Reich freilich noch nicht etabliert. Es folgte ein innerer Reichsgründungsprozess, der erst Ende der 1870er Jahre mit der Herausbildung einer neuen gesellschaftlichen Elite, dem »Bündnis von Roggen und Stahl«, seinen Abschluss fand. Um die Industriellen und Grundbesitzer zusammenzuführen, stellte Bismarck zunächst die Katholiken und ihre politische Vertretung, die Zentrumspartei, als Reichsfeinde dar. Nach dem Abflauen dieses »Kulturkampfes« trat der Kampf gegen die Arbeiterbewegung in den Mittelpunkt. Bismarck wendete dabei eine doppelte Strategie an. Mit dem 1878 erstmals vom Reichstag verabschiedeten Sozialistengesetz sollte die politische Emanzipation der Arbeiter gehemmt, mit einer staatlichen Sozialgesetzgebung deren wirtschaftliche Not gelindert werden. So wurden 1883 die staatliche Krankenversicherung, 1884 die Unfallversicherung sowie 1889 die Alters- und Invalidenversicherung eingeführt. Diese Gesetze schufen die Grundlagen für das so genannte soziale Netz, um das andere Nationen die Deutschen bald beneideten. Doch die Sozialgesetzgebung kann nur in der Koppelung mit der Sozialistenverfolgung und beides zusammen nur als Funktion im gesamten Herrschaftssystem richtig verstanden werden. Es war ein Versuch, die Arbeiterschaft durch politische Unterdrückung und wirtschaftliches Entgegenkommen genauso zu spalten, wie das mit den Liberalen seit 1862 gelungen war, und den herrschenden Schichten den Gegner, wenn auch gebändigt, zu erhalten.

Verabschiedung des ersten Gesetzes

Die Sozialisten hatten 1877 in den ersten Reichstagswahlen nach ihrer Vereinigung einen großen Erfolg errungen. Sie konnten ihren Stimmenanteil gegenüber 1874 von 6,8 auf 9,1 Prozent erhöhen. Statt bisher neun zogen jetzt zwölf Abgeordnete der SAPD in den Reichstag ein. Unvergessen blieb auch, wie Bismarck anlässlich der Reichstagsdebatten um das Sozialistengesetz ausführte, dass Bebel in einer Rede vom 25. Mai 1871 die Pariser *Commune* verteidigt und als beispielhaft für das europäische Proletariat bezeichnet hatte. Nach der Vereinigung von Gotha war in Bismarcks Augen die preußenfreundlich-nationale Strömung der deutschen Arbeiterbewegung erloschen.

Andererseits war das Deutsche Reich 1878 noch nicht so gefestigt, wie es Bismarck lieb war. Er wartete auf einen Anlass, um das liberale Bürgertum vor dem drohenden Bündnis mit der Arbeiterbewegung abzuhalten und Kapital und Grundbesitz miteinander zu verbinden. Sein Kampf gegen die Sozialisten hatte jedoch bis 1878 keine Mehrheit im Reichstag gefunden. 1874 war ein Pressegesetzentwurf, 1875 eine Novelle zum Strafgesetz von der Reichstagsmehrheit abgelehnt worden. Die Nationalliberalen hatten dabei jedes Mal den Ausschlag gegeben.

Ein neuer Anlass fand sich, als es 1878 zu zwei Attentaten auf Kaiser Wilhelm I. kam. Obwohl den Tätern keine Verbindung zur Arbeiterbewegung nachgewiesen werden konnte, nutzte Bismarck die öffentliche Erregung zur Auflösung und Neuwahl des Reichstags. Die neue Zusammensetzung der Abgeordneten und ein Gesinnungswandel der Nationalliberalen brachten dann endlich die gewünschte Mehrheit.

Am 19. Oktober 1878 wurde das »Gesetz gegen die gemeingefährlichen Bestrebungen der Sozialdemokratie«, kurz Sozialistengesetz genannt, mit 221 gegen 149 Stimmen angenommen und am 21. Oktober im Reichsgesetzblatt veröffentlicht. Es verbot alle Organisationen und Presseerzeugnisse, »welche durch sozialdemokratische, sozialistische oder kommunistische Bestrebungen den Umsturz der bestehenden Staats- oder Gesellschaftsordnung bezwekken«. Ferner konnten die Landespolizeibehörden »Personen, von denen eine Gefährdung der öffentlichen Sicherheit zu besorgen ist«, ausweisen. Nach den Bestimmungen des Gesetzes fielen auch die Freien Gewerkschaften unter das Verbot. Als einzige legale Betätigung blieb der Arbeiterbewegung die Beteiligung an den Reichstags- und Landtagswahlen sowie die parlamentarische Arbeit der Abgeordneten nach einer erfolgreichen Wahl. Das Gesetz galt zunächst nur für zweieinhalb Jahre. Diese von den Nationalliberalen durchgesetzte »Milderung« erwies sich aber auch für das Bismarckreich als vorteilhaft: So konnte man immer wieder neue Sozialistendebatten im Reichstag führen und die Angst vor der »roten Gefahr« lebendig halten. Bis zum Oktober 1890 wurde das Gesetz viermal verlängert.

Sozialistenverfolgung

Die Jahre von 1878 bis 1890 sind in die Geschichte der deutschen Arbeiterbewegung als ein Heldenzeitalter eingegangen. Die sofort einsetzenden Unterdrückungsmaßnahmen waren hart. Es wurden Zuchthausstrafen im Umfang von rund 1500 Jahren verhängt und ungefähr ebenso viele »Verdächtige« mit ihren Familienangehörigen aus ihrer Heimat verbannt.

Karikatur auf die Sozialistenverfolgung

Trotzdem konnte sich die Arbeiterbewegung ganz gut illegal organisieren. Die SAPD hielt vier Kongresse im Exil ab: 1880 in Wyden (Schweiz), 1882 in Zürich, 1883 in Kopenhagen und 1887 in Sankt Gallen. Innerhalb Deutschlands gelang es, die Anhänger weiterhin mit sozialistischer Literatur zu versorgen. Unter der Leitung von Julius Motteler führte die Rote Feldpost aus der Schweiz die Parteizeitung *Der Sozialdemokrat* sowie zahlreiche Zeitschriften und Bücher nach Deutschland ein. Dort wurden sie durch Vertrauensleute weiter verteilt. Auch die Parlamentsreden der Abgeordneten ließen sich nicht unterdrücken. Die Reichstagswahlen, zu denen die Sozialisten nun als Privatpersonen, unterstützt von Wahlkomitees, kandidierten, brachten der Partei nach anfänglichen Rückschlägen überwältigende Erfolge. Im Oktober 1890 entschieden sich 19,7 Prozent der Wahlberechtigten für die SAPD und machten sie damit zur größten Partei im Deutschen Reich. Durch eine ungerechte Wahlkreiseinteilung und das Mehrheitswahlrecht reichte es allerdings nur für 35 Mandate.

Die staatliche Unterdrückung der Freien Gewerkschaften wurde von Seiten der Unternehmer durch Entlassungen und Aussperrungen ergänzt. Dennoch konnten die Gewerkschaften oft als Unterstützungskassen für Arbeitslose organisatorisch überleben. Auch Massenstreiks wurden trotz der Verbote immer wieder geführt. Sie zeigten, dass die Kraft der Arbeiterbewegung durch das Sozialistengesetz nicht zu brechen war. Einen Höhepunkt erreichte die Streikbewegung 1889 im Bergbau. Sie breitete sich im ganzen Ruhrgebiet aus und erfasste auch die Steinkohlenreviere an der Saar, in Sachsen und Schlesien, sodass sich schließlich rund 150 000 Bergarbeiter im Ausstand befanden. Es kam zum Einsatz von Militär, zu Toten und Verwundeten. Materiell mussten die Bergarbeiter eine Niederlage hinnehmen; doch trug die Streikbewegung maßgeblich dazu bei, dass das Sozialistengesetz 1890 nicht mehr verlängert wurde.

Abgrenzung vom Anarchismus

Die staatliche Sozialistenverfolgung führte auch dazu, dass sich innerhalb der Arbeiterorganisationen eine anarchistische Strömung entwickelte. Unter dem Begriff »Anarchismus« wird ein bunter Strauß von Ideen und Aktionen zusammengefasst, die von individuellen Gewaltakten (Terrorismus) über Straßenkämpfe (Aktionismus), Kritik parlamentarischer Arbeit (Linksradikalismus) bis zu Theorien der Herrschaftslosigkeit (Anarchie) reichen.

Auf dem ersten Exilparteitag der SAPD wurden 1880 zwei Wortführer dieser Strömung, Johann Most und Wilhelm Hasselmann, aus der Partei ausgeschlossen. Sie hatten die Taktik der Parteiführung kritisiert, dem Staatsapparat keine Anlässe zu weiteren Unterdrückungsmaßnahmen zu liefern. Most gab seit 1879 von London aus die Zeitung *Freiheit* heraus. Darin empfahl er, den bewaffneten Aufstand vorzubereiten. Der Reichstagsabgeordnete Hasselmann solidarisierte sich 1880 in seiner Rede zur ersten Verlängerung des Sozialistengesetzes mit den russischen Anarchisten. Die Mehrheit der Parteitagsdelegierten war dagegen der Meinung, dass eine solche Revolutionsmacherei lediglich dazu diene, die Partei gegenüber den Behörden zu kompromittieren.

Nachdem 1883 ein weiteres Attentat auf Kaiser Wilhelm I. gescheitert und 1885 ein Frankfurter Polizeikommissar erstochen worden war, diskutierten die Delegierten das Verhältnis der Sozialdemokratie zu den Anarchisten auf dem Exilparteitag von 1887 grundsätzlich. Ihnen lag eine von Wilhelm Liebknecht eingebrachte Resolution vor, die nach lebhafter Debatte bei zwei Enthaltungen einmütige Zustimmung fand. In der Resolution, die für lange Zeit richtungsweisend blieb, wurden vier Punkte sozialistischer Anarchismuskritik formuliert.

Man stellte zwischen Sozialismus und Anarchismus einen prinzipiellen Gegensatz fest und ordnete die anarchistische Gesellschaftstheorie dem bürgerlichen Liberalismus zu. Man formulierte zweitens, dass das Gesellschaftsbild des Anarchismus nicht der modernen Großproduktion entspräche und demnach aus einer frühkapitalistischen Zeit stamme. Drittens wurde die anarchistische Praxis weit gehend mit individuellem Terror gleichgesetzt und konnte dadurch umso leichter verworfen werden. Schließlich unterstellte man, dass anarchistische Aktionen durch bezahlte Provokateure angezettelt würden.

Die Annahme der Resolution konnte nicht verhindern, dass sich nach dem Ende des Sozialistengesetzes wieder eine anarchistische Strömung innerhalb der Sozialdemokratie bemerkbar machte. Sie wurde in der Öffentlichkeit als »Revolte der Jungen« bezeichnet. Das Zentrum dieser Bewegung war Berlin, prägenden Einfluss nahmen Studenten und Literaten der zeitgenössischen Richtung des Naturalismus. Die »Jungen« fühlten sich selbst als Gelehrtenproletariat und wollten ein Bündnis mit denjenigen Arbeitern eingehen, die sich durch »revolutionäre Ungeduld« auszeichneten. Ihre Hauptkritik an der Partei richtete sich gegen deren »Gefangenheit im Parlamentarismus«, deren Ablehnung direkter Aktionen. Im Laufe der Auseinandersetzung entwickelte die Opposition als zweiten Grundgedanken den »Antizentralismus«. Dieser gipfelte in dem Vorwurf, die Parteispitze verselbständige sich gegenüber den Mitgliedern, und führte schließlich zur Ablehnung der Organisationsform Partei überhaupt. Stattdessen traten die »Jungen« für die Bildung »autonomer«, d. h. unabhängiger Gruppen ein.

Nach heftigen Debatten auf dem Erfurter Parteitag 1891 kamen die Delegierten der Jungen (es waren nur fünf) dem angekündigten Parteiausschluss durch ihren Parteiaustritt zuvor. Die Anhänger der »Jungen« bildeten einen Verein unabhängiger Sozialisten und entwickelten sich in den Folgejahren dahin, wo man sie schon in Erfurt gesehen hatte: zum Anarchismus.

Übernahme des Marxismus

Die Jahre von 1878 bis 1890, in denen die deutsche Arbeiterbewegung unter dem Sozialistengesetz politisch entrechtet wurde, waren auch die Zeit, in der sich der Marxismus als politische Theorie in der deutschen Arbeiterbewegung durchsetzte. Auf die Periode des Eklektizismus von 1863 bis 1878, in der sich die Partei ihr Programm aus den verschiedenen sozialistischen Theorien zusammensuchte, folgte die Übernahme des Marxismus als allein verbindliche Theorie. Diese Entwicklung fand mit der Annahme eines neuen Parteiprogramms auf dem Erfurter Parteitag von 1891 einen vorläufigen Abschluss. Das deshalb so genannte Erfurter Programm galt 30 Jahre lang und gehört zu den wichtigsten Parteiprogrammen der deutschen Arbeiterbewegung. Mit ihm hatten die Sozialdemokraten ihre größte Nähe zum Marxismus erreicht – was die programmatischen, für alle Mitglieder gültigen Aussagen betrifft. Wie viel die Mehrheit der einfachen Mitglieder von der Marxschen Lehre wirklich übernahm, das ist eine andere, schwer zu beantwortende Frage.

Der Marxismus wurde den deutschen Arbeitern in dieser Phase, vor allem, nachdem Marx 1883 gestorben war, durch Friedrich Engels vermittelt. Zur Zeit des Sozialistengesetzes verfasste Engels drei populäre Schriften, um den Marxismus zu verbreiten. Die wichtigste trug den Titel *Die Entwicklung des Sozialismus von der Utopie zur Wissenschaft* und erschien erstmals 1882. Sie enthält eine leicht fassliche Zusammenstellung der Hauptthesen des historischen Materialismus (d. h. der methodologischen Grundlagen des Marxismus) und der Lehre von der proletarischen Revolution. Die Schrift wurde deshalb auch später gern zu Schulungszwecken verwendet.

Es war nicht unproblematisch, aber wohl auch kaum anders möglich, dass die Übernahme des Marxismus in der SPD, von einigen Anführern abgesehen, über solch populäre Schriften erfolgte. Es bestand nämlich die Möglichkeit, dass bereits Engels die Marxschen Theorien dadurch vergröberte und zu einer einseitigen Rezeption des Marxismus beitrug.

Aber es wirkten nicht nur Schriften und politische Schulungen. Ein anderer Lehrmeister war die tägliche Erfahrung, die die Arbeiter unter dem Sozialistengesetz machen konnten. Der Staatsapparat hatte zur gesetzlich erlaubten Verfolgung der Sozialisten angesetzt – kein Wunder, dass diese den Staat immer mehr als ihren Gegner ansahen. Aus der Empörung über den Bismarck-Staat wuchs eine von Misstrauen und Abneigung geprägte Feindschaft gegen den Staat schlechthin. Die deutschen Arbeiter konnten das stärker als ihre Genossen in anderen Ländern am eigenen Leibe erleben, was Marx so ausgedrückt hatte: Der Staat ist ein Unterdrückungsinstrument der herrschenden Klassen. Aus dem Lebensschicksal der von der bürgerlichen Gesellschaft Geächteten und von der Obrigkeit Verfolgten entstand also der Drang nach einem neuen programmatischen Fundament, das den Zusammenbruch des gesamten Systems verhieß.

Das Erfurter Programm

Der Erfurter Parteitag dauerte vom 14. bis 20. Oktober 1891. Auf ihm wurde nicht nur das Programm, sondern auch der Name der Partei neu formuliert. Von nun an nannte sie sich Sozialdemokratische Partei Deutschlands (SPD).

Schon ein Jahr zuvor hatte sich die Partei in Halle ein neues Organisationsstatut gegeben, nach dem ein Parteitag jährlich den Parteivorstand von zwölf Personen wählen sollte.

Die Entstehungsgeschichte des Erfurter Programms deutet nicht auf eine breite und intensive Auseinandersetzung mit der Marxschen Lehre hin. Nach der Veröffentlichung eines Entwurfs des Parteivorstands gingen einzelne Änderungsvorschläge und drei neue Entwürfe ein. Unter den Einzelvorschlägen wurde am theoretischen Teil nur ein Punkt beanstandet, und zwar ausgerechnet derjenige, dass die alte Lassallesche Formel von der »einen reaktionären Masse« nicht mehr enthalten sei. Die drei neuen Entwürfe wichen in den grundsätzlichen Zielen nicht wesentlich vom alten Entwurf ab. Einer von ihnen war von Karl Kautsky verfasst worden. Zur Prüfung der eingereichten

Alternativen bildete man eine Programmkommission von 21 Personen unter dem Vorsitz von Wilhelm Liebknecht. Sie arbeitete das endgültige Programm aus, wobei sie den Entwurf Kautskys und nicht den des Vorstands zugrunde legte. So kam es, dass der theoretische Teil des Programms von Kautsky, der praktische Teil dagegen von Eduard Bernstein inspiriert wurde, zwei Parteipolitikern der jüngeren Generation, die sich dann zehn Jahre später als Hauptgegner im Revisionismusstreit gegenüberstehen sollten.

Kautsky, der bis zur Jahrhundertwende unbestrittene Parteitheoretiker, war 1854 in Prag geboren worden und hatte sich nach einem Studium in Wien 1875 der österreichischen Sozialdemokratie angeschlossen. Seit 1883 gab er, zunächst in Stuttgart, dann in Berlin, *Die Neue Zeit* heraus, ein Organ, das zur wichtigsten sozialistischen Zeitschrift wurde.

Auf dem Erfurter Parteitag selbst nahmen die 250 Delegierten das neue Programm en bloc und ohne Diskussion an. Das Erfurter Programm bestand wie das alte Gothaer Programm aus einem theoretischen und einem praktischen Teil, oder besser gesagt, aus einem Grundsatz- und einem Aktionsprogramm. Der erste, grundsätzliche Teil enthielt keine Lassalleschen Formulierungen mehr. Er schilderte in wissenschaftlicher Sprache zunächst die »ökonomische Entwicklung der bürgerlichen Gesellschaft« (vier Absätze), danach die Endziele der Sozialdemokratie (ein Absatz) und schließlich die Mittel zur Erreichung dieser Ziele (vier Absätze). So erläuterte Kautsky selbst die Gliederung des grundsätzlichen Teils. Er fügte hinzu, in diesem Teil des Programms habe er ein Kapitel aus dem von Marx 1867 veröffentlichten Werk *Das Kapital* zusammengefasst, und zwar den Abschnitt mit dem Titel »Die geschichtliche Tendenz der kapitalistischen Akkumulation«.

Im Einzelnen enthielt das Erfurter Programm in Übereinstimmung mit Marxens historisch-materialistischer Gesellschaftsanalyse folgende Elemente der ökonomischen Entwicklung: die Aufspaltung der Gesellschaft in die zwei Klassen Bourgeoisie und Proletariat, die Verelendung des Proletariats (»wachsende Zunahme der Unsicherheit ihrer Existenz, des Elends, des Drucks, der Knechtung, der Erniedrigung, der Ausbeutung«) sowie die »im Wesen der kapitalistischen Produktionsweise begründeten Krisen, die immer umfangreicher und verheerender werden«. Als Endziele der SPD wurden »die Verwandlung des kapitalistischen Privateigentums an Produktionsmitteln [...] in gesellschaftliches Eigentum und die Umwandlung der Warenproduktion in sozialistische, für und durch die Gesellschaft betriebene Produktion« formuliert.

Die Entwicklungsgesetze des Kapitalismus waren also ganz im Marxschen Sinne beschrieben worden. Was im Erfurter Programm aber fehlte, war die Revolutionstheorie, ein weiteres Kernstück des wissenschaftlichen Sozialismus. Nirgendwo wurde gesagt, dass die Überwindung des Kapitalismus die bewusste Tat der Arbeiterklasse sein müsse. Das Programm behalf sich an der Stelle, an der es die Mittel des Kampfes beschrieb, mit der alten Formel: »Der Kampf der Arbeiterklasse gegen die kapitalistische Ausbeutung ist notwendigerweise ein politischer Kampf.« Damit distanzierte man sich wie früher von einer nur gewerkschaftlichen Ausrichtung auf ökonomische Kämpfe. Das Programm bekannte sich ferner zur internationalen Solidarität der Arbeiter. Es stellte auch klar, dass der Kampf gegen jede Art der Ausbeutung und Unterdrückung geführt werde, »richte sie sich gegen eine Klasse, eine Partei, ein Geschlecht oder eine Rasse«. Das waren wichtige und fortschrittliche Aussagen, aber es blieb doch ungesagt, wie der politische Kampf aussehen solle.

Marx hatte in diesem Zusammenhang aus dem Scheitern der Pariser *Commune* die Überzeugung formuliert, dass die Arbeiterklasse nicht einfach die bisherige Staatsmaschinerie in Besitz nehmen und für ihre Zwecke in Bewegung setzen könne. Es müsse für eine kurze Phase zu einer »Diktatur des Proletariats« kommen. Von diesen Überlegungen war im Erfurter Programm nichts zu finden. Mit einem Satz: Das Programm enthielt zwar eine historisch-materialistische Gesellschaftsanalyse, zog aber nicht die historisch-materialistischen Konsequenzen daraus. Deshalb kann man von einer verkürzten Übernahme des Marxismus im Erfurter Programm sprechen.

Der zweite Teil des Programms enthielt die Punkte, die die Partei »zunächst« forderte. In ihm wurden die in Gotha bereits verabschiedeten Formulierungen erweitert und verdeutlicht. Präzisiert wurde jetzt etwa die Forderung nach dem allgemeinen Wahlrecht (»ohne Unterschied des Geschlechts«) und diejenige nach einer Verkürzung der Arbeitszeit (acht Stunden pro Tag). Die neu aufgenommenen Forderungen hatten zumeist die Tendenz, die plebiszitäre Komponente des Gothaer Programms durch die Stärkung des Parlamentarismus zu ergänzen. Man sprach sich für zweijährige Gesetzgebungsperioden und ein neues Proportionalwahlsystem aus. Gewählte Volksvertreter sollten eine finanzielle Entschädigung erhalten. Man wollte die Entscheidung über Krieg und Frieden der Volksvertretung, nicht etwa dem Volk, übertragen. In diesen Forderungen zeigte sich, dass die SPD die Parlamentsarbeit (ihre einzige legale Tätigkeit während des Sozialistengesetzes) schätzen gelernt hatte.

Im Großen und Ganzen kann man, trotz der Erweiterungen und Neuerungen, sagen, dass die Tagesforderungen von Gotha 1878 und Erfurt 1891 aus dem gleichen Geist stammten. Auch im Erfurter Programm stand übrigens, aus Furcht vor einem erneuten Parteiverbot, kein Bekenntnis zur demokratischen Republik. So wurden die im Kern gleichen Tagesforderungen in Gotha und Erfurt aus zwei völlig unterschiedlichen theoretischen Teilen entwickelt, das heißt, sie wurden gar nicht hergeleitet, sondern dem jeweiligen theoretischen Teil einfach angehängt. Auch das Erfurter Parteiprogramm war noch keine Einheit; grundsätzlicher und praktischer Teil fielen auseinander oder waren doch zumindest nicht überzeugend miteinander verbunden. Mit anderen Worten: Man konnte den theoretischen Teil auch als eine bloße Präambel verstehen und sich wie bisher auf die konkrete Tagesarbeit konzentrieren. Ob sich die Partei auch hinsichtlich ihrer politischen Kampfesformen radikalisierte, oder ob sie sich wieder auf eine gemäßigte Theorie besann, die den programmatischen Tagesforderungen entsprach, das musste die Zukunft zeigen.

Sozialistische Geschlechtertheorie

Mit dem Marxismus setzte sich auch eine neue sozialistische Geschlechtertheorie innerhalb der SPD durch. Im Erfurter Programm fehlte erstmals eine Forderung nach Verbot oder Begrenzung der Frauenarbeit. Damit räumte es den Frauen wie den Männern das gleiche uneingeschränkte Recht auf Arbeit ein. Erstmals wurde jetzt, wie erwähnt, das Wahlrecht für Frauen ausdrücklich gefordert. Neu war auch die Forderung nach einer rechtlichen Gleichstellung der Frau.

Das war in den Anfängen der Arbeiterbewegung noch anders gewesen. In den Jahren bis 1878 hatte auch in der Arbeiterbewegung eine Haltung geherrscht, die als »Antifeminismus« bezeichnet werden kann. Vor allem war das Recht der Frau auf Arbeit umstritten gewesen. Für die meisten Proletarierinnen stellte die Fabrikarbeit eine grausame Realität dar, und so mochte es verständlich sein, dass man die Frauenarbeit eher abbauen als fördern wollte. Die proletarischen Männer konnten dagegen täglich erleben, dass Frauen für sie am Arbeitsplatz zu einer ernsthaften Konkurrenz wurden, weil diese für die gleiche Arbeit weniger Geld erhielten.

Aus diesen Erfahrungen heraus hatten die Lassalleaner die Frauenarbeit abgelehnt. Sie traten für die Beschränkung der Frau auf die »weibliche Sphäre« ein. Auch in das Programm der Eisenacher war 1869 mehrheitlich die Forderung nach »Einschränkung der Frauenarbeit« aufgenommen worden. Im Gothaer Programm von 1875 finden sich in der Frauenarbeitsfrage Kompromissformulierungen, also auch keine eindeutigen Bekenntnisse zu einer strikten Gleichstellung von Mann und Frau.

Eine solche Haltung passte nun nicht mehr mit dem marxistischen Fundament der SPD zusammen. Zu ersten Theoretikern der sozialistischen Frauenbewegung wurden August Bebel und Friedrich Engels. Bebel schrieb während der Zeit der Sozialistengesetze ein Buch, das seit der zweiten Auflage *Die Frau und der Sozialismus* betitelt war. Die ersten acht Auflagen wurden verboten, erst eine neunte Auflage konnte 1891 öffentlich erscheinen. In dieser Fassung wurde Bebels Schrift zum Bestseller; im Jahr 1910 erschien bereits die 50. Auflage. Engels wirkte mit seiner 1884 erstmals in der Schweiz erschienenen Arbeit *Der Ursprung der Familie, des Privateigentums und des Staates*.

Zur bedeutendsten Theoretikerin der sozialistischen Frauenbewegung wurde Clara Zetkin. Zetkin war 1857 in Wiederau (Sachsen) geboren worden, hatte ein Lehrerinnenseminar in Leipzig besucht und mit ihrem Mann während des Sozialistengesetzes unter kümmerlichen Verhältnissen in Zürich und Paris gelebt. 1889 veröffentlichte sie eine Broschüre mit dem Titel *Die Arbeiterinnen- und Frauenfrage der Gegenwart*. Die Schrift beruhte auf einer Rede, die Zetkin in demselben Jahr auf dem Gründungskongress der Sozialistischen Internationale in Paris gehalten hatte. Ihr gelang es in Rede und Schrift, alle zu dieser Zeit in der SPD vorhandenen Erkenntnisse über die Frauenemanzipation zu präzisieren und fortzuführen.

Zetkin sah die Frauenarbeit nicht nur als eine ökonomische Notwendigkeit an. Frauenarbeit erschien ihr auch als ein wichtiges Mittel, um die Gleichberechtigung von Mann und Frau zu gewährleisten, und zwar deshalb, weil sie der Frau die wirtschaftliche Unabhängigkeit vom Manne gebe. Durch die Lohnarbeit würden die Frauen zwar nur den einen Herrn gegen den andern eintauschen, nämlich den Ehemann gegen den Arbeitgeber. Aber sie seien dadurch in dieselbe Lage wie die Männer versetzt und müssten mit ihnen, nicht gegen sie, um die radikale Veränderung der Gesellschaft kämpfen.

Unter dem Einfluss von Zetkin forderte die sozialistische Frauenbewegung nun also das Recht auf Arbeit, das Wahlrecht für Mann und Frau sowie die rechtliche Gleichstellung beider Geschlechter. Aus taktischen Erwägungen und nicht mehr aus einer patriarchalischen Haltung heraus trat sie zudem für den Schutz der Arbeiterinnen ein. Die Arbeiterin sollte nach einer Formulierung von Luise Kautsky als »Mauerbrecherin für den Schutz der Männer« dienen. Es wurde darauf spekuliert, dass der allgemeine Kampf um die Verbesserung der Arbeitsbedingungen am ehesten zum Erfolg führen werde, wenn die Lage der arbeitenden Frauen im Mittelpunkt der Agitation stehe.

Um die sozialistische Geschlechtertheorie zu verbreiten, wurde 1891 die Zeitschrift *Die Gleichheit* gegründet. Zetkin leitete die Redaktion bis 1917 und gab ihr die ganze Zeit über einen marxistischen Zuschnitt. Nicht zuletzt deshalb, sondern auch wegen mangelnder Popularität wurde die Zeitschrift immer wieder kritisiert, erreichte aber im letzten Friedensjahr 1913 die stattliche Auflage von 113 000 Exemplaren.

Neugründung der Gewerkschaften

Was der Erfurter Parteitag 1891 für die SPD bedeutete, war der Halberstadter Kongress 1892 für die Gewerkschaften. Es ging um den Wiederaufbau nach dem Fall des Sozialistengesetzes. In Halberstadt (der Kongress fand vom 14. bis 18. März statt) einigte man sich auf Organisationsformen, die dann für die deutsche Gewerkschaftsbewegung bis in die Weimarer Republik hinein bestimmend blieben: die Organisation nach Berufsverbänden und die zentrale Leitung.

Die Organisation nach Berufsgruppen war eigentlich ein Überbleibsel aus der Zunftgesellschaft und bedeutete, dass die Arbeiter in einer Fabrik, besonders die gelernten und die ungelernten, in verschiedenen Gewerkschaften Mitglied werden mussten. Das stärkte nicht den Zusammenhalt. Anders war es mit der zentralen Leitung – einem Prinzip, das man immer mit dem Argument verteidigte, nur so der Macht des Kapitals erfolgreich entgegentreten zu können. Schon 1891 war der Deutsche Metallarbeiterverband, eine Einzelgewerkschaft mit einer zentralen Leitung, gegründet worden. Auf dem Halberstadter Kongress wurde dann eine »Generalkommission der Gewerkschaften Deutschlands« aus sieben Personen gebildet. In ihr spielte Carl Legien bald eine führende Rolle.

Legien, 1861 in Marienburg (Westpreußen) geboren, wurde Drechsler und trat 1885 der damals illegalen Sozialdemokratie bei, für die er auch von 1893 bis 1918 (mit einer fünfjährigen Unterbrechung um die Jahrhundertwende) Reichstagsabgeordneter war. Legien blieb bis 1919 Vorsitzender der Generalkommission.

Die Entscheidungen von Halberstadt fielen gegen die Opposition einer Minderheit, der »Lokalisten«. Diese spielten innerhalb der Gewerkschaften eine ähnliche Rolle wie die »Jungen« in der SPD; sie hatten auch dasselbe Schicksal. Die Lokalisten wollten prinzipiell an der lokalen

Organisationsform festhalten. Sie strebten auch danach, die Trennung von politischer und ökonomischer Arbeiterbewegung (von Partei und Gewerkschaft) aufzuheben, und zwar durch die Bevorzugung des ökonomischen Kampfes. Dazu gehörten als Kampfmittel Generalstreik, Boykott, Sabotage und Fabrikbesetzung. Für diese Richtung innerhalb der internationalen Gewerkschaftsbewegung hat sich der Begriff »Syndikalismus« eingebürgert. Die Lokalisten konnten sich in Halberstadt nicht durchsetzen; 13 Delegierte verließen daraufhin die Versammlung. Im Jahr 1901 bildete sich aus dem Geist der in Halberstadt erstmals aufgetretenen Gruppe die Freie Vereinigung deutscher Gewerkschaften.

Überblickt man die Arbeiterbewegung in ihrer Neubildungsphase nach dem Fall des Sozialistengesetzes, so fällt auf, dass mit der Übernahme des Marxismus eine rigorose Abgrenzung nach weiter links stattfand. Damit wurde eine Entwicklung eingeleitet, die Linksradikale, Anarchisten und Syndikalisten zwang, außerhalb der beiden großen Arbeiterorganisationen zu wirken. Ihre grundsätzliche Kritik an den Organisationen, ihr Antiparlamentarismus und ihr Antizentralismus sowie die linksradikale Taktik der direkten Aktion wurden dadurch jedoch nicht aus der Welt geschafft, sondern erlebten in der Novemberrevolution 1918/19 einen zweiten Frühling.

6
Die Arbeiterbewegung im Wilhelminischen Zeitalter

Bekämpfung der Sozialdemokratie

Der erste deutsche Reichskanzler, den der neue Kaiser Wilhelm II. berief, war Leo von Caprivi. In seiner Amtszeit (1890–1894) versuchte Caprivi einen neuen innenpolitischen Kurs einzuleiten und auch das Verhältnis der Reichsregierung zur SPD zu normalisieren. Die Arbeiterschaft sollte nicht mehr politisch unterdrückt, sondern durch Fortschritte in der Sozialpolitik mit der Monarchie ausgesöhnt werden. So trat am 1. Juni 1891 ein Novelle zur Gewerbeordnung in Kraft. Sie verbot die Sonntagsarbeit und die Fabrikarbeit von Kindern unter 13 Jahren. Die Arbeitszeit wurde für Jugendliche unter 16 Jahren auf 10 Stunden, für Frauen auf 11 Stunden pro Tag begrenzt. Als ein sozialpolitischer Ausgleich war die Steuerreform gedacht, die in dieser Zeit in Preußen eingeführt wurde. Eine progressive Einkommenssteuer brachte Ermäßigungen für die Empfänger niedriger Einkommen. Auch die zwischen 1891 und 1894 mit verschiedenen Staaten geschlossenen Handelsverträge hatten sozialpolitische Auswirkungen; sie ließen die Brotpreise in Deutschland sinken. Caprivi konnte mit seinem neuen Kurs einen ersten Erfolg verbuchen, als die SPD im Reichstag für die Handelsverträge stimmte. Es war das erste Mal überhaupt, dass die Partei einer Regierungsvorlage zustimmte. Caprivi scheiterte an der erbitterten Reaktion der Konservativen und am jungen Kaiser, dem die Aussöhnung der Arbeiter mit dem Staat zu langsam voranging.

Die Innenpolitik des nächsten Reichskanzlers, Chlodwig Fürst zu Hohenlohe-Schillingsfürst, stand daher wieder ganz im Zeichen des Kampfes gegen die Sozialdemokratie. Im Dezember 1894 sollten die Reichstagsabgeordneten der so genannten Umsturzvorlage zustimmen. Es handelte sich um eine Strafrechtsnovelle, die härtere Strafen als bisher für die Aufforderung zur Begehung strafbarer Handlungen, für die Aufreizung zum Klassenhass, für öffentliche Angriffe auf Ehe, Familie und Eigentum sowie für die Verächtlichmachung des Staates und seiner Organe vorsah. Doch diese Umsturzvorlage erhielt im Mai 1895 keine Reichstagsmehrheit. Das katholische Zentrum wollte nur zustimmen, wenn auch Angriffe auf die Religion bestraft würden; damit aber waren die beiden liberalen Parteien nicht einverstanden. Der nächste Versuch war die »Zuchthausvorlage« vom Mai 1899. Diesmal ging es gegen die Gewerkschaften. Diese hatten zwar das Koalitionsrecht (also das Recht zur Bildung von Gewerkschaften) und das Streikrecht, aber es war verboten, Arbeiter zur Teilnahme an Streiks oder zur Mitgliedschaft in einer Gewerkschaft aufzufordern. Ein Verstoß gegen dieses Verbot sollte nun in besonders schweren Fällen mit Zuchthaus bestraft werden können. Auch diese Regierungsvorlage erhielt im Reichstag nicht die erforderliche Mehrheit, da nur die Konservativen zustimmten.

Damit war die aktive Unterdrückungspolitik genauso gescheitert wie die aktive Sozialpolitik. Unter den nächsten Reichskanzlern Bernhard von Bülow (1900–1909) und Theobald von Bethmann Hollweg (1909–1917) kam es weder zu spektakulären Maßnahmen gegen noch zu größeren sozialpolitischen Gesetzen für die Arbeiterbewegung. Nur in einigen Ländern hatten die Repressionen gegen die SPD mehr Erfolg. Sachsen führte 1896 nach dem Vorbild Preußens ein Dreiklassenwahlrecht ein. Die Folge war, dass die SPD bei den nächsten Landtagswahlen von ihren 14 Sitzen keinen mehr erhielt. In Preußen wurde 1898 ein Gesetz verabschiedet, das Sozialdemokraten vom akademischen Lehramt ausschloss.

Die Rolle der Arbeiterbewegung war somit im Wilhelminischen Zeitalter nun festgelegt: als die eines Zwitters, politisch geduldet, aber gesellschaftlich geächtet. Verwaltung, Justiz, Armee und Schule blieben als Bollwerke gegen die immer stärker werdende Sozialdemokratie erhalten. Das Kaiserreich erwies sich zumindest in diesem politischen Bereich als reformunfähig.

Grundlinien der SPD-Entwicklung

Im Wilhelminischen Zeitalter entwickelte sich die SPD, was ihre Wähler und Mitglieder betraf, zu einer Massenpartei. Aus den Reichstagswahlen von 1890 ging die SPD mit 19,7 Prozent als größte Partei hervor. Bei den letzten Reichstagswahlen im Kaiserreich (1912) wurde sie von 34,8 Prozent der Wahlberechtigten gewählt; mit 110 Abgeordneten bildete sie jetzt auch die größte Fraktion.

Das Wahlrecht hat diesen Aufstieg der SPD stark behindert. Der deutsche Reichstag ging zwar aus allgemeinen, direkten und geheimen Männerwahlen hervor; es gab aber ein Mehrheitswahlrecht, nach dem ein Abgeordneter im ersten oder zweiten Wahlgang die absolute Mehrheit der Stimmen erhalten musste. Kam ein zweiter Wahlgang zustande, so einigten sich die bürgerlichen Parteien in der Regel auf einen Kandidaten, und dieser siegte dann oft gegen den Sozialdemokraten.

Zum anderen blieb die Einteilung der Wahlkreise bis 1918 unverändert, was angesichts der Bevölkerungsvermehrung in den industriellen Ballungsgebieten eine immer größere Ungerechtigkeit darstellte. Während jeder Wahlkreis ursprünglich ungefähr 20 000 Wahlberechtigte umschloss, gab es 1912 einige Wahlkreise, in denen für ein Mandat mehr als zehnmal so viel Stimmen erforderlich waren als in anderen Wahlkreisen. Der Erfolgswert einer Stimme war also höchst ungleich, was wiederum die SPD benachteiligte.

In den Reichsländern war das Wahlrecht zu den Landtagen noch ungünstiger für die SPD. Das traf vor allem auf das preußische Dreiklassenwahlrecht zu. Danach waren die stimmberechtigten Männer nach ihrem Steueraufkommen in drei Klassen eingeteilt. Wähler mit größerem Vermögen hatten auch ein größeres Stimmrecht. So stimmten bei den preußischen Landtagswahlen von 1903 rund 1,5 Millionen Wähler für die SPD, ohne dafür einen einzigen Abgeordneten zu erhalten. Dieses Dreiklassenwahlrecht wurde natürlich von der SPD auf das Schärfste bekämpft, fiel aber erst in der Novemberrevolution 1918.

Angesichts der SPD-Wahlerfolge konnten nicht nur die Arbeiter, sondern auch deren politische Gegner annehmen, die Partei werde ihren Siegeszug fortsetzen und den Sozialismus einmal mit der absoluten Mehrheit der Abgeordneten auf gesetzlichem Wege durchsetzen. Dennoch waren schon vor 1914 die Grenzen sozialdemokratischen Wachstums nicht zu übersehen. Der SPD gelang es nicht, alle Arbeiter zu gewinnen. In den katholischen Gebieten, wie etwa im Rheinland, band die Zentrumspartei viele Arbeiter an sich. Fast vollständig scheiterten die Bemühungen, Landarbeiter und arme Bauern für die SPD einzunehmen. Der Entwurf eines Agrarprogramms, das das Erfurter Programm ergänzen sollte, wurde 1895 von einem Parteitag nicht angenommen. Auch unter den nationalen Minderheiten, z. B. den polnischen Arbeitern im Osten, gewann die Partei nur schwer Stimmen. So scheint es, dass die Sozialdemokratie ihr Wählerreservoir mit ihrem Wahlsieg von 1912 nahezu ausgeschöpft hatte.

Auch die Entwicklung der Mitgliederzahlen verlief stürmisch. Die ersten zur Verfügung stehenden Zahlen aus dem Jahr 1906 weisen mehr als 380 000 SPD-Mitglieder aus. Im Jahr 1914 wurde die Millionengrenze überschritten. Ungefähr 90 Prozent von ihnen waren Arbeiter, und in der Reichstagsfraktion gab es immerhin auch noch rund 75 Prozent, die diesen Beruf ausgeübt hatten. Im soziologischen Sinn kann also von einer Verbürgerlichung der deutschen Arbeiterbewegung vor 1914 nicht gesprochen werden. Will man auch hier Wachstumsgrenzen ausloten, so muss man sagen, dass der sozialdemokratische Wunsch, alle Wähler zu Mitgliedern zu machen, bei weitem nicht erreicht wurde.

Auch der Frauenanteil unter den SPD-Mitgliedern ließ zu wünschen übrig. Frauen konnten sich offiziell in der Partei erst ab 1908 organisieren, nachdem ein neues Vereinsgesetz erlassen worden war. Vor dieser Zeit gab es in der SPD seit 1892 das System der weiblichen »Vertrauenspersonen«, die u. a. auch Frauenversammlungen einberiefen. So fand die erste Konferenz der SPD-Frauen Deutschlands im September 1900 in Mainz statt. Die Anzahl der weiblichen Mitglieder in der SPD nahm zwischen 1908 und 1914 von rund 10 auf 15 Prozent zu.

Ein weiteres Charakteristikum der SPD-Entwicklung war ein ständig größer werdender Funktionärsapparat. Die Partei bot einer wachsenden Zahl von Genossen Arbeit und Brot. Das waren nicht nur die Reichstags- und Landtagsabgeordneten (seit 1906 gab es Sitzungsgelder), sondern über 9000 SPD-Vertreter in Landgemeinden und mehr als 2700 Stadtverordnete. Mehr als 90 sozialdemokratische Zeitungen beschäftigten Redakteure, andere Arbeiter sowie kaufmännische Angestellte und Austrägerinnen. Für diese alle war die materielle Existenz weit gehend an die Existenz der Parteiorganisation gebunden. So ist es nachvollziehbar, wenn die Aufrechterhaltung der Organisation im Denken vieler Arbeiter an die erste Stelle rückte. Dieser weit verbreitete »Organisationspatriotismus« hatte natürlich auch seine Wurzeln in der Zeit der Sozialistengesetze, als es hauptsächlich darum gegangen war, die Organisationen der Arbeiterbewegung zu retten. Und da die wilhelminische Gesellschaft der Arbeiterbewegung kaum freundlicher gegenüberstand, wurde die Partei für viele Arbeiter zu einer Ersatzheimat.

Grundlinien der Gewerkschaftsentwicklung

Auch der deutschen Gewerkschaftsbewegung gelang nach dem Fall des Sozialistengesetzes ein Durchbruch zur Massenorganisation. Bis zum Ersten Weltkrieg blieb es jedoch dabei, dass sie nur eine Minderheit der Lohnarbeiter organisieren konnte. Der Organisationsgrad war 1913 auf etwa 12 Prozent gestiegen. Vor allem in den Großbetrieben Fuß zu fassen erwies sich als schwer, weil die Unternehmer den Einfluss der (sozialistischen) Freien Gewerkschaften mit ihren eigenen »gelben« Gewerkvereinen erfolgreich zurückdrängten.

Zu den wichtigsten Aufgaben der Gewerkschaften gehörte es zweifellos, ihre Mitglieder in Notlagen finanziell zu unterstützen. Doch wurde um Ausmaß und Form der Unterstützung heftig gestritten. Klar war nur, dass eine Unterstützung bei Streiks gewährt werden sollte. Gegensätzliche Auffassungen gab es aber darüber, wer die Unterstützung geben sollte. Die Generalkommission erhielt 1892 auf dem Halberstadter Kongress keine Kompetenz zur zentralen Unterstützung von Streiks. Demzufolge bildete man auch keinen Generalfonds. Es wurde nicht eingesehen, warum Verbände, die auf absehbare Zeit nicht streiken würden, Streiks anderer Verbände mitfinanzieren sollten. Es setzte sich vielmehr der Gedanke durch, dass, wie die Führung des Streiks die Aufgabe jeder einzelnen Gewerkschaft selber sei, so auch die Beschaffung der Mittel zu seiner Unterstützung. Bis 1899 hatten sogar die lokalen Einzelgewerkschaften am Ort die Streikkompetenz. Erst dann wurde auf einem Gewerkschaftskongress der Beschluss gefasst, die Streikkompetenz nur noch den Vorständen der Zentralverbände zu geben.

Heftig umstritten war in der Konsolidierungsphase der Gewerkschaften bis 1896 auch die Frage Kampf- oder Unterstützungsverband. Sollten die Gewerkschaften ihre Mitglieder in Notlagen, die nicht aus einer Streiksituation entstanden, finanziell unterstützen? Sollten Kranken-, Arbeitslosen- und Invalidenkassen eingeführt werden? Die Kritiker des Unterstützungswesens argumentierten, es sei nicht Aufgabe der Gewerkschaften, den Unternehmern oder dem Staat die Sozialkosten zu ersparen. Sie befürchteten auch, dass durch Unterstützungen, die nicht zu Kampfzwecken gewährt wurden, die Kampffähigkeit der Gewerkschaften gemindert werde und die Mitglieder zu Empfängern von Sozialleistungen herabsänken. Dem wurde von den Befürwortern entgegengehalten, dass die Mitglieder durch die Unterstützungen stärker an die Gewerkschaft gebunden würden. Die Argumente der Befürworter wogen offensichtlich schwerer, denn die Freien Gewerkschaften entschlossen sich für eine innerverbandliche Sozialpolitik.

Eine andere Besonderheit deutscher Gewerkschaftspolitik vor 1914 war ihr Kampf um eine Verrechtlichung der Klassenauseinandersetzung. Die Vertretungsmacht der Arbeiter sollte gegenüber den Arbeitgebern faktisch und rechtlich ausgebaut werden. Anders als bei den Gewerkschaften anderer Länder stand die direkte, rechtlich ungebundene Auseinandersetzung mit dem Kapital in Deutschland vor 1914 nicht im Zentrum der Aktivitäten. Es ging vielmehr um die Durchsetzung von Tarifverträgen und um erste Konzepte der Mitbestimmung.

Im Jahr 1896 kam es zum ersten zentralen Tarifvertrag im Buchdruckergewerbe. Der Abschluss führte zu einem heftigen Streit, der bis zur Spaltung der Buchdruckergewerkschaft ging. Die Gegner einer Tarifgemeinschaft mit den Arbeitgebern sahen im friedlichen Verhandeln die Abkehr vom Klassenkampf. Die Anhänger wiesen darauf hin, dass die Unternehmer selbst nur zögernd auf diese Regelung eingingen und in ihr »das erste Durchbrechen des Absolutismus im Fabrikbetrieb« sähen. Ausschlaggebend wurde wieder, wie beim Unterstützungswesen, das Argument, dass Tarifverträge zur Stärkung der Organisation beitrügen, indem die Kassenbestände gewahrt würden. So beschloss ein Gewerkschaftskongress 1899, dass tarifliche Vereinbarungen in den Berufen erstrebenswert seien, in denen starke Organisationen der Arbeiter und Unternehmer die Gewähr für eine Aufrechterhaltung des Vertrags böten. Seine endgültige Form fand das Tarifvertragswesen dann zu Beginn der Weimarer Republik.

Überblickt man die Entwicklung der Gewerkschaften bis zum Ersten Weltkrieg, so fällt auf, dass in ihnen eine Gegenbewegung zur SPD entstand. Während sich die SPD nach 1891 ein marxistisches Fundament gegeben hatte, begannen die Freien Gewerkschaften mit ihrem Unterstützungswesen und ihrer Tarifpolitik in den Staat hineinzuwachsen. So wurden die Gewerkschaften allmählich zu einer Stütze des reformorientierten Flügels der deutschen Arbeiterbewegung.

Arbeitervereine und Konsumgenossenschaften

Zu den großen Leistungen der Arbeiterbewegung vor 1914 gehörte es, dass sie ein dichtes Netzwerk von Vereinen errichtete, in denen die Arbeiter ihre Freizeit gemeinsam verbringen konnten. Diese Vereine waren nur lose mit der SPD verbunden und wurden von der Partei oft als lästige Konkurrenz betrachtet. Das Hauptziel der Arbeitervereine war es, alle Arbeitenden zum Austritt aus den bürgerlichen Vereinen zu bewegen und sie zu politisch-kultureller Selbstverwirklichung unter ihresgleichen zu bringen. Die Ausgrenzung der Arbeiterschaft aus der wilhelminischen Gesellschaft hat diese Tendenz, eine proletarische Subkultur aufzubauen, stark gefördert.

In allen größeren Städten entstanden proletarische Musikvereine, Gesangvereine, Turnerbünde, Radfahrvereine, Sanitätskolonnen und Naturfreundegruppen. Innerhalb der Arbeitersportbewegung entwickelten sich vor 1914

Ansätze zur Überwindung des Konkurrenzprinzips, an dem sich der moderne Sport sonst orientierte. Individuelle Leistung, Rekordsucht und Medaillenspiegel waren geächtet. Dagegen bevorzugte man die Mannschaftssportarten und Massenveranstaltungen. In dem sich seit 1895 von Wien aus auch in Deutschland verbreitenden Touristenverein Die Naturfreunde wurden die sozialen und friedensfördernden Aspekte gemeinsamer Freizeiten betont.

Ein weiteres Element proletarischer Gegenkultur waren die Konsumgenossenschaften. Sie wurzelten einerseits in der frühsozialistischen Theorie und Praxis, andererseits in liberalen Ideen. Demzufolge zeigten die Konsumgenossenschaften auch ein doppeltes Gesicht: das des autonomen, gesellschaftsverändernden Zusammenschlusses und das der sich selbst heilenden Gesellschaft.

In solchen Genossenschaften zahlten Mitglieder einen Beitrag, der die Gründung einer Einkaufszentrale erlaubte. Diese lieferte einer Kette lokaler Konsumläden Waren, die an die Mitglieder zum ortsüblichen Preis verkauft wurden. Die erzielten finanziellen Gewinne wurden unter den Mitgliedern verteilt. Eine demokratische Verfassung ermöglichte es den Mitgliedern, auch an den wichtigsten Entscheidungen teilzunehmen.

Ab 1900 kam es zu einem Aufschwung der Konsumgenossenschaften. Sie blieben bis 1914 von der Sozialstruktur der Mitglieder her gesehen Klassenorganisationen des Proletariats. Die SPD stand der Bewegung zuerst skeptisch gegenüber. In der Tat lässt sich zeigen, dass Konsumvereine, die z. B. im Ruhrgebiet zwischen 1901 und 1904 gegründet wurden, Akte der Auflehnung waren: Proteste einer Partei- und Gewerkschaftsbasis, die mit der Verbesserung der Lebensverhältnisse nicht bis zur sozialistischen Revolution warten wollte. Erst 1910 fand die SPD in einer Parteitagsresolution zu einer positiven Haltung gegenüber den immer bedeutender werdenden Konsumgenossenschaften.

1. Mai: Kampftag der Arbeiterbewegung

Die Anregung, den 1. Mai zum internationalen Kampftag der Arbeiterbewegung zu machen, ist eng mit der Entstehung der Zweiten Internationale verbunden. Im Jahr 1876 hatte sich die 1864 gegründete IAA (die Erste Internationale) aufgelöst. Sie war durch Verfolgungen geschwächt und durch interne Auseinandersetzungen mit den Anarchisten handlungsunfähig geworden.

Zum 100. Jahrestag der Französischen Revolution trat am 14. Juli 1889 ein neuer Arbeiterkongress zusammen. Er wurde zum Gründungskongress der Zweiten, der Sozialistischen Internationale, die 25 Jahre lang bis zum Ersten Weltkrieg existierte. In ihr spielten die SPD-Delegationen, entsprechend der internationalen Bedeutung der Partei, eine herausragende Rolle.

Im Verlauf des Gründungskongresses wurde auf Antrag eines französischen Delegierten beschlossen, internationale Forderungen zum Arbeiterschutz, zur Verkürzung der Arbeitszeit (acht Stunden pro Tag) und zum Verbot der Kinderarbeit zu erheben. Um diesen Forderungen mehr Gewicht zu geben, sollten internationale Kundgebungen, und zwar in allen Ländern, in allen Städten und an demselben Tag, stattfinden. Da in den USA am 1. Mai traditionsgemäß Arbeitsverträge geschlossen wurden und am 1. Mai 1886 auf einer Arbeiterversammlung in Chicago acht Teilnehmer verhaftet und zum Tode verurteilt worden waren, beschloss der Pariser Kongress, den 1. Mai 1890 zum ersten Tag dieser internationalen Kundgebungen zu erklären. Nicht zuletzt durch das Einwirken der deutschen Delegation wurde die Gestaltung dieser Mai-Kundgebungen von den jeweiligen nationalen Bedürfnissen abhängig gemacht.

In der deutschen Arbeiterbewegung wurde der 1. Mai seit 1890 jedes Jahr gewürdigt. Doch gab es bis 1914 immer Auseinandersetzungen darüber, wie er begangen werden sollte. Die radikalste Forderung lautete: Arbeitsruhe

Sozialdemokratische Maizeitung

am 1. Mai mit Versammlungen und Demonstrationen. Das kam, wenn der Tag nicht auf einen Sonntag fiel, einem eintägigen Streik gleich. Die Minimallösung war, den Kampftag am ersten Sonntag im Mai nachzuholen. Ein immer wiederholter Kompromiss hieß, am Abend des 1. Mai, also nach der Arbeit, eine Veranstaltung durchzuführen.

Trotz aller Meinungsverschiedenheiten setzte sich die Idee durch, den 1. Mai zum internationalen Kampftag der Arbeiterbewegung zu machen. Die Weimarer Nationalversammlung erklärte mit ihrer sozialliberalen Mehrheit den 1. Mai 1919 erstmals zu einem gesetzlichen Feiertag. Diese Regelung konnte in den folgenden Jahren nicht mehr wiederholt werden, weil sich die Mehrheitsverhältnisse im Reichstag verändert hatten. So waren es die Nationalsozialisten, die 1933 den 1. Mai ein zweites Mal zum Feiertag erklärten, um den Arbeitenden die Auflösung ihrer Organisationen zu versüßen.

Revisionismusstreit

Das Erfurter Programm der SPD war 1891 bei seiner Verabschiedung eine Weiterentwicklung gegenüber dem Gothaer Programm von 1875 gewesen, was die Durchsetzung marxistischer Positionen innerhalb der Partei betraf. Aber es zerfiel in zwei Teile, in einen radikalen theoretischen und einen reformorientierten praktischen Teil. Auf diese Weise band das Programm zwar verschiedene politische Strömungen an die Partei, allerdings auf Kosten einer mangelnden programmatischen Klarheit. Vor allem nach der Jahrhundertwende wurden einige Initiativen entwickelt, diesen Schwebezustand zwischen radikaler Theorie und reformorientierter Praxis zu überwinden. Diese Aufgabe konnte prinzipiell auf zweierlei Art gelöst werden: durch eine Revision der Theorie oder durch eine Radikalisierung der politischen Praxis.

Der durch Eduard Bernstein um 1900 ausgelöste Revisionismusstreit war der Versuch, die marxistische Theorie den veränderten gesellschaftlichen Verhältnissen anzupassen. Es ging um die Frage, ob die Grundsätze des wissenschaftlichen Sozialismus, die Marx und Engels in der Epoche der industriellen Revolution entwickelt hatten, mit dem Fortschreiten der Gesellschaft noch Gültigkeit beanspruchen konnten. Bernstein zweifelte daran und schlug seiner Partei vor, ihre marxistische Theorie zu revidieren. Die zeitgenössische Wirkung dieses Vorschlags beruhte vor allem darauf, dass Bernstein nur wenige Jahre nach Verabschiedung des Erfurter Programms (an dem er ja mitgewirkt hatte) dessen theoretische Grundlagen in Frage stellte.

1850 in Berlin geboren, erlernte Bernstein den Beruf des Bankkaufmanns, gab ihn aber 1878 zugunsten journalistischer und schriftstellerischer Tätigkeit auf. Der 1872 der SDAP (den »Eisenachern«) beigetretene Politiker lebte während des Sozialistengesetzes in der Schweiz und von 1888 bis 1901 in London. Dort näherte er sich dem englischen Reformsozialismus und begann den Parteimarxismus der SPD zu kritisieren. Nach Deutschland zurückgekehrt, war er von 1902 bis 1928 (mit Unterbrechungen) auch Reichstagsabgeordneter.

Bernstein veröffentlichte seine Aufsehen erregenden Thesen zunächst 1896/97 als Aufsatzserie in der *Neuen Zeit* unter dem Titel *Probleme des Sozialismus*. Nachdem diese kritisiert worden war, ließ er 1899 sein Buch *Die Voraussetzungen des Sozialismus und die Aufgaben der Sozialdemokratie* folgen. Er wollte die bisherigen Anschauungen »über die Schnelligkeit und die Natur der Entwicklung zum Sozialismus« revidieren. Darüber hinaus griff er die methodologischen Grundlagen des historischen Materialismus an (s. Seite 240). Was die Entwicklung zum Sozialismus betrifft, so belegte Bernstein mit Zahlenmaterial, dass das kapitalistische System langlebiger sei, als

Karikatur auf die revisionistischen Positionen Bernsteins

Marx und Engels angenommen hätten. Die Konzentration der Produktion erfolge langsamer, besonders in der Landwirtschaft. Die Mittelklassen verschwänden nicht, die Zahl der Kapitalisten werde nicht kleiner, und die kapitalistische Gesellschaft würde unter dem Druck der Arbeiterbewegung immer demokratischer werden, statt zusammenzubrechen. In seinen Ausführungen mischten sich zutreffende Trendbeschreibungen der modernen Gesellschaft mit der optimistischen Hoffnung auf eine sich selbst reformierende und immer demokratischer werdende Gesellschaft. Die Hauptaufgabe der Sozialdemokratie sah er nicht darin, sich politisch auf eine kommende Revolution vorzubereiten, um in ihr die Macht zu übernehmen, sondern darin, Zustände und Vorbedingungen zu schaffen, die die Einführung der »höheren« sozialistischen Gesellschaftsordnung ohne revolutionäre Erschütterungen ermögliche.

Der Bernsteinsche Revisionismus wurde von der SPD zunächst mit überwältigenden Mehrheiten abgelehnt. Auf den Parteitagen von Hannover (1899) und Dresden (1903) stimmten die Delegierten mit 216 zu 21 bzw. 288 zu 11 Stimmen gegen ihn. Zu diesen eindeutigen Mehrheiten verbanden sich Sozialdemokraten, die an dem marxistischen Fundament der Partei festhielten, mit solchen, denen Theorien überhaupt verleidet waren. So stimmten manche Delegierte zwar gegen Bernstein, obwohl sie in der Praxis schon das taten, was seine Theorie ihnen empfahl. Der Revisionismus sollte, trotz seiner Ablehnung, noch eine Zukunft in der Partei haben. Fürs Erste war allerdings der Versuch gescheitert, eine Theorie zu entwickeln, die der reformorientierten Praxis innerhalb der SPD entsprach.

Massenstreikdebatte

Ein zweiter Versuch ging den umgekehrten Weg, die Parteipraxis der radikalen Theorie anzupassen. Neue politische Kampfesformen sollten entstehen, die der marxistischen Theorie entsprachen. Dabei ging es besonders um die Bedeutung des Massenstreiks. Der Massenstreik, ausgeübt als politischer Offensivstreik, hätte die der revolutionären Theorie adäquate Praxis werden können.

Von Engels, Bebel und der Sozialistischen Internationale war der Massenstreik zunächst als ein untaugliches Mittel verworfen worden. Doch unter dem Eindruck der russischen Revolution von 1905 entstand in der SPD eine neue Massenstreikdebatte. Im Laufe dieser Debatte entwickelten sich drei Positionen. Die Gewerkschaften verfochten das Konzept, Streiks nur als ökonomische Kämpfe um die Verteilung des Mehrwerts zu führen. Sie wollten alle Risiken ausschalten, die sich für die Stärke und Geschlossenheit der Arbeiterorganisationen ergäben, wenn man auch für politische Ziele gestreikt hätte.

Anhänger der Parteilinken verstanden Streiks dagegen auch als politische Kämpfe zur Einübung in die sozialistische Revolution. Der politische Offensivstreik sollte das entscheidende Kampfmittel werden, um die Massen zu mobilisieren. Das Konzept sah vor, aus einer Reihe von Streikbewegungen für die Erweiterung politischer Rechte eine revolutionäre Situation entstehen zu lassen, die in eine sozialistische Revolution hinüberleiten konnte. Die Arbeiterschaft würde in dieser längeren Phase von Kämpfen Schritt für Schritt dazulernen und den Übergang zum Sozialismus selbst bestimmen können.

Wesentlich beteiligt an der Entwicklung dieses revolutionären Konzepts war Rosa Luxemburg. 1871 geboren, war sie 1898 als unbekannte Sozialistin aus Polen nach Deutschland gekommen. Sie profilierte sich in der SPD rasch mit brillanten Aufsätzen und Schriften zu den großen innerparteilichen Kontroversen der Zeit. Die Unmöglichkeit, als Frau in Deutschland vor 1918 in ein Parlament gewählt werden zu können, ließ ihr nur den Weg der außerparlamentarischen Agitation. In der Massenstreikdebatte stieg sie zu den führenden Mitgliedern des linken Parteiflügels auf.

Zwischen beiden Flügeln bildete sich eine dritte Position heraus. Ihre Anhänger sahen im Massenstreik mehr als einen Lohnkampf, aber weniger als einen offensiven politischen Kampf. Für sie sollte der Streik höchstens als ein politischer Kampf zur Verteidigung bedrohter Rechte geführt werden. Diese mittlere Position setzte sich zunächst durch. Auf dem Jenaer Parteitag wurde 1905 ein Beschluss gefasst, die Arbeitseinstellung als ein geeignetes Abwehrkampfmittel bei einem Anschlag auf das allgemeine Reichstagswahlrecht und das Koalitionsrecht anzuerkennen. Allerdings setzten die Gewerkschaften durch, dass solche Aktionen, die Partei und Gewerkschaft gemeinsam berührten, nur mit Zustimmung der Generalkommission entschieden werden durften. Mit dieser Abmachung erhielten die Gewerkschaften ihre lange umstrittene Unabhängigkeit von der Partei garantiert. Die SPD-Führung war nunmehr gezwungen, sich bei wichtigen politischen Entscheidungen mit der Generalkommission der Gewerkschaften abzusprechen.

Im Jahr 1910 brachen die innerparteilichen Konflikte im preußischen Wahlrechtskampf offen aus. Die preußische Regierung hatte eine Reform des Dreiklassenwahlrechts versprochen, doch es erwies sich bald, dass der Gesetzentwurf keine wesentliche Minderung der Ungerechtigkeiten vorsah. Daraufhin begann die größte politische Massenaktion in der Geschichte der deutschen Arbeiterbewegung vor 1914. Sie wurde von der preußischen SPD-Führung vorbereitet, trug aber weithin Züge einer spontanen Massenbewegung. Sie konzentrierte sich auf Gebiete Preußens, in denen das Dreiklassenwahlrecht auch außerhalb der sozialdemokratischen Arbeiterschaft als unzeitgemäß empfunden wurde. Mit ersten Straßenumzügen und Versammlungen unter freiem Himmel wurden Anfang Februar 1910 auch Personen angezogen, die SPD-Versammlungen in geschlossenen Räumen bisher ferngeblieben waren. Als in der Parteipresse und in Versammlungen der Ruf nach Massenstreiks laut wurde, versuchte der Parteivorstand die Erörterung dieses Themas zu verhindern. Das bedeutete eine Dämpfung des Wahlrechtskampfes, bevor er richtig begonnen hatte. Trotzdem bildeten die Demonstrationen vom 13. Februar, einem Sonntag, den Auftakt zu einer Welle von Versammlungen, die bis zum 6. März stetig größer wurde.

Unter diesem Eindruck entwickelte Rosa Luxemburg ihr Massenstreikkonzept zu einer kumulativen Strategie weiter. Straßendemonstrationen sollten über eintägige Streiks allmählich in politische Massenstreiks übergehen und sich auf ganz Deutschland ausdehnen. Am Ende könnte dann die sozialistische Revolution stehen. Dieses Konzept wurde von einigen Parteilinken in Dortmund (Konrad Haenisch), Bremen (Alfred Henke, Karl Radek, Anton Pannekoek) und Stuttgart (Clara Zetkin) unterstützt, aber von der Parteileitung abgelehnt. Sie entschloss sich, die Wahlrechtsbewegung in der zweiten Märzwoche abzubrechen, und hatte Erfolg damit. Die Aktionen klangen aus, und die Bewegung verlief im Sande.

Zur Herausbildung der innerparteilichen Richtungen trug auch ein anderes spektakuläres Ereignis in demselben Jahr bei. Am 14. Juli 1910 stimmte die SPD-Landtagsfraktion in Baden erstmals dem von der Landesregierung vorgelegten Haushalt zu. Die beiden Wortführer Ludwig Frank und Wilhelm Kolb fassten die Zustimmung bewusst als einen demonstrativen Akt und als Kontrapunkt zur Massenstreikdebatte auf. Sie wollten ein Beispiel für eine mögliche SPD-Politik im Reichstag geben und strebten auf die Zusammenarbeit mit den liberalen Parteien hin. Die SPD-Reichstagsfraktion hatte unter der Devise »diesem System keinen Groschen« bisher alle Haushaltsentwürfe abgelehnt. Der badische SPD-Landesparteitag stimmte am 21. August der Budgetbewilligung mit großer Mehrheit zu. Die württembergischen, bayerischen und hessischen Landesorganisationen erklärten sich mit der badischen Landtagsfraktion solidarisch. So gab es nun eine Front der süddeutschen gegen die norddeutschen Parteiorganisationen.

Dem Parteizentrum kam diese Entwicklung gar nicht ungelegen. Es stellte Luxemburgs Massenstreikagitation und die badische Budgetbewilligung in eine Linie und beides als Angriffe auf die offizielle Parteirichtung dar. So konnte sie den Eindruck vermeiden, nur gegen den linken Flügel vorzugehen. Auf einem Parteitag beschlossen die Delegierten in Magdeburg mit großer Mehrheit, gegen künftige Budgetbewilliger ein Parteiausschlussverfahren zu eröffnen.

Spätestens seit 1910 gab es in der SPD nicht mehr, wie zur Zeit des Revisionismusstreites, zwei Richtungen, sondern drei: die Linksradikalen um Luxemburg, das Parteizentrum um Kautsky und die süddeutschen Reformisten. Kautsky hat diese innerparteiliche Zerrissenheit in ein einprägsames Bild gefasst: Von Trier (dem Geburtsort von Marx und angeblichen Standpunkt Kautskys) gelange man in einer scharfen Rechtskurve nach Baden und in einer scharfen Linkskurve nach Luxemburg.

In den Debatten des Jahres 1910 konstituierten sich Parteimehrheit und -führung endgültig als das Parteizentrum. Dabei wurde das Entweder-oder einer reformorientierten bzw. revolutionären Strategie in ein Weder-noch umgeformt. Um der Einheit der Partei willen lehnte das Parteizentrum sowohl die linke Massenstreikstrategie als auch die rechte Reformstrategie und ihre Theorie, den Revisionismus, ab. Dadurch geriet die Partei in einen Immobilismus, der auf seine Weise die festgefahrenen Strukturen des deutschen Kaiserreichs widerspiegelte: Es wurde letztlich gar keine langfristige Strategie mehr erprobt. Das Dilemma der SPD vor dem Ersten Weltkrieg bestand also nicht, wie noch um 1891, in einem Dualismus von Theorie und Praxis, sondern darin, dass die notwendige Strategiediskussion, in welche Richtung sie sich auch bewegen wollte, von der Parteispitze verhindert wurde, um die Einheit der Partei zu wahren. Kautsky fiel dabei die Aufgabe zu, diesen »revolutionären Attentismus« theoretisch zu begründen. Unter seinen Händen verkümmerte der wissenschaftliche Sozialismus, der ins Erfurter Programm Einzug gehalten hatte, zu einer Rechtfertigungsideologie für diese Politik des Wartens auf die große Krise.

7
Spaltung im Ersten Weltkrieg

Reichsleitung und SPD bei Ausbruch des Krieges

Mit dem Ausbruch des Ersten Weltkriegs lösten sich die politischen, sozialen und ökonomischen Spannungen einer ganzen Epoche in einer Implosion. Politisch standen sich die Großmächte in zwei Lagern gegenüber: die Zweibundpartner Deutschland und Österreich auf der einen, Russland, Frankreich und England auf der anderen Seite. Nur eine weitere Balkankrise schien auszubrechen, als am 28. Juni 1914 der österreichisch-ungarische Thronfolger und seine Gattin ermordet wurden. Der Balkan war wegen des Zerfalls des Osmanischen Reiches zu einem dauernden Krisenherd geworden. Bei zwei früheren Anlässen konnte der Konflikt jedoch lokalisiert werden.

Österreich machte nun Serbien für das Attentat verantwortlich und stellte ein unannehmbares Ultimatum. Deutschland unterstützte den Zweibundpartner Österreich. Serbien erhielt ein russisches Hilfeversprechen und begann daraufhin mit der Mobilmachung. Österreich antwortete mit einer Kriegserklärung an Serbien. Als Reaktion darauf erfolgte die russische Mobilmachung und einen Tag später die österreichische Mobilmachung.

Der äußere Hergang der Ereignisse in dieser Julikrise schien die Interpretation eines von österreichisch-deutscher Seite geführten Verteidigungskriegs zu stützen. Damals war für die Frage nach dem Kriegsverursacher nicht die offizielle Kriegserklärung, sondern die Mobilmachung der Truppen entscheidend. Diese ging jeweils vom Gegner aus, nämlich von Serbien und Russland. Heute gilt es jedoch als gesichert, dass das deutsche Kaiserreich Österreich nicht nur freie Hand gelassen, sondern eine zögernde Wiener Regierung zu einem Krieg gegen Serbien gedrängt hat – um die eigene Weltmachtposition und die das Kaiserreich tragenden Schichten durch einen Prestigeerfolg zu stärken. Die deutsche Regierung verschärfte damit wissentlich die Julikrise und nahm das Risiko eines nicht mehr lokalisierbaren europäischen Krieges in Kauf.

Um eine innenpolitisch günstige Position für den einkalkulierten großen Krieg zu erreichen, unternahm die deutsche Regierung erhebliche Anstrengungen. Nach der Verfassung lag die Entscheidung über Krieg und Frieden beim Kaiser. Da der Reichstag jedoch das Budget- und Kreditbewilligungsrecht hatte, war es unmöglich, einen Krieg gegen den Willen der Reichstagsmehrheit zu führen. Zwar bildeten die 110 SPD-Abgeordneten die größte Fraktion; es wäre aber leicht gewesen, mit allen anderen Parteien eine solide Mehrheit gegen die SPD zu erreichen. Doch in dieser zentralen Frage wollte Reichskanzler Bethmann Hollweg die Spaltung des Reichstags und der Nation verhindern. Deshalb bemühte sich die Reichsleitung in der Julikrise darum, die SPD zur Unterstützung ihrer Politik zu gewinnen.

Bethmann Hollweg setzte drei Mittel ein, um die SPD in die angestrebte innere Einheitsfront einzugliedern. Erstens wurden keine vorbeugenden Maßnahmen gegen die Partei, wie Einschränkung der Versammlungsfreiheit oder Verbot ihrer Zeitungen, ergriffen. Man wollte die SPD nicht von vornherein in einen scharfen Gegensatz zur Regierung treiben. Zweitens führte der Reichskanzler wiederholt Gespräche mit der SPD-Führung, so am 26. Juli mit Hugo Haase und Otto Braun. Vor allem aber wurde die SPD gebeten, sich bei Friedenskundgebungen gegenüber Russland große Zurückhaltung aufzuerlegen. Die Parteiführung erfüllte der Regierung diesen Wunsch. Die am 26. Juli überall im Deutschen Reich einsetzenden sozialdemokratischen Antikriegskundgebungen fanden nur in geschlossenen Räumen statt und richteten sich in erster Linie gegen Österreich. Die Redner sprachen übereinstimmend von einer Friedensbereitschaft der deutschen Regierung.

Die dritte und wichtigste Strategie der Regierung war es, den Verteidigungscharakter des Krieges zu betonen. Deutschland musste als die von Russland angegriffene Nation erscheinen. Nur so konnte man hoffen, die traditionelle Feindschaft der SPD gegen den Zarismus für seine Ziele auszunutzen. Das bedeutete, Deutschland musste Russland möglichst früh und Frankreich möglichst spät den Krieg erklären. Nach den militärischen Planungen sollte Deutschland aber den Krieg im Westen beginnen. Das politische Kalkül, und damit die Rücksicht auf die SPD, setzte sich gegenüber den militärischen Planungen durch. Am 1. August 1914 erklärte Deutschland zunächst nur Russland den Krieg.

Als der SPD-Fraktionsvorstand am 2. August tagte, war die Meinungsbildung unter den Abgeordneten so weit gediehen, dass die süddeutschen reformorientierten Parlamentarier für eine Bewilligung der Kredite eintraten. Ihnen genügte die Tatsache des Krieges, um die Maßnahmen der Regierung zu unterstützen. Für die Abgeordneten des Parteizentrums war der angebliche Angriff Russlands das entscheidende Motiv ihrer Zustimmung.

So beschloss der Fraktionsvorstand mit vier gegen zwei Stimmen, der Fraktion die Zustimmung zu den Krediten vorzuschlagen. Am 3. August, bei der entscheidenden Fraktionssitzung, wussten die Abgeordneten noch nicht, dass die deutschen Truppen unter dem Bruch der belgischen Neutralität in Belgien einmarschiert waren und dass

Deutschland auch Frankreich den Krieg erklärt hatte. So beschloss die SPD-Fraktion, von der Regierung gezielt desinformiert, mit 78 gegen 14 Stimmen, am folgenden Tag für die Kriegskredite zu votieren. Zu den Oppositionellen gehörten Hugo Haase, Karl Liebknecht, Alfred Henke, Georg Ledebour und Otto Rühle. In einer zweiten Abstimmung wurde gegen 24 Stimmen der Fraktionszwang beschlossen. Und so geschah es. In der Reichstagssitzung vom 4. August 1914 stimmten neben allen anderen Abgeordneten auch alle anwesenden SPD-Parlamentarier für die Bewilligung der Kriegskredite. Die Erklärung zum Abstimmungsverhalten wurde von Hugo Haase verlesen, obwohl er in der Fraktionssitzung zu den Gegnern einer Zustimmung gehört hatte. Noch im letzten Augenblick konnte das Auswärtige Amt erwirken, dass der Schlusssatz der Fraktionserklärung gestrichen wurde. In ihm drohte die SPD, sich gegen einen deutschen Eroberungskrieg »auf das energischste zu wenden«.

Die Spaltung der SPD

Der Anlass zur Spaltung der deutschen Sozialdemokratie war ein innerparteilicher Meinungsstreit beim Ausbruch des Ersten Weltkriegs. Der entscheidende Gegensatz lag in der Einschätzung des Krieges. Von der Fraktionsmehrheit wurde der Krieg als ein Verteidigungskrieg Deutschlands gegen den »zaristischen Despotismus« verstanden. So hieß es in ihrer Erklärung vom 4. August. Die Position der Minderheit wird in der Erklärung deutlich, die Karl Liebknecht am 2. Dezember 1914 im Reichstag abgeben wollte, aber nicht durfte. Die Fraktionsopposition fasste den Krieg als einen deutsch-österreichischen Präventivkrieg um die kapitalistische Beherrschung des Weltmarkts auf. Hinter den gegensätzlichen Einschätzungen des Krieges standen aber jahrzehntelange innerparteiliche Kontroversen um den Charakter von Staat, bürgerlicher Gesellschaft und sozialistischer Revolution. Der Kriegsausbruch stellte die SPD unwiderruflich vor jene Entscheidung, die die Parteiführung bei früheren Anlässen immer hatte verschieben oder umgehen können.

Die Fraktionsmehrheit begründete ihre Haltung zum Krieg mit den Beschlüssen der Zweiten Internationale; die Opposition tat dies auch. Beide Argumentationen waren weit gehend zutreffend, da die Sozialistische Internationale vor dem Krieg in dieser Frage über Kompromisse nicht hinausgekommen war. Der für die internationale Antikriegsstrategie wichtigste Kongress hatte 1907 in Stuttgart stattgefunden. Die auf diesem Sozialistenkongress verabschiedete Resolution bildete die Grundlage für den Kampf der einzelnen nationalen Arbeiterparteien gegen den drohenden Weltkrieg. Der Kongress war satzungsgemäß verpflichtet, einstimmige Resolutionen zu fassen. Deshalb gelang es auf ihm nicht, die Aufgaben der Sozialisten im Kriegsfall genau festzulegen. Man begnügte sich mit einem unverbindlichen, allgemeinen Kompromiss.

Ähnlich war man schon auf früheren Kongressen verfahren: 1891 war in Brüssel der niederländische Antrag abgelehnt worden, eine Kriegserklärung mit einem Massenstreik zu beantworten. 1893 beinhaltete in Zürich ein holländischer Antrag, bei Kriegsausbruch nicht nur die Arbeiter zum Generalstreik, sondern auch die Reservisten zur Dienstverweigerung aufzufordern. Die Mehrheit erklärte sich gegen ihn. Doch wurde ein belgischer Antrag angenommen, der die Sozialisten in den Parlamenten zur Ablehnung der Militärbudgets verpflichtete.

In Stuttgart stand der Kampf gegen den Krieg wieder, und wie sich zeigen sollte, zum letzten Mal vor 1914, auf der Tagesordnung der Sozialistischen Internationale. Doch die tiefen Gegensätze unter den Delegierten des Stuttgarter Kongresses waren kaum zu überbrücken. Die Mehrheit der französischen Delegation verlangte, den Krieg »durch nationale und internationale sozialistische Aktionen der Arbeiterklasse, und durch alle Mittel, von der parlamentarischen Aktion bis zum Massenstreik und Aufstand« zu bekämpfen. Die Mehrheit der deutschen Delegation wollte sich auf keine konkrete Taktik gegen den Krieg festlegen. Die von Bebel vorgeschlagene Resolution enthielt nur die Formel, dass ein Krieg durch die »Anwendung der am wirksamsten erscheinenden Mittel« bekämpft werden solle.

Zur endgültigen Abfassung der Resolution wurde eine Kommission aus 14 Mitgliedern gebildet. Die Plätze in ihr waren heiß begehrt. Der noch weithin unbekannte russische Delegierte Lenin, der zum ersten Mal an einem Sozialistenkongress teilnahm, verzichtete auf seinen Platz zugunsten von Rosa Luxemburg. Diese vertrat nicht die deutsche, sondern die polnische Sozialdemokratie. Heraus kam schließlich der berühmt gewordene Zusatz Lenin-Luxemburg zur Resolution Bebel, der zur einstimmigen Annahme im Plenum führte. In dem strittigen Punkt forderte die verabschiedete Resolution lediglich, »alles aufzubieten«, um den Ausbruch eines Krieges zu verhindern. Das wurde von den Linken als ein Erfolg gefeiert, bedeutete aber in Wirklichkeit, dass man sich auf nichts Genaues geeinigt hatte. Allerdings gehörte die Ablehnung des Militärbudgets zu den international üblichen Friedensdemonstrationen der sozialistischen Parteien, sodass die sozialdemokratische Reichstagsfraktion am 4. August 1914 mit dieser Praxis brach.

Der Spaltungsprozess verlief innerhalb der SPD von oben nach unten. Er begann als Auseinandersetzung in der Reichstagsfraktion, setzte sich in den Landtagsfraktionen fort und führte dann von der Fraktionsspaltung zur Parteispaltung. Nur in Württemberg war es anders. Hier übte die Parteibasis auf der Ebene der Ortsvereine einen größeren Einfluss aus. Angesichts des sich hinziehenden Krieges mussten die Reichstagsabgeordneten immer wieder über neue Kriegskredite abstimmen. Dadurch wurden auch die Kampfabstimmungen in der SPD-Fraktion immer neu heraufbeschworen. Je länger der Krieg dauerte, desto schwieriger wurde es, ihn als Verteidigungskrieg auszugeben, desto unhaltbarer war also die Prämisse, auf der der Zustimmungsakt der Fraktionsmehrheit beruhte. Hatten bei der ersten Fraktionsabstimmung am 3. August 1914 nur 14 dagegen gestimmt; so waren es bei der fünften am 14. Dezember 1915 schon 44 Kriegskreditgegner (bei noch 65 Befürwortern).

Im Reichstag durchbrach Karl Liebknecht als Erster den Fraktionszwang und stimmte bei der zweiten Abstimmung am 2. Dezember 1914 gegen die Kriegskredite. Bei der dritten Abstimmung am 20. März 1915 entfernten sich 31 SPD-Abgeordnete vor der Abstimmung aus dem Reichstag; Liebknecht und Rühle stimmten dagegen. Bei der fünften Abstimmung am 21. Dezember 1915 votierten 20 der 44 Fraktionsoppositionellen offen gegen die Kriegskredite. Die demonstrativen Disziplinbrüche blieben nicht ohne Konsequenzen. Anfang Januar 1916 entzog die SPD-Reichstagsfraktion Liebknecht gegen 25 Stimmen seiner Rechte als Fraktionsmitglied. Der Sinn des Beschlusses war, Liebknecht mundtod zu machen. Gleichzeitig sollte er den anderen Oppositionellen eine Warnung sein. Doch er bewirkte das Gegenteil und leitete die endgültige Fraktionsspaltung ein. Am 24. März 1916 verließen 18 SPD-Abgeordnete die Fraktion und bildeten die sozialdemokratische Arbeitsgemeinschaft.

In der Ablehnung der von der Mehrheit der SPD-Reichstagsabgeordneten vertretenen Politik trafen verschiedene Gruppen zusammen. Schon die unterschiedlichen Zahlen über die Fraktions- und Reichstagsabstimmungen lassen erkennen, dass die oppositionellen Abgeordneten zu verschiedenen Formen der Kritik fanden. Manche Kritiker waren nicht bereit, den Trennungsstrich zur Partei vollständig zu ziehen. Die Kriegskredite in der Fraktion abzulehnen und sich im Reichstag an den Fraktionszwang zu halten oder sich im Reichstag vor der Abstimmung zu entfernen oder auch im Reichstag mit Nein zu stimmen, das waren demonstrative Akte, die auf eine unterschiedliche Distanz zur Partei hinwiesen.

Auch von den inhaltlichen Positionen her lassen sich mindestens zwei Gruppen ausmachen. Zum einen gab es die »Linken«, die schon auf den SPD-Parteitagen seit dem Beginn des Jahrhunderts in den Debatten um Revisionismus und Massenstreik radikalere Positionen eingenommen hatten. Diese Gruppe wurde außerhalb des Reichstags von Rosa Luxemburg und Clara Zetkin angeführt und erhielt nun in Karl Liebknecht auch einen parlamentarischen Sprecher.

Der 1871 in Leipzig geborene Karl wuchs als Sohn des SPD-Mitbegründers Wilhelm Liebknecht in eine politische Familie hinein, studierte Rechtswissenschaft und begann seine Karriere als Verteidiger der Partei in politischen Prozessen. 1908 gehörte er zu den ersten acht Sozialdemokraten, die trotz des diskriminierenden Dreiklassenwahlrechts ins preußische Abgeordnetenhaus einzogen. 1912 folgte seine Wahl zum Reichstagsabgeordneten. Schwerpunkte seiner politischen Tätigkeit waren der Kampf gegen den Militarismus und der Aufbau einer sozialistischen Jugendorganisation. Er entwickelte ein Konzept der »aktiven Oppositionspolitik«, das man keiner der drei Richtungen der Vorkriegs-SPD zuordnen kann. Es grenzte sich vom mechanistischen Marxismus des Zentrums ab, war den Linksradikalen aber theoretisch zu wenig entwickelt und den Rechten zu radikal. Mit Rosa Luxemburg kam Liebknecht erst durch den gemeinsamen Kampf gegen die Kriegspolitik der Regierung und der SPD näher in Kontakt.

Die Linken sahen im Weltkrieg die Bestätigung ihrer Analysen über die Entwicklung der kapitalistischen Gesellschaft und forderten immer energischer, schon während des Krieges den Kampf gegen die eigene Regierung zu führen. Diese Gruppe nannte sich nach den von ihr herausgegebenen Zeitschriften zunächst Gruppe Internationale und ab 1916 Spartakusbund.

Ein zweiter Kreis oppositioneller Sozialdemokraten bildete sich um die Wortführer des ehemaligen Parteizentrums Haase, Kautsky und Bernstein. Hugo Haase, deren führender Kopf, 1863 in Allenstein geboren, übte seit 1890 den Beruf des Rechtsanwalts aus. Unter dem Sozialistengesetz der SPD beigetreten, vertrat er die Partei von 1897 bis 1906 und von 1912 bis 1916 im Reichstag. Seit 1911 war er auch einer der beiden Parteivorsitzenden. 1915 veröffentlichte Haase zusammen mit Kautsky und Bernstein die Schrift *Das Gebot der Stunde*, in der sie zu einem sofortigen Verständigungsfrieden aufriefen. Die Gruppe um Haase wandte sich besonders aus pazifistischen Erwägungen gegen die Kreditbewilligung und verstand nicht, wieso die Fraktionsmehrheit noch einen Krieg unterstützte, der sich immer mehr als Eroberungskrieg entpuppte. Deshalb trat sie für eine Änderung der parlamentarischen Taktik der SPD ein und forderte, dass die Partei darauf hinwirken solle, die Regierung zu einem Frieden ohne Eroberungen zu zwingen.

Gründung und Geschichte der USPD

Nachdem sich die SPD-Reichstagsfraktion gespalten hatte, verschärfte sich im Laufe des Jahres 1916 der Kampf um Einfluss in den Bezirken und lokalen Organisationen. Die Mehrheit versuchte – mit beträchtlichem Erfolg – jede Propagierung der Minderheitsmeinung zu verhindern. Im September 1916 scheiterte die letzte Delegiertenkonferenz innerhalb der noch ungespaltenen Partei. Im Januar 1917 fand die erste Reichskonferenz aller oppositionellen Gruppen statt. Die nächste Konferenz der Opposition wurde zum Gründungsparteitag der Unabhängigen Sozialdemokratischen Partei Deutschlands (USPD). Er fand vom 6. bis 8. April (Ostern) 1917 in Gotha statt. Die 143 Teilnehmer (darunter 15 Reichstagsabgeordnete) verabschiedeten ein Parteistatut, das eine zentrale Leitung durch ein Aktionskomitee und einen Beirat vorsah sowie ein von Kautsky entworfenes Gründungsmanifest. Auf zwei weiteren Parteitagen wurden im März bzw. Dezember 1919 eine »Programmatische Kundgebung« und ein »Aktionsprogramm« angenommen. Erstere forderte die sofortige Vergesellschaftung bestimmter Industriezweige, der Banken und des Großgrundbesitzes, Letzteres verwarf die parlamentarische Demokratie und trat für das Rätesystem ein.

Zur Gründung einer eigenen Partei hatten sich die Oppositionellen erst in dem Augenblick entschlossen, als sichtbar geworden war, dass die alte Parteimehrheit alle Machtpositionen und Einflussmöglichkeiten innerhalb der Organisation monopolisierte und den Opponierenden mit dem Ausschluss drohte. Die Gründung war also eine erzwungene Lösung und nicht das Ergebnis wohlüberlegter Arbeit. Die USPD wurde nicht mit einer klaren sozialistischen Alternative gegenüber der SPD gegründet. Man umschrieb die Aufgabe der Partei als eine Rückkehr zum alten Weg, der von der Mehrheit der SPD verlassen worden sei. Die USPD war und blieb ein Schutzbündnis der aus der Partei Hinausgedrängten.

Nicht alle politischen Gruppen links von der SPD schlossen sich 1917 der neuen Partei an. Die Bremer Linksradikalen lehnten z. B. den Anschluss von vornherein ab. Die Spartakus-Gruppe trat der USPD nur unter Aufrechterhaltung ihrer Autonomie bei. Getragen wurde die USPD besonders von Kriegsgegnern aus dem ehemaligen Parteizentrum der SPD und von den Revolutionären Obleuten. Das war eine lose Organisation Berliner Gewerkschaftler, die zwar in Opposition zur Politik des Metallarbeiter-Verbands standen, aber innerhalb ihrer Organisation blieben.

Die USPD radikalisierte sich unter dem Einfluss von Streiks, die zwischen Juni 1916 und Januar 1918 spontan ausbrachen und von den Gewerkschaften nicht unterstützt wurden. Diese Streikwelle war zunächst nur ein Ausdruck sozialer Unzufriedenheit, richtete sich schließlich aber auch gegen das politische System, besonders gegen den Einfluss der Militärs. Die in der USPD vorherrschende pazifistische Haltung veränderte sich in ein grundsätzliches Nein zur bestehenden Ordnung, das schroffer als die Ablehnung des Vorkriegsdeutschlands durch die alte SPD ausfiel. Ein entscheidendes Merkmal der USPD-Politik war der ständige Appell an die Arbeiter, ihre Interessen selbst in die Hand zu nehmen. Dabei konnte sie in der kurzen Zeit bis zur Revolution keine Strategie entwickeln. So blieb die gesamte USPD-Politik Reaktion auf vorgegebene oder sich verändernde politische Verhältnisse. Wie ihre Gründung im Zeichen der Negation stand, so stand ihre Geschichte im Zeichen des Reagierens.

Trotz dieser Defizite sollte die USPD in den ersten zwei Jahren der Weimarer Republik zu einer Massenpartei werden. Bei den Wahlen zur Nationalversammlung vom 19. Januar 1919 erhielt sie 7,6 Prozent der Stimmen. Ende 1919 besaß die USPD 55 Zeitungen, darunter als Zentralorgan *Die Freiheit* in Berlin und die renommierte *Leipziger Volkszeitung*. Die Zahl der Mitglieder stieg bis Oktober 1920 auf 893 000. Auf dem Höhepunkt ihrer Entwicklung stand die USPD bei den Reichstagswahlen vom 6. Juni 1920, als sie zur zweitstärksten Partei in Deutschland sowie zur größten und wichtigsten linkssozialistischen Partei in Westeuropa wurde. Sie erreichte mit 18 Prozent der Stimmen fast die SPD, die auf 21,6 Prozent zurückfiel. Da die KPD auch noch 2 Prozent erhielt, eröffnete sich die Perspektive, dass die Mehrheit der deutschen Arbeiter nicht mehr der SPD folgen würde.

Der Weg zur Sozialpartnerschaft

Am 2. August 1914 fasste die Vorständekonferenz der deutschen Gewerkschaften den Beschluss, alle Lohnkämpfe abzubrechen und jede Streikunterstützung während des Krieges einzustellen. Am 17. August kam man überein, auch keine Lohnforderungen mehr zu stellen. Mit diesen Beschlüssen, dem Pendant zur Kriegskredit-Bewilligung der SPD, wurde die Politik des »Burgfriedens« eingeleitet: die Unterstützung der Kriegführung durch Kooperation mit dem Staat und Stillhalten gegenüber den Unternehmern. Im Gegenzug erreichten die Gewerkschaften, dass man sie als offizielle Vertreter der Arbeiterschaft anerkannte und zur Mitarbeit heranzog. Diese Politik wurde zwar innerhalb der Gewerkschaften auch kritisiert, führte aber nicht zu einer Spaltung der Organisation.

Für die Entwicklung der Gewerkschaftsmehrheit wurde es charakteristisch, dass sie nicht nur der Kriegspolitik zustimmte, sondern sich auch selbst in die Kriegsmaschinerie einreihte. So unterstützten die Gewerkschaftsführer die Bemühungen seitens der Reichsregierung, die knappen und wertvollen Arbeitskräfte in Deutschland sicherzustellen. Das Ergebnis war ein Gesetz über den »Vaterländischen Hilfsdienst«, das der Reichstag am 2. Dezember 1916 gegen die Stimmen der Oppositionellen in der SPD annahm. Das Gesetz verfügte den Arbeitszwang für alle Männer zwischen dem 16. und 60. Lebensjahr. Es bedeutete die Aufhebung grundsätzlicher Freiheiten der Lohnabhängigen, wie die freie Wahl des Arbeitsplatzes und den Kampf um bessere Arbeitsbedingungen. Es mobilisierte alle Männer für den Krieg. Durch ihre Mitarbeit erreichten die Gewerkschaften die Bildung von Kommissionen, die paritätisch von Arbeitgebern und Arbeitnehmern besetzt waren. Ferner konnten nun in allen Betrieben mit mehr als 50 Arbeitern Arbeiterausschüsse gebildet werden, die den Betriebsräten im heutigen Sinn gleichkamen.

In ihrem Bemühen, eine Zentralarbeitsgemeinschaft mit den Unternehmerverbänden ins Leben zu rufen, scheiterten die Gewerkschaften zunächst. Erst nach dem Ausbruch der Revolution kam es am 15. November 1918 zu einer zentralen Vereinbarung, die von Theodor Leipart, dem Vorsitzenden des Deutschen Holzarbeiter-Verbandes, vorbereitet worden war. In dem Abkommen wurden die Gewerkschaften »als berufene Vertreter der Arbeiterschaft« anerkannt. Die Arbeiter erhielten die unbeschränkte Koalitionsfreiheit, den Acht-Stunden-Tag ohne Verdiensteinbußen und Arbeiterausschüsse in allen Betrieben mit mehr als 50 Beschäftigten. Zur Durchführung aller Vereinbarungen trat eine zentrale Arbeitsgemeinschaft der Arbeitgeber und Arbeitnehmer Deutschlands ins Leben. Die Gewerkschaften wähnten sich am Ziel ihrer Wünsche, hatten sie sich doch schon lange vor dem Krieg um eine Institutionalisierung und eine Verrechtlichung der Klassenauseinandersetzungen bemüht.

Der Weg zur Regierungsverantwortung

Durch die Gründung der USPD büßte die SPD ihre Monopolstellung als die einzige politische Vertretung der deutschen Arbeiterbewegung ein. Hatte die SPD bisher den ganzen linken Sektor des Parteienfeldes umfasst, so rückte die für einige Jahre nun so genannte MSPD (Mehrheitssozialdemokratie) nach dem Auftreten einer linken Konkurrenz zur Mitte des politischen Spektrums. In ihrem Kampf gegen die USPD konnte sich die MSPD zunehmend auf den Staatsapparat stützen. Während MSPD-Aktivitäten im Krieg von den Behörden geduldet wurden, gingen Polizei und Justiz rigoros gegen die Oppositon bzw. die »Unabhängigen« oder die »Spartakisten« vor. Deren Versammlungen wurden häufig aufgelöst, ihre Wortführer an die Front oder ins Gefängnis geschickt. Karl

Liebknecht etwa wurde 1916 im Anschluss an eine illegale Maikundgebung verhaftet und verbrachte die Zeit bis zum Ausbruch der Revolution im Zuchthaus. Rosa Luxemburg saß vom 31. März 1915 bis zu ihrer Befreiung infolge der Revolution in verschiedenen Gefängnissen. So hat die MSPD ihre Mehrheitsstellung auch mit Hilfe des Staatsapparats sichern können.

Die Politik der MSPD repräsentierten nunmehr vor allen anderen Philipp Scheidemann und Friedrich Ebert. Beide gehörten zu den jüngeren Sozialdemokraten, die mit dem Tod Bebels (1913) an die Spitze der Partei traten, nachdem sie die typische Karriere gemacht hatten. Scheidemann war Jahrgang 1865, trat nach einer Buchdruckerlehre 1883 der SPD bei, arbeitete bei verschiedenen Parteizeitungen als Redakteur, wurde 1903 Reichstagsabgeordneter und 1911 Mitglied des Parteivorstands. Der 1871 geborene Ebert war Sattler, arbeitete dann aber ebenfalls als Redakteur, trat 1912 als Abgeordneter in den Reichstag ein und wurde 1913 neben Haase Parteivorsitzender der SPD. Scheidemann und Ebert legten großen Wert darauf, dass die Politik der MSPD im Krieg als eine logische Fortsetzung der traditionellen Parteilinie erschien. Praktisch rückte sie aber immer mehr an die Positionen der Zentrumspartei und der linksliberalen Fortschrittspartei heran.

Vertreter dieser drei Parteien arbeiteten im Reichstag in einem Interfraktionellen Ausschuss zusammen. Am 19. Juli 1917 legten sie dem Reichstagsplenum eine Friedensresolution vor. Diese hatte natürlich kaum Wirkungen auf den Kriegsverlauf; doch wurde die Debatte über sie zu einem Markstein in der Geschichte des deutschen Parlamentarismus. Die Resolution formulierte die Überzeugung, dass Deutschland im August 1914 die Waffen zur Verteidigung seiner Freiheit und Selbständigkeit und für die Unversehrtheit seines territorialen Besitzstandes ergriffen habe. Nun trete man für einen Frieden der Verständigung und dauernden Versöhnung der Völker ein. Die Friedensresolution wurde mit den Stimmen von MSPD, Zentrum und Fortschrittspartei gegen die Konservativen und die USPD angenommen. Für die USPD kritisierte deren Redner Haase, dass die Resolution sich nicht eindeutig für einen Frieden ohne Annexionen und ohne Kriegsentschädigungen ausspreche, ebenso wenig für das Selbstbestimmungsrecht der Völker und für Abrüstung eintrete und in »schmetternden Kriegsfanfaren« ende.

Die Reichstagsdebatte war ein Versuch, die Rechte des Parlaments auszudehnen, da die Abgeordneten nach der Verfassung nicht über Krieg und Frieden entscheiden konnten. Sie zeigte die Absicht der Parteien, die Entscheidungsgewalt von den militärischen Instanzen wieder in die Hände der politischen Führung zu verlegen.

Der Kampf der MSPD um einen Verständigungsfrieden ging einher mit dem Kampf um die Demokratisierung der Gesellschaft. In diesem Bereich deutete sich 1917 ein Entgegenkommen der Reichsregierung an. Schon in seiner »Osterbotschaft« hatte der Kaiser am 7. April 1917 für die zukünftigen Wahlen in Preußen das Prinzip der direkten und geheimen Wahl zugestanden. Am 11. Juli 1917 fügte er den Grundsatz der gleichen Wahl hinzu. Damit würde das preußische Dreiklassenwahlrecht abgeschafft werden – wenn denn die Angebote ernst gemeint waren und nicht die verzweifelte Taktik eines vom Untergang bedrohten Regimes war, um sich mit einigen Konzessionen doch noch zu retten.

Deutschland schien sich 1917 mit der neu erwachten Aktivität des Reichstags und den kaiserlichen Angeboten auf den Weg von der konstitutionellen zur parlamentarischen Monarchie zu begeben. Auch bei der Entlassung des Reichskanzlers Bethmann Hollweg am 13. Juli 1917 sprachen die Reichstagsparteien ein gewichtiges Wort mit. Doch die endgültige Entscheidung fiel noch durch ein Ultimatum der Obersten Heeresleitung, und auf die

Auswahl der Nachfolger hatten die Parteien keinen Einfluss.

Im Reichstag selbst stabilisierte sich die neue Mehrheit. Links von ihr stand die USPD, rechts die seit langem wieder erstmals in die Isolierung gedrängten konservativen Parteien. Mit der MSPD, dem Zentrum und der Fortschrittspartei fanden 1917 diejenigen Parteien zu einer inoffiziellen Koalition zusammen, die zur Reichsgründungszeit die großen Gegner des Bismarckschen Staates gewesen waren: die Fortschrittspartei im Verfassungskonflikt von 1862/63, das Zentrum im Kulturkampf seit 1872 und die Sozialdemokratie während der Sozialistengesetze seit 1878. Nach dem Zusammenbruch des Kaiserreichs sollten es wieder diese drei Parteien sein, die unter der Bezeichnung »Weimarer Koalition« die Republik trugen. Die neue Parteienkonstellation von 1917 bedeutete also eine wichtige Etappe auf dem Weg der Mehrheitssozialdemokratie von einer reinen Oppositionspartei zur zukünftigen Regierungspartei. Der Preis dieser Entwicklung war die Abspaltung des linken Flügels gewesen. Zum Höhepunkt dieser »schleichenden Parlamentarisierung« wurde die »Oktoberreform« von 1918. Am 3. Oktober 1918 bildete sich mit dem Kabinett des Prinzen Max von Baden die erste von einer festen Parlamentsmehrheit getragenen Regierung in Deutschland. Es waren die Parteien der Friedensresolution, die diese Regierung unterstützten.

So war es nur konsequent, dass sich die MSPD auch dem Ruf zum Eintritt in die neue Regierung nicht versagte. Scheidemann wurde zum Staatssekretär ohne Geschäftsbereich ernannt; Gustav Bauer, der stellvertretende Vorsitzende der Freien Gewerkschaften, Leiter eines neu gebildeten Reichsarbeitsamtes. Damit gehörten zum ersten Mal in Deutschland Sozialdemokraten einer Regierung an. Ihr ging es vordringlich darum, den Krieg durch einen Verständigungsfrieden zu beenden. Doch es schien auch ein anderes sozialdemokratisches Anliegen verwirklicht zu sein: die Einführung des parlamentarischen Regierungssystems in Deutschland. Am 28. Oktober 1918 wurde das Deutsche Reich durch ein verfassungsänderndes Gesetz in ein parlamentarisches Regierungssystem umgewandelt. Einen Tag später kündigte sich mit einer Befehlsverweigerung der vor Wilhelmshaven stationierten Matrosen die Revolution an.

8
Die gescheiterte sozialistische Revolution

Charakter der Revolution

Die im November 1918 ausgebrochene Revolution war eine sozialistische, da sie von Arbeiterinnen und Arbeitern getragen wurde, die sich eigene Organisationen (Arbeiter- und Soldatenräte) schufen sowie die Sozialisierung wichtiger Betriebe und eine weit gehende Demokratisierung der Gesellschaft forderten. Sie bestand aus einer ersten gemäßigten Phase bis Ende Dezember 1918 und einer zweiten radikaleren Phase, die bis ins Frühjahr 1919 hinein reichte. In ihrer ersten Phase konnten unter der Regierung einer Arbeiterkoalition von MSPD und USPD das im Oktober errungene parlamentarische Regierungssystem gesichert und eine Republik errichtet werden, die auf dem allgemeinen Wahlrecht für Frauen und Männer beruhte. In ihrer zweiten Phase unter einer Koalition von Vertretern der gemäßigten Arbeiterschaft und des demokratischen Bürgertums scheiterten alle darüber hinausgehenden Versuche revolutionärer Arbeiter, außer der parlamentarischen Republik auch eine sozialistische Gesellschaft zu begründen.

Ursachen der Novemberrevolution waren die langjährige Verweigerung innerer Reformen (wie die Abschaffung des preußischen Dreiklassenwahlrechts) und die wachsende Friedenssehnsucht innerhalb der Bevölkerung. Als Hauptursache für die Radikalisierung der Revolution kann die Unzufriedenheit großer Teile der Arbeiterbewegung mit den Errungenschaften der ersten Revolutionsphase gelten.

Den Anlass zum Ausbruch der Revolution bildete die militärische Niederlage des deutschen Kaiserreichs und die mit ihr verbundene Schwächung derjenigen Schichten, die das Kaiserreich getragen hatten. Dadurch fiel es den Arbeiterparteien leicht, die Macht in Deutschland zu erringen. Sie verloren diese Macht allerdings in der zweiten Revolutionsphase wieder, als sich MSPD und Linksparteien zu großen Teilen in feindlichen Lagern gegenüberstanden und sozialdemokratische Minister die Verantwortung für die Niederschlagung von Arbeiteraufständen übernahmen. Dadurch erreichte die Spaltung der deutschen Arbeiterbewegung, die sich seit der Jahrhundertwende angedeutet hatte und im Weltkrieg Wirklichkeit geworden war, ein Ausmaß, das einen gemeinsamen Kampf um die Sicherung der Republik unmöglich machte. Somit war das Scheitern der sozialistischen Revolution 1918/19 auch eine wichtige Ursache für das Scheitern der Weimarer Republik 1930/33.

Die Ausrufung der Republik

Am Anfang der Revolution stand eine Friedensbewegung von Marinesoldaten. Die Arbeiterschaft schloss sich ihr überall an. Nachdem die deutsche Reichsleitung am 3. Oktober 1918 ein Waffenstillstandsangebot gemacht hatte, wuchs die Friedenssehnsucht in der Bevölkerung. Die deutsche Marineleitung verkannte diese Stimmung, als sie während der sich anbahnenden Friedensverhandlungen den Entschluss fasste, die Hochseeflotte noch einmal auslaufen zu lassen. Einige Mannschaften der vor Wilhelmshaven liegenden Flotte antworteten darauf am 29. Oktober mit Befehlsverweigerung. Die Operation wurde nicht ausgeführt, das besonders betroffene Geschwader nach Kiel verlegt und ein Teil der Besatzung arretiert.

Aus dem Bestreben heraus, die gefangenen Kameraden vor den zu erwartenden empfindlichen Strafen zu bewahren, entwickelte sich in Kiel eine Protestbewegung. Am 3. November versammelten sich Soldaten und Arbeiter auf dem Exerzierplatz und bildeten nach Abschluss der Kundgebung einen Demonstrationszug, um die Gefangenen aus der Militärarrestanstalt zu befreien. Dabei kam es zur Konfrontation mit dem Militär, das in die Menge schoß und den Zug auflöste. Acht Demonstranten wurden getötet und 29 verletzt.

Doch die Kieler Militärbehörden hatten ihre Macht überschätzt. Sie mussten feststellen, dass ihnen die Truppen völlig entglitten. Noch in der Nacht zum 4. November wurden auf den Schiffen und in den Kasernen Matrosen- und Soldatenräte gewählt. Am 4. November bildeten Kieler Arbeiter einen Arbeiterrat, der sich zu gleichen Teilen aus Vertretern der MSPD und der USPD zusammensetzte. Damit waren die ersten Räte gebildet und eine Situation entstand, die im Nachhinein als Beginn der Revolution bezeichnet wurde. Mit den Räten wählten die Kieler Matrosen und Arbeiter jedoch zunächst nur Vertrauensmänner, um ein Mitspracherecht auszuüben. Klare sozialistische Ziele hatten sie nicht. Am 5. November 1918 erließ der Kieler Soldatenrat einen Aufruf, in dem er seine Forderungen verkündete. Sie waren typisch für diejenigen Arbeiter- und Soldatenräte, die unter dem Einfluss der MSPD standen. Es waren Forderungen, die auf die Ereignisse (wie Freilassung der Gefangenen) und auf das Zusammenleben zwischen Soldaten und Offizieren Bezug nahmen. Auch die meisten anderen, später gegründeten Arbeiter- und Soldatenräte sahen ihre wichtigste Aufgabe in der Aufrechterhaltung der Verwaltung, insbesondere der Nahrungsmittelversorgung. Hinzu kamen Forderungen nach Rede-, Presse- und anderen Freiheiten der bürgerlichen Gesellschaft.

In Kiel gelang es, den Aufstand in geordnete Bahnen zurückzuführen, sodass er über eine Rebellion für Frieden und Demokratie nicht hinauswuchs. Maßgeblich dazu beigetragen hat der von der Regierung Prinz Max von Baden nach Kiel geschickte Sozialdemokrat Gustav Noske. Doch von Kiel aus ergriff der Aufstand nun in wenigen Tagen das ganze Land, zunächst die norddeutschen Küstenstädte, dann alle wichtigen Industriestädte bis auf Berlin. Überall wurden Arbeiter- und Soldatenräte gebildet. In den meisten Städten standen sie unter dem Einfluss der MSPD und entwickelten daher gemäßigte Forderungen. Sie liefen darauf hinaus, die Friedensbemühungen der Regierung zu unterstützen.

In einigen Städten wurden jedoch auch weitergehende Programme entwickelt. Dazu gehörten Stuttgart, Leipzig, Bremen und Hamburg – Städte, die seit langem zu den Hochburgen der linken Sozialdemokratie gehört hatten. In Stuttgart kam es auf Initiative des Spartakusbundes unter Leitung von Fritz Rück und August Thalheimer bereits am 4. November zu einem Generalstreik. 30 000 Menschen demonstrierten für einen sofortigen Waffenstillstand und für eine sozialistische Republik. Es wurde ein Arbeiter- und Soldatenrat gebildet, dessen Forderungen den Zielen des Spartakusbundes entsprachen. Auch in Bremen erließ der Arbeiter- und Soldatenrat am 9. November einen Aufruf, der typisch für diejenigen Räte war, die unter dem Einfluss der USPD bzw. des Spartakusbundes oder der Linksradikalen standen. Hier ging es nicht um die Aufrechterhaltung von Ruhe und Ordnung, sondern um die Ausbreitung, Sicherung und Vertiefung der Revolution. Gefordert wurde die Aufrichtung der sozialistischen Gesellschaft, ohne dass im Einzelnen dargelegt wurde, was das bedeuten solle. Man half sich stattdessen mit einem Zitat aus dem Erfurter Programm der SPD von 1891.

Berlin wurde erst am 9. November in den Revolutionsprozess einbezogen, stand dann aber sofort im Mittelpunkt der Ereignisse. Hier hatten die Revolutionären Obleute ursprünglich für den 11. November einen Generalstreik beschlossen. Ziel der Aktion sollte es sein, die Monarchie zu stürzen und eine sozialistische Republik zu errichten. Doch die Ereignisse überschlugen sich, sodass der Generalstreik um zwei Tage vorverlegt wurde. Am 7. November stürzte in München der erste Königsthron; Kurt Eisner (USPD) rief als Vorsitzender des neu gebildeten Arbeiter-, Soldaten- und Bauernrates »die bayerische Republik« aus. Am 8. November dankte der Herzog von Braunschweig infolge der tags zuvor einsetzenden Umsturzbewegung ab. Auch in den anderen deutschen Bundesstaaten sollten die Fürsten in den folgenden Tagen abdanken und durch Revolutionsregierungen ersetzt werden.

Dagegen befand sich Kaiser Wilhelm II. im militärischen Hauptquartier im belgischen Spa und zögerte, sich den Rücktrittsforderungen zu beugen. Die Waffenstillstandsverhandlungen zogen sich hin, und so fand die Friedensbewegung weiterhin Zulauf. Dies wurde auch von den MSPD-Führern erkannt. Am 7. November drohte Staatssekretär Scheidemann mit dem Austritt der MSPD aus der Regierung, wenn der Kaiser nicht abdanke und der Kronprinz nicht verzichte. Einen Tag später machte er die Drohung wahr. Als am 9. November Handzettel in den Betrieben kursierten, auf denen ein von der USPD besetzter Revolutionsausschuss zum Generalstreik aufrief, und der Kaiser immer noch nicht abgedankt hatte, entschloss sich auch der MSPD-Parteivorstand, die Arbeiter zum Generalstreik aufzurufen.

So bewegten sich am Vormittag Züge von Arbeitern und Soldaten Richtung Stadtzentrum und Regierungsviertel. Die Streikenden besetzten strategisch wichtige Gebäude

Ausrufung der Republik durch Philipp Scheidemann

und befreiten politische Gefangene. Um 12 Uhr gab Max von Baden von sich aus die Abdankung des Kaisers bekannt. Einige Zeit später trat er als Reichskanzler zurück und übergab Friedrich Ebert (MSPD) die Amtsgeschäfte. Trotz dieser Konzessionen an die Streikenden lösten sich die Demonstrationszüge nicht auf. Man erwartete, dass Liebknecht bald die Republik ausrufen werde. Diesem Vorhaben kam Scheidemann für die MSPD um zwei Stunden zuvor. Gegen 14 Uhr ließ er vom Balkon des Reichstagsgebäudes »die deutsche Republik« hochleben und bat die Anwesenden, Ruhe und Ordnung zu halten. Um 16 Uhr proklamierte Liebknecht »die freie sozialistische Republik Deutschland« und forderte dazu auf, alle Kräfte anzuspannen, »um die Regierung der Arbeiter und Soldaten aufzubauen«.

Neubildung der Regierung

Die neue Regierung wurde in zwei Schritten gebildet. Noch am Abend des 9. Novembers kam es zu einer Koalitionsvereinbarung zwischen MSPD und USPD. Man beschloss, einen Rat der Volksbeauftragten zu bilden, in den jede der beiden Parteien drei Mitglieder entsandte. Dieser Rat vereinigte in sich die Funktionen eines Reichspräsidenten und eines Reichskanzlers. Unter dem Rat gab es Fachminister; diese konnten auch aus den bürgerlichen Parteien kommen. Das war eine Konzession der USPD, die ursprünglich den Ausschluss aller Bürgerlichen aus der Regierung gefordert hatte. Die MSPD lehnte dieses Ansinnen ab, weil sie glaubte, ohne die alten Fachleute nicht auskommen zu können. In der Tat wurden in der Folgezeit Staatssekretäre (wie die Minister noch offiziell hießen) aus den Parteien des Zentrums und der Liberalen nur ersetzt, wenn sie freiwillig zurückgetreten waren. So spiegelte sich unter der neuen sozialistischen Spitze die Entwicklung wider, die im Juli 1917 mit der Bildung der Mitte-Links-Reichstagsmehrheit eingeleitet worden war.

Um die politische Bedeutung der Fachminister zu mindern, wurden jedem von ihnen auf Vorschlag der USPD zwei Beigeordnete, aus jeder Arbeiterpartei einer, zur Seite gestellt. Diese umständliche Konstruktion sollte eine politische Kontrolle der Beamtenregierung darstellen. Die Koalitionsvereinbarung enthielt ferner die Aussagen, dass die »politische Gewalt« in den Händen der Arbeiter- und Soldatenräte liege und dass die Frage, ob eine Konstituierende Versammlung einzuberufen sei, bis nach einer Konsolidierung der Revolution verschoben werden solle. Diese beiden Punkte waren wichtige Zugeständnisse der MSPD; sie hielten die Situation offen. Damit hatte der Rat der Volksbeauftragten die Chance erhalten, vor der Einberufung einer Nationalversammlung wichtige Maßnahmen zu beschließen, und zwar gestützt auf die Arbeiter- und Soldatenräte.

Die Mitglieder des Rats der Volksbeauftragten zu benennen, war Sache der jeweiligen Parteiführungen. Die MSPD nominierte neben den unumstrittenen Ebert und Scheidemann als drittes Mitglied Otto Landsberg. Für den 1869 in Oberschlesien geborenen Rechtsanwalt Landsberg sprachen seine juristischen Kenntnisse und sein gutes Verhältnis zu Ebert.

Auf Seiten der USPD war die Benennung Hugo Haases ebenfalls selbstverständlich. Er war der Parteiführer und Fraktionsvorsitzende. Die anderen beiden, Wilhelm Dittmann und Emil Barth, kamen erst zum Zuge, als Liebknecht und Georg Ledebour, ein anderer prominenter Vertreter des linken USPD-Flügels, abgelehnt hatten. Der 1874 in Eutin geborene Dittmann, von Beruf Tischler, absolvierte die klassische Parteikarriere als Redakteur und Abgeordneter, wurde 1915 zum Kriegsdienst eingezogen und gehörte zu den Gründungsmitgliedern der USPD. Im Zusammenhang mit dem Januarstreik 1918 war er zu einer

Zuchthausstrafe verurteilt worden. Barth, 1879 in Heidelberg geboren, hatte den Klempnerberuf erlernt, dann als Gewerkschaftsbeamter gearbeitet, war Mitglied des Spartakusbundes und seit Februar 1918 Vorsitzender der Revolutionären Obleute geworden.

Der zweite Schritt auf dem Weg der Regierungsbildung war die Bestätigung des Rats der Volksbeauftragten. Diese fand am Nachmittag des 10. Novembers auf einer Versammlung der Groß-Berliner Arbeiter- und Soldatenräte im Zirkus Busch statt. Die 3000 Delegierten, etwa zur Hälfte Arbeiter und zur Hälfte Soldaten, waren am Vormittag in dieses Amt gewählt worden. In der einstimmig angenommenen Proklamation wurde dem Rat der Volksbeauftragten aber auch eine Aufgabe zugewiesen, die in der Koalitionsvereinbarung nicht enthalten war: nämlich die »rasche und konsequente Vergesellschaftung der kapitalistischen Produktionsmittel«. Die Versammlung wählte ferner einen Vollzugsrat aus ursprünglich 24, dann 28 Mitgliedern – die eine Hälfte Soldatenvertreter, die andere Hälfte Arbeitervertreter, von denen MSPD und USPD wiederum je die Hälfte stellten. Bis Mitte Dezember wuchs der Vollzugsrat durch kooptierte Vertreter aus den übrigen Teilen Deutschlands auf 45 Mitglieder an. Sein Aufgabenbereich und sein Verhältnis zum Rat der Volksbeauftragten wurde nicht genau umschrieben. Ursprünglich als ein lokaler Aktionsausschuss der Berliner Räte entstanden, nahm der Vollzugsrat vom ersten Tag seines Wirkens an für sich in Anspruch, die Gesamtheit der deutschen Räte zu vertreten. So wurden nicht nur am 9. November zwei Republiken ausgerufen, sondern am 10. November auch zwei Regierungen bestätigt: der Rat der Volksbeauftragten mit MSPD- und rechten USPD-Politikern sowie der Berliner Vollzugsrat, in dem die linken USPD-Politiker den Ton angaben. Der weitere Revolutionsverlauf musste zeigen, in welche Richtung sich diese Doppelherrschaft auflösen würde.

Der erste Reichsrätekongress

Vom 16. bis 20. Dezember 1918 fand in Berlin der erste Reichskongress der Arbeiter- und Soldatenräte statt. Er kam zusammen, um grundlegende Entscheidungen zu treffen, die die Regierung binden sollten. An den Wahlen zu ihm hatten sich die Industriearbeiterschaft und die noch nicht entlassenen Soldaten beteiligt. Da Letztere aber in Friedenszeiten zu einem großen Teil ebenfalls Arbeiter waren, kann man verkürzt sagen, dass fast nur Arbeiterdelegierte über die Grundlinien der weiteren Entwicklung entschieden. Das war auch so beabsichtigt und entsprach den rätedemokratischen Vorstellungen. Der Spartakusbund war auf dem Kongress schwach vertreten. Als seine bekanntesten Delegierten galten Fritz Heckert und Eugen Leviné; Liebknecht und Luxemburg hatten kein Mandat erhalten. Jedoch konnten die Revolutionären Obleute eine ganze Anzahl Abgeordneter stellen; sodass die USPD-Linke mit immerhin knapp einem Viertel der Delegierten rechnete.

Das wichtigste Thema betraf die Einberufung einer Nationalversammlung. Die MSPD-Führung schlug vor, diese zum frühestmöglichen Zeitpunkt anzuberaumen. Ein Teil der USPD trat auch für die Bildung einer Nationalversammlung ein; wollte aber einen späteren Termin, um den Räten Zeit für weitere Grundsatzentscheidungen zu geben. Es war dies die Position der Koalitionsvereinbarungen vom 10. November. Der linke USPD-Flügel lehnte eine Nationalversammlung grundsätzlich ab und wollte das reine Rätesystem erreichen. In dieser Frage erhielt die MSPD-Position schließlich eine klare Mehrheit. Max Cohen beantragte für die MSPD, die Wahlen zur Nationalversammlung auf den 19. Januar 1919 festzusetzen. Ernst Däumig formulierte für die linke USPD den Gegenantrag, »unter allen Umständen an dem Rätesystem als Grundlage der Verfassung der sozialistischen Republik«

festzuhalten, und zwar derart, dass den Räten die höchste gesetzgebende und vollziehende Gewalt zustehe. In namentlicher Abstimmung wurde Däumigs Antrag mit 344 zu 98 Stimmen abgelehnt. Mit überwältigender Mehrheit beschlossen die Abgeordneten daraufhin, die Wahlen zur Nationalversammlung zum frühestmöglichen Termin stattfinden zu lassen. Die Mittelposition – Nationalversammlung nach den Räten – war gar nicht zur Abstimmung gebracht worden.

In zwei anderen wesentlichen Beschlüssen des Kongresses setzten sich USPD-Positionen durch. Die Abgeordneten beauftragten die Regierung, »mit der Sozialisierung aller hierzu reifen Industrien, insbesondere des Bergbaus, unverzüglich zu beginnen«. Dieser Antrag wurde fast einstimmig angenommen. Der dritte wichtige Beschluss betraf die Situation in Heer und Marine. Der Kongress beschloss die so genannten sieben Hamburger Punkte, die u. a. rätedemokratische Ideen enthielten. Die Soldaten sollten ihre Vorgesetzten selbst wählen können; das stehende Heer sollte durch eine Volkswehr ersetzt werden.

Es kann kein Zweifel darüber bestehen, dass alle drei Beschlüsse den Charakter von Gesetzen hatten und die Volksbeauftragten binden sollten. In ihnen wurde umrisshaft ein Programm sichtbar, für das es in der demokratischen Massenbewegung dieser Wochen bis zum Ende des Jahres 1918 einen breiten Konsens gab: Demokratisierung vor allem des Heeres, aber auch der Verwaltung und der Wirtschaft. Dabei bedeutete die grundsätzliche Entscheidung für die Nationalversammlung nicht, dass alle Beschlüsse über den Demokratisierungsprozess ihr vorbehalten sein sollten. Vielmehr erwartete man vom Rat der Volksbeauftragten sofortige und entschiedene Initiativen, um das Wiedererstarken reaktionärer Kräfte in Wirtschaft und Militär zu verhindern.

Der Reichsrätekongress wählte ferner einen Zentralrat, der an die Stelle des bisherigen Berliner Vollzugsrats treten sollte. Enttäuscht über den bisherigen Verlauf des Kongresses setzte der linke USPD-Flügel dabei durch, dass sich die gesamte USPD nicht an den Wahlen zum Zentralrat beteiligte.

So wurde nur über eine einzige Liste, die der MSPD, entschieden und die Wahl zur Farce. Nach dem Spartakusbund hatte nun auch die gesamte USPD einer gemeinsamen Arbeiterregierung eine Absage erteilt und die Position ihrer drei Vertreter im Rat der Volksbeauftragten dadurch infrage gestellt. Barth, Dittmann und Haase arbeiteten in ihm noch eine Weile mit, dann erklärten sie am 28. Dezember 1918 ihren Austritt. Beeinflusst wurde diese Entscheidung auch dadurch, dass Fronttruppen am 23. und 24. Dezember in Berlin einen Aufstand der Volksmarinedivision niederschlugen und Ebert dafür die Verantwortung übernahm. Zum ersten Mal hatte die aus der Revolution entstandene Regierung mit Hilfe von Truppen, die noch aus der alten kaiserlichen Armee stammten, eine revolutionäre Erhebung vereitelt.

Die zurückgetretenen USPD-Volksbeauftragten wurden durch die zwei MSPD-Politiker Gustav Noske und Rudolf Wissell ersetzt. Der 1868 in Brandenburg geborene Noske, von Beruf Holzarbeiter und Redakteur an Parteizeitungen, hatte schon Anfang November die Matrosenrevolte in Kiel niedergehalten und übernahm im Rat der Volksbeauftragten das Militärressort. Der 1869 in Göttingen geborene Wissell war als Maschinenbauer Funktionär des Metallarbeiterverbands, seit 1908 auch Mitglied der Generalkommission der Gewerkschaften geworden und übernahm das Wirtschaftsressort. Die deutsche Republik hatte nunmehr bis zum Zusammentritt der Nationalversammlung eine reine MSPD-Regierung.

Der Berliner Januar-Aufstand

Eine weitere Folge des für die Linken enttäuschenden Revolutionsverlaufs war die Entstehung der KPD. Ihr Gründungsparteitag fand vom 30. Dezember 1918 bis zum 1. Januar 1919 statt. Rund drei Viertel der 127 Delegierten kamen vom Spartakusbund, rund ein Viertel kam von den Linksradikalen, die sich 1917 der USPD nicht angeschlossen hatten und seit November 1918 Internationale Kommunisten Deutschlands nannten. Die Gründung vollzog sich in zwei Schritten. Zunächst löste sich der Spartakusbund von der USPD. Daraufhin folgte eine Grundsatzdiskussion über die Beteiligung an den Wahlen zur Nationalversammlung. Nachdem man sich mit großer Mehrheit für einen Wahlboykott entschieden hatte, traten die Linksradikalen der neuen Partei bei. Ihr Name lautete zunächst Kommunistische Partei Deutschlands (Spartakusbund). Der Beschluss, sich nicht an den Wahlen zu beteiligen, verhinderte, dass sich eine größere Anzahl USPD-Mitglieder der KPD(S) anschloss. Diese blieb zunächst eine Splitterpartei ohne ein klares politisches Profil. Während Rosa Luxemburg in ihrer letzten großen Rede die Parole ausgab, die Revolution in die Betriebe zu tragen und zum ökonomischen Kampf überzugehen, warteten die Linksradikalen auf einen Anlass, um den MSPD-Rat der Volksbeauftragten zu stürzen.

Dieser Anlass schien gekommen, als sich der Berliner Polizeipräsident Emil Eichhorn, ein radikaler USPD-Mann, Anfang Januar 1919 weigerte, seiner Entlassung Folge zu leisten. Am 5. Januar fand in Berlin eine von USPD, Revolutionären Obleuten und KPD(S) unterstützte Demonstration für Eichhorn statt. Vor 100 000 Menschen sprachen Däumig, Eichhorn, Ledebour und Liebknecht. Unter dem Eindruck dieser Veranstaltung beschloss ein Ausschuss von 33 Personen am Abend gegen sechs Stimmen, der Absetzung Eichhorns Widerstand zu leisten und den Rat der Volksbeauftragten zu stürzen.

Noch in der Nacht besetzten Arbeiter und Soldaten das Berliner *Vorwärts*-Gebäude und andere Zeitungsverlage wie Ullstein und Büxenstein. Am 6. Januar wurden zwar weitere Gebäude, aber nicht die politischen Machtzentren besetzt. Damit war der Aufstand eigentlich schon misslungen. Die Berliner USPD war nun nicht mehr weiter zum Kampf bereit. Auch die Führung des Spartakusbundes missbilligte mehrheitlich die Ziele des Aufstands und zog am 8. Januar ihre Vertreter aus dem Revolutionsausschuss zurück. Sie rief die Arbeiter aber nicht zum Abbruch des Kampfes auf. So wurde der Aufstand nur halbherzig weitergeführt; lediglich ein paar tausend Anhänger der Linksradikalen hatten die gewünschten Straßenkämpfe, die sie für den Beginn der zweiten Revolution hielten.

Die Kämpfe dauerten noch bis zum 12. Januar. In vielen Städten der Republik wurden Solidaritätsdemonstrationen veranstaltet. Die bedeutendste Aktion gelang in Bremen; hier entstand am 10. Januar eine Räterepublik, die bis zum 4. Februar existierte. In Berlin jedoch wurde der Aufstand nach einer Woche von Truppen niedergeschlagen, die von kaiserlichen Offizieren geführt wurden und unter dem Oberbefehl Noskes standen. Am 15. Januar fielen Liebknecht und Luxemburg den konterrevolutionären Truppen in die Hände; sie wurden umgebracht. Luxemburgs Leiche fand man erst viereinhalb Monate später im Landwehrkanal. Offiziell galt lange Zeit die Losung, sie seien auf der Flucht erschossen worden. Erst seit 1929, nach einem spektakulären Prozess, konnte man ungestraft die Wahrheit sagen, nämlich dass sie ermordet worden waren und dass man die Schuldigen laufen gelassen hatte.

Die Streikbewegung im Frühjahr 1919

Im Frühjahr 1919 kam es, vor allem im Ruhrgebiet, zu einer Streikbewegung, die in mehreren Wellen eine Sozialisierung des Bergbaus von unten erzwingen wollte. Der erste Reichsrätekongress hatte ja den Rat der Volksbeauftragten dazu verpflichtet, die Sozialisierung, besonders im Bergbau, unverzüglich in Angriff zu nehmen. Dieser hatte jedoch nichts dergleichen unternommen und dadurch die Unzufriedenheit der Bergarbeiter auf sich gezogen. Im Unterschied zum Berliner Januaraufstand ging es bei den Frühjahrsstreiks also nicht darum, die Regierung zu beseitigen, sondern sie an einen gesetzlichen Auftrag zu erinnern.

Die Streikbewegung lässt sich in drei Phasen einteilen. In einer ersten Phase politisierten sich Streiks, die es im Ruhrgebiet schon seit November 1918 gegeben hatte, unter dem Eindruck des Berliner Januaraufstands. Als sich am 11. Januar rund 80 000 Bergarbeiter im Ausstand befanden, ergriff der Essener Arbeiter- und Soldatenrat die Initiative. In ihm waren alle drei Arbeiterparteien MSPD, USPD und KPD(S) vertreten. Er ließ die Büros des Kohlensyndikats besetzen, verordnete eine allgemeine Lohn- und Preiskontrolle, setzte einen Volkskommissar für Sozialisierung ein, forderte von den Arbeitern aber auch, den Streik zu beenden. Am 13. Januar tagten in Essen die Delegierten sämtlicher Arbeiter- und Soldatenräte des rheinisch-westfälischen Industriegebiets. An der Konferenz nahmen auch Vertreter der Reichsregierung und sämtlicher Gewerkschaften teil. Sie beschloss einstimmig (man kann wohl sagen, unter dem Druck der Streikenden), die Sozialisierung des Bergbaus sofort in Angriff zu nehmen. Daraufhin ebbten die Streiks ab.

Als im Laufe des nächsten Monats wieder nichts geschah und am 11. Februar der als radikal bekannte Soldatenrat in Münster aufgelöst wurde, beschloss eine nach Essen einberufene Konferenz, den Generalstreik zu proklamieren. Am 18. kam es darüber auf einer planmäßigen Gesamtkonferenz der Arbeiter- und Soldatenräte zu tumultartigen Auseinandersetzungen. Nachdem die Mehrheit der MSPD-Teilnehmer die Konferenz verlassen hatte, erneuerten die Zurückgebliebenen den Generalstreikbeschluss. Ihm leisteten rund 180 000 Mann, etwa die Hälfte aller Bergarbeiter des Reviers, Folge. Doch am 21. Februar wurde der Streik von einer Delegiertenkonferenz, aus der die MSPD-Mitglieder nicht auszogen, offiziell abgebrochen. Er versackte in wenigen Tagen, hinterließ aber unter den Streikwilligen eine maßlose Erbitterung über die MSPD und die Reichsregierung (die inzwischen aus einer sozialliberalen Koalition unter Scheidemann bestand).

Den Anlass zur dritten Phase lieferten blutige Zusammenstöße zwischen Arbeitern und Freikorpsverbänden, zu denen es am 24. und 25. März in Witten kam. Nun brach im gesamten Gebiet zwischen Bochum und Dortmund ein allgemeiner Streik aus, der zwischen dem 10. und 14. April mit rund 300 000 Beteiligten etwa drei Viertel der Bergarbeiter erfasste. Im Unterschied zum Februarstreik erreichte die Bewegung jetzt auch die Mitglieder der MSPD, die sich von der Politik ihrer Parteiführung abzuwenden begannen. Die Streikenden forderten die Anerkennung der Räte, die Entwaffnung der Freikorps und die Einführung einer Sechs-Stunden-Schicht.

Die Regierung verhängte den Ausnahmezustand über das Gebiet und ernannte den MSPD-Politiker Carl Severing zum Staatskommissar. Severing war 1875 in Herford geboren und hatte seit Anfang des Jahrhunderts in Bielefeld als Sekretär der Gewerkschaft und Redakteur einer Parteizeitung die Region, in die er jetzt geschickt wurde, kennen gelernt. Trotz härtesten Drucks auf die Streikenden, Verhaftung so genannter Rädelsführer und Sonderrationen von Lebensmitteln für Arbeitswillige ebbte diese dritte und heftigste Streikwelle nur langsam ab. Erst am

28. April 1919 gelang es, sie mit Hilfe von Freikorpsverbänden militärisch niederzukämpfen.

Zusammenfassend lässt sich sagen, dass die Streikbewegung als eine relativ gemäßigte begann und sich im Laufe der Monate radikalisierte. Die streikenden Bergleute waren über alle Parteischranken hinaus bereit, der ökonomischen Rätebewegung zum Durchbruch zu verhelfen. In keiner Phase der Auseinandersetzungen wurde die Nationalversammlung, und damit die parlamentarische Demokratie als Ganzes, infrage gestellt. Praxis und Programm der Bewegung lassen vielmehr vermuten, dass Rätesystem und Sozialisierung als Ergänzung, nicht aber als Ersatz der parlamentarischen Demokratie gedacht waren. Damit entsprach die Streikbewegung dem Beschlussprofil der Reichsrätekonferenz von Ende Dezember 1918. Bei diesen Streiks zeigte sich noch ein dritter Weg zwischen der Alternative Weimarer Verfassung oder Bolschewismus.

Die Münchener Räterepublik

In München hatte Kurt Eisner nach dem Sturz der Wittelsbacher eine Koalitionsregierung von MSPD und USPD gebildet. Der 1867 in Berlin geborene Eisner hatte vor 1914 zum revisionistischen Flügel der SPD gehört. Im Weltkrieg kritisierte er aus pazifistischen Motiven die Partei und wurde 1917 einer der Führer der Münchener USPD. Nach den Landtagswahlen vom 12. Januar 1919 waren die rätefreundlichen Parteien in die Minderheit geraten; Eisner musste zurücktreten. Am 21. Februar wurde Eisner auf dem Weg zur Eröffnung des Landtags, zum Rücktritt bereit, von einem rechtsradikalen Studenten erschossen.

Die Nachricht von seiner Ermordung war das Signal zu einer zweiten Revolution in Bayern. Ein erbitterter Anhänger Eisners drang in den Landtag ein, schoss den

MSPD-Innenminister Erhard Auer nieder und tötete einen Abgeordneten. Daraufhin löste sich der Landtag auf, der Rätekongress trat wieder zusammen und übernahm die Macht im Land. Am 18. März bildeten MSPD, Bauernbund und USPD unter dem MSPD-Politiker Johannes Hoffmann eine neue Regierung; die bürgerliche Landtagsmehrheit sprach der Regierung das Vertrauen aus und erteilte ihr Vollmachten. Daraufhin gingen die Abgeordneten wieder auseinander.

Nachdem die Forderung, eine Räterepublik zu errichten, mehrmals abgelehnt worden war, ergriffen Münchener Anarchisten um die Schriftsteller Erich Mühsam und Gustav Landauer die Initiative. Einen Tag vor der geplanten Einberufung des Landtags proklamierten sie am 7. April 1919 die Räterepublik und bildeten einen revolutionären Zentralrat an ihrer Spitze. Dessen Vorsitzender wurde am 8. April der Schriftsteller Ernst Toller. Die Münchener Kommunisten unter Leitung des aus Berlin gesandten Eugen Leviné erklärten die Räterepublik für eine jämmerliche Komödie und beteiligten sich an ihr nicht. Ministerpräsident Hoffmann ging mit mehreren Ministern nach Bamberg. Während es Eisner gelungen war, die Bauern und ihre politische Vertretung an die Revolution zu binden, rief die Räterepublik die Gegnerschaft der Bauern und Mittelständler hervor. Zudem drohte eine Intervention der Reichstruppen.

Nach sechs Tagen war die anarchistische Räterepublik am Ende. Doch jetzt hielt es Leviné für die Pflicht der KPD(S), den Rätegedanken zu retten. Die Partei organisierte am 13. April eine zweite, nunmehr kommunistische Räterepublik mit einem vierköpfigen Vollzugsrat unter Leviné und einem Aktionsausschuss von 15 Personen. Landauer und Toller erklärten ihre Mitarbeit. Die neue Räteregierung rief die Arbeiter zu Generalstreik und Bewaffnung auf und bereitete die Sozialisierung vor. Doch ehe die Räteregierung die bayerische Gesellschaft umorganisieren konnte, holten die Gegner zum entscheidenden Schlag aus.

Bis zum 1. Mai wurde München von Regierungstruppen eingekesselt und schließlich erobert. In den Schlusskämpfen erschossen die Revolutionäre im Keller des Luitpoldgymnasiums neun Geiseln. Das war eine Verzweiflungstat, die nichtsdestoweniger das Bild der Münchener Räterepublik trübte. Der weiße Terror wütete um einiges schlimmer. Landauer wurde am 2. Mai im Gefängnis ermordet, Leviné mit acht anderen Rotgardisten zum Tode verurteilt und am 5. Juni erschossen. Viele hundert Anhänger der Räterepublik erhielten Gefängnis- und Zuchthausstrafen bzw. Festungshaft. Zu diesen gehörten auch Toller und Mühsam, die erst Ende 1924 aufgrund einer Amnestie wieder freikamen. Der Landtag wählte eine neue Regierung unter Hoffmann, die sich auf die MSPD, die Bayerische Volkspartei und die Demokraten stützte. Die wirkliche Macht in Bayern aber übte eine fanatisierte und militarisierte Konterrevolution aus.

Die Münchener Räterepublik war das Ende, aber nicht der Höhepunkt der sozialistischen deutschen Revolution. Das Mitwirken von prominenten Schriftstellern sicherte der Räterepublik das bleibende Interesse der Literaturwissenschaft. Doch sie war nur eine Facette in der zweiten radikalen Phase der Revolution, die mit den Frühjahrsstreiks im Ruhrgebiet ihren mächtigsten Ausdruck fand. Auch in der Geschichte der deutschen Arbeiterbewegung war mit dem Scheitern der Revolution ein wichtiger Einschnitt erreicht. Obwohl es bis 1923 noch einige Aufstandsversuche gab, verlor die deutsche Arbeiterbewegung im Frühjahr 1919 ihre systemüberwindende Kraft. Sie hatte ihre Chance erhalten und sie nicht nutzen können. Eine solche Gelegenheit eröffnet sich in der Geschichte nur einmal.

9
Die Arbeiterbewegung in der Weimarer Republik

Die SPD als Regierungspartei

Am 19. Januar 1919 fanden, wie auf dem ersten Reichsrätekongress beschlossen, die Wahlen zur Nationalversammlung statt. Im Vergleich zu den letzten Reichstagswahlen von 1912 stieg der Anteil der Arbeiterparteien um mehr als 10 Prozent. Die Erwartungen waren jedoch höher gewesen; auch rein rechnerisch reichte es für MSPD und USPD nicht zur absoluten Mehrheit.

Die Abgeordneten traten am 6. Februar 1919 in Weimar zusammen. Am 11. Februar wählte die Nationalversammlung, nachdem sie ein »Vorläufiges Staatsgrundgesetz« verabschiedet hatte, Friedrich Ebert zum Reichspräsidenten der Republik. Dieser beauftragte Philipp Scheidemann mit der Kabinettsbildung. Am 13. Februar präsentierte Scheidemann eine Reichsregierung, die von einer Koalition aus MSPD, Linksliberalen und Zentrum unterstützt wurde. Diese Weimarer Koalition verfügte in der Nationalversammlung über eine Dreiviertel-Mehrheit: 37,9 Prozent der Wahlberechtigten hatten die MSPD, 19,7 Prozent das Zentrum und 18,6 Prozent die DDP gewählt. In der Regierung standen sieben Sozialdemokraten, darunter die bisherigen Volksbeauftragten Landsberg als Justiz-, Noske als Reichswehr- und Wissell als Wirtschaftsminister, sieben bürgerlichen Ministern gegenüber.

Mit der Übernahme der Regierungsverantwortung durch das Kabinett Scheidemann beendete der Rat der Volksbeauftragten seine Arbeit. Die erste Phase der Republik, in der die Arbeiter mehr oder weniger allein die Regierung unterstützt hatten, ging zu Ende. Eine zweite Phase begann, in der die Weimarer Koalition der politische Ausdruck dafür war, dass die Republik nun von den gemäßigten Arbeitern und dem demokratischen Bürgertum getragen wurde. Die Regierungen der Weimarer Koalition (es wurden insgesamt drei) waren nicht nur mit dem Problem konfrontiert, dass die vom bisherigen Verlauf der Revolution enttäuschten Arbeiter (wie schon dargestellt) einen zweiten revolutionären Anlauf unternahmen. In ihre Zeit fielen auch die Auseinandersetzungen um den Friedensvertrag und die neue Verfassung.

Die territorialen, wirtschaftlichen und militärischen Bestimmungen des Versailler Vertrags können hier nicht dargestellt werden. Sie waren im Wesentlichen von den Regierungschefs der USA, Englands und Frankreichs ausgearbeitet und der deutschen Delegation am 7. Mai 1919 im Spiegelsaal von Versailles bekannt gegeben worden. Die Nationalversammlung trat am 12. Mai zur Beratung zusammen. Alle Parteien lehnten es ab, den Vertrag in dieser Form zu unterzeichnen. Doch die am 29. Mai überreichten deutschen Gegenvorschläge konnten die Bestimmungen nicht wesentlich mildern. Stattdessen wurde Deutschland am 16. Juni ultimativ aufgefordert, den Vertrag zu unterzeichnen; andernfalls würden die Alliierten einmarschieren.

Dieses Ultimatum, verbunden mit der Aussicht einer Wiederaufnahme des Krieges, spaltete die Nationalversammlung und die Regierung. Scheidemann trat am 20. Juni zurück. Von den die Regierung tragenden Fraktionen waren jedoch das Zentrum und große Teile der MSPD trotz aller Bedenken zur Annahme des Vertrages bereit. Am 21. Juni 1919 bildete sich demzufolge eine neue Regierung unter Gustav Bauer (MSPD), der zunächst nur Minister des Zentrums und der MSPD, darunter Hermann Müller als Außenminister, angehörten. Erst im Oktober 1919 traten DDP-Politiker in die Regierung Bauer ein und machten sie dadurch zu einer der Weimarer Koalition.

Am 22. Juni 1919 wurde über die Unterzeichnung des Versailler Vertrags abgestimmt. Ein diesbezüglicher Antrag erhielt eine Mehrheit von 237 Stimmen. Diese kamen aus den Reihen der USPD (die insgesamt mit 22 Abgeordneten in der Nationalversammlung vertreten war), der MSPD und des Zentrums (die jeweils mehrheitlich für den Vertrag votierten) sowie von einigen Abgeordneten der DDP. Gegen den Antrag stimmten 138 Parlamentarier; es gab fünf Enthaltungen und eine ungültige Stimme. Demnach hatten sich 40 Abgeordnete (wohl aus den Regierungsfraktionen) nicht an der Abstimmung beteiligt. Daraufhin setzte die deutsche Delegation am 28. Juni 1919 ihre Unterschrift unter den Friedensvertrag; es waren Hermann Müller und der Verkehrsminister Johannes Bell (Zentrum).

So hatten die Vertreter derjenigen gesellschaftlichen Gruppen, die den Krieg nicht gewollt hatten, das Friedensdiktat unterzeichnet. Das war eine verkehrte Situation, die das Klima in der jungen Republik weiter verschlechterte. Die wirklich Verantwortlichen für den Krieg brachten die »Dolchstoßlegende« in Umlauf. Nach ihr war der militärisch schon gewonnene Krieg durch den Ausbruch der Revolution und die Gründung der Republik noch politisch verloren gegangen. Das war eine groteske Umkehrung der Tatsachen, wurde aber weithin geglaubt. Auch Scheidemann stand weiterhin im Kreuzfeuer der Kritik, obwohl er sich aus der Reichspolitik zurückgezogen hatte und von 1920 bis 1925 das Amt des Kasseler Oberbürgermeisters bekleidete. 1922 überlebte er ein Blausäure-Attentat der rechtsradikalen Organisation Consul.

Bei der Arbeit an der neuen Verfassung hatte die MSPD größere gestalterische Möglichkeiten. Sie nutzte diese jedoch nicht, sondern überließ die Initiative den Linksliberalen.

Nachdem der Rat der Volksbeauftragten schon im November 1918 den Staatsrechtsprofessor Hugo Preuß, der ein führendes Mitglied der DDP wurde, beauftragt hatte, einen Verfassungsentwurf zu erarbeiten, verzichtete die MSPD auch im Verfassungsausschuss der Nationalversammlung zugunsten von Conrad Haußmann (DDP) auf den Vorsitz. Die Sozialdemokratie erhob nur einige zentrale Forderungen, hatte aber keine in sich geschlossene Verfassungskonzeption anzubieten. Für die MSPD war es wichtig, dass der Parlamentarismus eingeführt und das Wahlrecht ausgeweitet wurde; Letzteres durch die Einbeziehung der Frauen, die Herabsetzung des Wahlalters auf 20 Jahre und die Einführung der Verhältniswahl. Der Reichstag nahm dann auch die zentrale Stellung im Verfassungssystem ein. Er erhielt das volle Recht der Gesetzgebung, die Regierung war von seinem Vertrauen abhängig – Grundsätze, die unter den Befürwortern einer parlamentarischen Republik, also auch in der MSPD, unumstritten waren. Das Frauenwahlrecht hatte der Rat der Volksbeauftragten schon am 12. November 1918 beschlossen; es wurde nun in Artikel 22 der Verfassung, neben den anderen Wahlrechtsanliegen der MSPD, festgeschrieben. Außerdem trat die Partei für die Gleichberechtigung von Arbeit und Kapital ein und erreichte, dass dieses Prinzip der Sozialpartnerschaft in Artikel 165 formuliert wurde. Sogar die Möglichkeit einer Sozialisierung ließ die Verfassung offen. Gegen die starke Stellung eines Reichspräsidenten, den die Linksliberalen als Gewicht gegen die Parlamentsherrschaft konzipierten, hatte die MSPD letztlich wenig einzuwenden. So wurde festgelegt, dass der Reichspräsident direkt vom Volk gewählt werden und weit gehende Befugnisse, wie die Ernennung des Reichskanzlers (§ 53), das Recht, den Reichstag aufzulösen (§ 25), und das Notverordnungsrecht (§ 48) erhalten sollte.

In der so skizzierten Gestalt wurde die Verfassung in der Nationalversammlung am 31. Juli 1919 verabschiedet. In der Abstimmung standen den 262 Stimmen aus der Weimarer Koalition 75 Neinstimmen gegenüber. Neben den konservativen Parteien, die sich weiterhin zur Monarchie bekannten, stimmte die USPD aus dem Geiste der Rätedemokratie gegen die Verfassung. Das schon anfangs schwache Engagement für die parlamentarische Republik zeigte sich darin, dass 86 Abgeordnete bei der Abstimmung fehlten. Sie entstammten zum größten Teil den Parteien der Weimarer Koalition.

Der Kapp-Putsch und seine Folgen

Nach der Niederlage der Arbeiter in der zweiten Revolutionsphase begannen die Rechtsparteien (DNVP und DVP) seit Mitte 1919 an Einfluss zu gewinnen. Die MSPD schien eine große Zahl ihrer Anhänger nach links zu verlieren. Unter diesen Umständen entsprach das Wahlergebnis zur Nationalversammlung nicht mehr den wirklichen Kräfteverhältnissen in Deutschland. So wundert es nicht, dass die Rechts- und die Linksparteien auf baldige Wahlen für einen Reichstag und auf die Volkswahl des Reichspräsidenten drängten und dass die Parteien der Weimarer Koalition diese verfassungsgemäßen Forderungen nicht besonders schnell verwirklichen wollten.

Die Rechtsopposition wuchs nicht nur stimmungsmäßig, sie verfügte auch über die militärische Macht, nachdem es in der Novemberrevolution versäumt worden war, eine demokratische Wehrmacht aufzubauen. So lag der Gedanke gar nicht fern, die Regierung und die Nationalversammlung, wenn sie nicht weichen wollten, durch eine gewaltsame Aktion zu beseitigen. Die Putschvorbereitungen der Rechten wurden allerdings im Frühjahr 1920 von Ereignissen durchkreuzt, die die reaktionären Kreise zwangen, verfrüht loszuschlagen. Im Januar 1920 trat der Versailler Vertrag in Kraft. Er sah auch eine Verringerung der Reichswehr auf 100 000 Mann und der Reichsmarine auf 15 000 Mann vor. Als der Reichswehrminister Noske am 29. Februar 1920 die Auflösung zweier Marinebrigaden zum 10. März verfügte, kam es zur Konfrontation zwischen Regierung und Reichswehrführung. Nachdem es Ebert abgelehnt hatte, sich den Forderungen der Rechtsoppositionellen zu beugen, besetzten am 13. März 1920 eine Marinebrigade und andere militärische Einheiten unter der Führung des Reichswehrgenerals Walther von Lüttwitz das Berliner Regierungsviertel. Der weithin unbekannte Königsberger Generallandschaftsdirektor Wolfgang Kapp, ein deutschnationaler Politiker, wurde zum Reichskanzler ernannt.

In dieser entscheidenden Stunde, als die Republik zum ersten Mal von rechts bedroht wurde, fand die Reichsregierung keine bewaffneten Verteidiger. In einer Sitzung mit den führenden Militärs hatte sich schon in der Nacht zum 13. gezeigt, dass die Reichswehr den Putschisten nicht mit Waffengewalt entgegentreten würde. Damit brach die MSPD-Politik zusammen, die darauf beruhte, die radikale Arbeiterbewegung mit kaiserlichen Truppen niederzuhalten, in der Hoffnung, dass diese Truppen der parlamentarischen Demokratie auch bei einer Bedrohung von rechts zur Verfügung stehen würden.

Ebert, die meisten Minister der Regierung Bauer und eine große Anzahl von Abgeordneten flohen zunächst nach Dresden, dann weiter nach Stuttgart. Noch vor der Flucht rief die Regierung zum Generalstreik auf. In der höchsten Not besann sich die MSPD wieder auf die Arbeiter, deren Demonstrationen und Streiks sie zuvor hatte militärisch bekämpfen lassen. Die KPD schloss sich dem Streikaufruf zunächst nicht an, da sie die parlamentarische Republik nicht für verteidigungswert hielt. Die Arbeiter und Angestellten folgten dem Aufruf mit Arbeitsniederlegungen, die sich am Montag, dem 15. März, tatsächlich zu einem Generalstreik ausweiteten. Da dieser ein politisches Ziel hatte, ging die Führung bei der traditionellen Funktionsteilung innerhalb der deutschen Arbeiterbewegung auf die Parteien über. Zum Zentrum der Bewegung wurde wiederum, wie im Frühjahr 1919, das Ruhrgebiet. Da jedoch schon am frühen Vormittag des 13. März die Telefonverbindungen zwischen Berlin und dem Ruhrgebiet zusammengebrochen waren, blieben die Arbeiter ohne zentrale Direktiven auf sich selbst angewiesen. Überall lag die Initiative zunächst bei den örtlichen Parteifunktionären. Die Arbeiter selbst stellten vor allem zwei Forderungen: Bewaffnung und Freilassung der politischen Gefangenen. Sie erfüllten sich diese entweder im Einklang mit den Funktionären ihrer Organisationen oder mit spontanen Demonstrationszügen.

Der Druck, den der Generalstreik entwickelte, zwang die Putschisten zum Verhandeln. Die Reichsregierung nahm die Verhandlungen an, da sie eine Radikalisierung der Arbeiter befürchtete. Am 17. März trat die Kapp-Regierung zurück; der Putsch war gescheitert. Nachdem Kapp geflohen und die Putschisten Berlin verlassen hatten, rief der in Berlin gebliebene Vizekanzler der Reichsregierung, Eugen Schiffer (DDP), dazu auf, den Generalstreik zu beenden.

Dieser Aufruf wurde nicht überall befolgt. Im Ruhrgebiet entwickelte sich vielmehr aus dem bisherigen Kampf gegen den Militärputsch ein bewaffneter Arbeiteraufstand gegen die Republik. Rund zwei Wochen lang kontrollierte in dieser »Märzrevolution 1920« eine Rote Armee von rund 50000 Männern und Frauen das Ruhrgebiet. Das waren weder ungeordnete chaotische Haufen noch etwa disziplinierte Kader einer kommunistischen Partei, sondern kleine Einheiten von Arbeitern, die sich freiwillig zusammenfanden. Als zivile Leitungsgremien bildeten sich in den Städten des Ruhrgebiets wieder Vollzugsräte; als organisatorische Spitze entstand in Essen ein Zentralrat. Nach einer Woche weiterer Straßenkämpfe hatte die Rote Armee die letzten Freikorps der Putschisten geschlagen. Am 24. März kam es zwischen Vertretern der Regierung, der Gewerkschaften, der Arbeiterparteien, der DDP und dem

Zentrum zu einem »Bielefelder Abkommen«. Es verlangte von den Arbeitern, den Generalstreik abzubrechen und die Waffen abzuliefern. Die Regierung verpflichtete sich im Gegenzug dazu, die Putschisten zu bestrafen, die konterrevolutionären militärischen Formationen aufzulösen, republikanische Ortswehren zu bilden und die Sozialisierung voranzutreiben. Der Arbeiterschaft wurde versprochen, dass die Reichswehr nicht in das Ruhrgebiet einmarschiere, wenn die Vereinbarungen eingehalten würden. Im Vertrauen auf diese Versprechungen legte ein großer Teil der Ruhrarbeiter die Waffen nieder. Da eine Minderheit den Kampf fortsetzte, erhielt die Reichswehr einen Vorwand, um doch in das Ruhrgebiet einzumarschieren. Unter den Einrückenden waren auch solche, die die Kapp-Putschisten unterstützt hatten und erst nach deren Fehlschlag auf den Boden der Verfassung zurückgekehrt waren. Den Kampf zwischen der Roten Armee und der Reichswehr entschied Letztere schließlich für sich, nachdem der Straßenkampf in einen Stellungskrieg übergegangen war. Während der Kämpfe und durch Standgerichte starben mindestens 1000 Arbeiter. Bis Mitte Juni verhängte die Justiz über mehr als 800 Arbeiter Freiheitsstrafen. So stand am Ende des gescheiterten Kapp-Putsches nicht ein Strafgericht gegen rechts, sondern ein solches gegen links.

Trotz ihrer Niederlage konnten die Putschisten einiges erreichen. General von Lüttwitz erhielt zwar seinen Abschied, aber unter Bewilligung seiner Pensionsansprüche. Zu seinem Nachfolger wurde nicht ein General ernannt, der zu der Republik hielt, sondern derjenige General Hans von Seeckt, der in der Putschnacht erklärt hatte, Truppe könne nicht auf Truppe schießen. Die Reichsregierung Bauer trat zurück, da Noske als Reichswehrminister und Schiffer als Vizekanzler nicht mehr tragbar waren. Ebert ernannte seinen MSPD-Parteigenossen Hermann Müller zum Reichskanzler einer dritten Weimarer

Koalition. Diese neue Regierung hatte jedoch nur eine kurze Zeit von zweieinhalb Monaten vor sich, weil die Neuwahlen zum Reichstag auf den 6. Juni 1920 festgesetzt wurden.

Bei diesen von den Rechtskreisen so herbeigesehnten Reichstagswahlen erlebten die Parteien der Weimarer Koalition ein Debakel – die Quittung für ihre Regierungsarbeit und ihre Haltung in den Putschtagen. Die Arbeiterschaft war nach links und das Bürgertum nach rechts abgewandert, jeweils in einem Ausmaß, wie man es doch wohl nicht erwartet hatte. Hatten im Januar 1919 rund 75 Prozent der Wahlberechtigten hinter den Parteien der gemäßigten Arbeiterschaft und des demokratischen Bürgertums gestanden, so erreichte diese Koalition im Juni 1920 nicht einmal mehr die absolute Mehrheit. Die USPD wurde zur zweitstärksten Partei, und der Wähleranteil der republikfeindlichen Parteien verdoppelte sich auf knapp 30 Prozent.

Parteien	Nationalvers. 19.1.19			1. Reichstag 6.6.20		
	%	Mandate		%	Mandate	
KPD	–	–		2,0	4	
USPD	7,6	22		18,0	84	
SPD	37,9	163	329	21,6	102	205
Zentrum	19,7	91		13,6	64	
DDP	18,6	75		8,4	39	
DVP	4,4	19		14,0	65	
DNVP	10,3	44		15,1	71	
Sonstige	1,5	7		7,3	30	
Gesamt		421			459	

Vergleich der Wahlergebnisse zur Nationalversammlung und zum ersten Reichstag

Mit diesem Wahlergebnis ging die zweite Phase der Republik, die der Weimarer Koalition unter Führung der SPD, zu Ende. Denn die Parteien dieser sozialliberalen Koalition erreichten auch bei den noch folgenden Reichstagswahlen bis 1932 nie mehr eine absolute Mehrheit. Die Regierung Müller trat am 8. Juni 1920 zurück. Bis zum Zwischenspiel einer großen Koalition in den Jahren von 1928 bis 1930 leitete kein SPD-Kanzler mehr die Republik. Deren Geschicke hatten nun die politischen Vertreter des Bürgertums zu verantworten.

Natürlich ging der Einfluss der SPD auf die Republik nicht völlig zurück. Vor allem blieb Ebert noch bis zu seinem Tode am 28. Februar 1925 Reichspräsident, nachdem eine Reichstagsmehrheit seine Amtszeit am 22. Oktober 1922 unter dem Eindruck des Rathenau-Mords bis Juni 1925 verlängert hatte. Auch in Preußen, dem bei weitem größten und wichtigsten Reichsland, regierten die Sozialdemokraten unter Otto Braun weiter, seit 1921 in einer großen, seit 1925 in einer Weimarer Koalition. In den Landesregierungen von Baden, Hessen und Hamburg behielt die SPD einen maßgeblichen Anteil. Aber dieser Einfluss in den Ländern wurde für die Reichspolitik nicht so bedeutsam, weil die Länder nach der Weimarer Verfassung weniger Einfluss besaßen als etwa in der BRD. Im Reich aber regierten seit Juni 1920 die bürgerlichen Parteien. Ihre Koalitionen waren allerdings zeitweise auf eine Duldung durch die SPD angewiesen, weil auch sie allein keine parlamentarische Mehrheiten zustande brachten. Von Mai 1921 bis November 1922 regierten auch wieder einmal die Parteien der Weimarer Koalition, jedoch als Minderheitsregierung unter einem Zentrumskanzler.

Trotz dieser Differenzierungen kann gesagt werden, dass die SPD ihren maßgeblichen Einfluss, den sie während der ersten eineinhalb Jahre in der Reichspolitik hatte, seit Juni 1920 verlor. Als die größte Regierungspartei und als diejenige, die den Reichskanzler stellte, hatte sie die

Zustimmung zum Versailler Vertrag und die Weimarer Verfassung wesentlich mitzuverantworten. In ihrer Anerkennung dieser beiden Dokumente zeigte die Partei, womit sie bereit war, die Republik zu unterstützen. Auch in den folgenden Jahren, als sie nicht in der Regierung war bzw. nicht den Reichskanzler stellte, unterstützte sie alle Versuche, das deutsche Verhältnis zu den Siegermächten zu normalisieren und die parlamentarische Demokratie zu festigen. So fand nach den Morden an den prominenten bürgerlichen Politikern Matthias Erzberger (1921) und Walther Rathenau (1922) eine inoffizielle große Koalition (unter Einschluss der USPD) für ein »Gesetz zum Schutze der Republik« gegen den Rechtsradikalismus zusammen. So war die SPD seit Herbst 1923 dem liberalen Außenminister Gustav Stresemann eine wesentliche Stütze bei dessen Bemühungen, die Bestimmungen des Versailler Vertrags wenigstens in Westeuropa anzuerkennen.

Die Spaltung der USPD

Die USPD konnte sich über ihren großen Wahlerfolg vom 6. Juni 1920 nicht lange freuen. In der zweiten Hälfte des Jahres wurde die Partei angesichts der Frage, ob sie in die seit März 1919 bestehende Kommunistische Internationale (Komintern) eintreten sollte, nahezu in der Mitte gespalten.

Auf dem zweiten Weltkongress der Komintern (Juli 1920) wurden 21 Bedingungen für den Eintritt formuliert. Unter anderem mussten die Vorherrschaft der KPdSU anerkannt und das Leninsche Prinzip des demokratischen Zentralismus übernommen werden. Große Teile der USPD-Mitglieder waren bereit, diese Bedingungen freiwillig zu akzeptieren. Schon die frühe Anhängerschaft der Partei war sehr heterogen gewesen. Nach dem Ende des Krieges verlor der Pazifismus als einigendes Band an Bedeutung; nach der Ermordung Hugo Haases am 7. November 1919 fehlte der USPD eine weithin anerkannte Leitfigur. Auch über den Aufbau der sozialistischen Gesellschaft kam es innerhalb der Partei zu erheblichen Gegensätzen. Die Linke trat konsequent für das Rätesystem ein, die Rechte bemühte sich um eine Verbindung von Parlamentarismus und Rätedemokratie.

Die Spaltung der USPD wurde von vielen Mitgliedern als ein längst überfälliger Schritt angesehen. So sprachen sich die Delegierten auf einem außerordentlichen Parteitag, der vom 12. bis 17. Oktober 1920 in Halle stattfand, mit 237 gegen 156 Stimmen für den Anschluss an die Komintern aus. Daraufhin verließ die Minderheit (ihr prominentester Wortführer war Wilhelm Dittmann) das Tagungsgebäude und setzte den Parteitag separat fort. Die USPD (Linke), angeführt von Ernst Däumig, schloss sich am 4. Dezember 1920 auf einem Parteitag in Berlin mit der KPD zusammen. Die (Rest-)USPD, angeführt von Dittmann und Georg Ledebour, blieb noch zwei Jahre lang eine einflussreiche Partei. Bei den preußischen Landtagswahlen erreichte sie im Februar 1921 mit 6,6 Prozent der Stimmen fast so viel wie die (Vereinigte) KPD, die auf 7,4 Prozent kam. Im September 1922 beschloss ein USPD-Parteitag in Gera mit großer Mehrheit die Wiedervereinigung mit der SPD, die dann am 24. September 1922 in Nürnberg vollzogen wurde. Ledebour, der sich gegen die Vereinigung mit der SPD ausgesprochen hatte, führte eine USPD weiter; allerdings blieb diese Splitterpartei in den folgenden Jahren bedeutungslos.

Die Wandlung der KPD

Die KPD konnte erst nach der Vereinigung mit der USPD (Linke) aus dem Dasein einer Splitterpartei heraustreten. Doch war die vorherrschende Stimmung in der Vereinigten KPD zunächst weiterhin linksradikal. Die leitenden Männer hatten den Willen, keiner Gelegenheit zum Kampf auszuweichen. So unterstützten sie im März 1921 den im mitteldeutschen Bergwerksgebiet von Mansfeld aus lokalen Anlässen heraus ausgebrochenen bewaffneten Kampf der Bergarbeiter um Max Hoelz. Die KPD-Zentrale rief die gesamte deutsche Arbeiterschaft zu einem Generalstreik auf. Doch die Massenerhebung blieb diesmal aus, und der Aufstand brach zusammen. Hoelz erhielt eine lebenslängliche Zuchthausstrafe, wurde aber schon 1928 freigelassen.

Auch in der Staatskrise von 1923, als durch die französische Ruhrbesetzung die territoriale Einheit Deutschlands bedroht sowie durch Inflation und rechtsradikale Putschabsichten die innere Ordnung gefährdet wurde, plante die KPD eine bewaffnete Erhebung. Am 10. bzw. 16. Oktober 1923 bildeten sich in Sachsen und Thüringen Koalitionsregierungen von SPD und KPD, die sich jeweils auf eine ab-

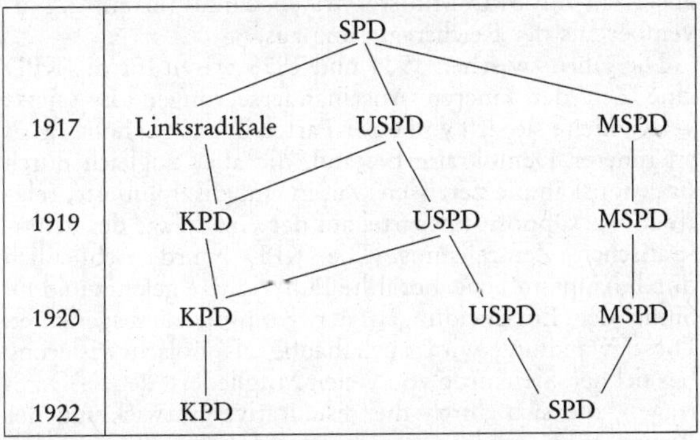

Spaltungen der Arbeiterbewegung 1917–1922

solute Mehrheit von Abgeordneten stützten. Die KPD bereitete die Arbeiter darauf vor, einem bevorstehenden Marsch der bayerischen Rechtskräfte auf Berlin gewaltsam entgegenzutreten. Nach einem Sieg in diesem Bürgerkrieg sollte eine deutsche »Oktoberrevolution« auch die bürgerliche Republik beseitigen. Nachdem sich eine am 21. Oktober in Chemnitz tagende Betriebsrätekonferenz gegen einen bewaffneten Widerstand ausgesprochen hatte, verschob die KPD das Signal für einen allgemeinen Arbeiteraufstand. Nur in Hamburg fand vom 24. bis 26. Oktober eine kommunistische Erhebung statt. Sie war jedoch von den Massen so isoliert, dass es nicht einmal gelang, zehntausend streikende Dockarbeiter einzubeziehen.

Die Staatskrise wurde von der seit dem 13. August amtierenden Regierung der großen Koalition unter Stresemann gelöst, indem sie gegen die mitteldeutschen Arbeiterregierungen und die bayerischen Rechtskräfte vorging und im Übrigen auf internationale Hilfe setzte. Am 29. Oktober ließ die Reichsregierung die sächsische und die thüringische Landesregierung auf unrechtmäßige Weise absetzen; die SPD-Minister traten daraufhin am 2. November aus der Reichsregierung aus.

Die Jahre zwischen 1924 und 1928 waren für die KPD eine Zeit der inneren Auseinandersetzungen. Erst jetzt verwandelte sie sich von einer Partei, in der ein hohes Maß an innerer Demokratie bestand, die aber zugleich durch Fraktionskämpfe zerrissen war, in eine disziplinierte, relativ loyale Oppositionspartei auf der Grundlage des demokratischen Zentralismus. Die KPD wurde schließlich durch hauptamtliche, bezahlte Funktionäre geleitet und im Sinne der Entscheidungen der Komintern ausgerichtet. Diese Wandlung wird auch häufig als Bolschewisierung bezeichnet. Sie wurde von vielen Mitgliedern der KPD getragen, die sich durch die restaurative Entwicklung der Weimarer Republik in ein ähnliches gesellschaftliches Getto gedrängt sahen wie die SPD im Kaiserreich. Diesen

Mitgliedern erschien die Sowjetunion als ein leuchtendes Vorbild; sie galt es zu verteidigen; Kritik an ihr wurde als Hilfe für den innenpolitischen Gegner empfunden.

In den verschiedenen Fraktionskämpfen der KPD schlossen sich schließlich die gemäßigte Linke und die gemäßigte Rechte unter der Führung von Ernst Thälmann zusammen. Der 1886 in Hamburg geborene Transportarbeiter Thälmann war 1903 der SPD, 1917 der USPD und 1920 der KPD beigetreten. 1925 wurde er Vorsitzender der KPD; 1928 musste er zurücktreten, wurde aber auf Betreiben Stalins wieder eingesetzt. 1925 und 1932 war Thälmann der KPD-Kandidat bei den Reichspräsidentenwahlen.

Viele »Ultralinke« verließen 1926/27 die KPD, darunter Arthur Rosenberg und Karl Korsch. Die Anhänger dieser Fraktion waren 1920 zumeist von der USPD gekommen, vertraten vorrangig das Endziel, betrieben in den Parlamenten und Gewerkschaften Obstruktion und bevorzugten einen gewaltsamen Aufstand. In den Jahren 1928/29 verließen fast alle Rechten die Partei oder wurden ausgeschlossen. Sie gründeten am 30. Dezember 1928 eine eigene Partei, die KPD (Opposition), oder einfacher: die KPO. Die Rechten und später die KPO bejahten eine echte Einheitsfront mit der SPD. Sie traten für eine Mitarbeit in den Gewerkschaften und für eine aktive Parlamentsarbeit ein, um die Lage der Arbeiter möglichst schnell zu verbessern. Ein Teil ihrer Führer, wie August Thalheimer, hatte dem Spartakusbund angehört. Die KPO widersetzte sich auch einer mechanischen Übertragung politischer und organisatorischer Methoden der KPdSU auf die übrigen Komintern-Parteien, kritisierte den Stalinismus aber nicht grundsätzlich.

Die Politik der KPD war zwischen 1924 und 1928 ein Spiegelbild dieser Fraktionskämpfe. 1925 kandidierte Thälmann auch im zweiten Wahlgang zur Reichspräsidentenwahl. Es siegte der Kandidat der Rechten, Paul von

Hindenburg, mit 48,3 Prozent knapp vor dem Kandidaten der Weimarer Koalition, dem Zentrumspolitiker Wilhelm Marx, mit 45,3 Prozent der Stimmen. Neben der katholischen BVP, die »religionswidrig« Hindenburg unterstützte, hätte auch die KPD durch einen Verzicht Thälmanns (er erhielt 6,4 Prozent) die Wahl von Marx ermöglichen können, wenn sie sich auf eine Politik des kleineren Übels eingelassen hätte. Dass sie dies nicht tat, war ein Beispiel für den ultralinken Kurs, mit Blick auf die weitere Entwicklung der Republik, aber auch eine Entscheidung von weit reichender Bedeutung.

Ein Jahr später (1926) arbeitete die KPD bei einem Volksentscheid zur Fürstenenteignung mit der SPD zusammen; ein Beispiel für die Einheitsfront-Taktik des rechten Parteiflügels. Zwar scheiterte der Versuch, die Fürsten durch eine Volksabstimmung zu enteignen, doch war die Zahl der Befürworter um 3,5 Millionen höher gewesen als die Zahl derjenigen, die bei den vorherigen Wahlen für die SPD und die KPD gestimmt hatten.

Die SPD zwischen Opposition und Regierung

Ebenso wenig wie sie von 1918 bis 1920 den revolutionär-sozialistischen Weg konsequent verfolgt hatte, ging die SPD von 1920 bis 1930 den Weg der sozialdemokratischen Reformpolitik zu Ende. Die Partei bot wie in der Zeit vor dem Ersten Weltkrieg ein Bild innerer Zerrissenheit. Damals hatte sich eine Kluft zwischen revolutionärer Theorie und reformorientierter Praxis aufgetan. Jetzt, in den 1920er Jahren, war die SPD halb Regierungspartei und halb Opposition. Nach der Wiedervereinigung mit der Rest-USPD entwickelte sich in der Partei wieder ein linker sozialistischer Flügel, deren Mitglieder eine Regierungskoalition mit bürgerlichen Parteien ablehnten. Auch wurden in dem Heidelberger Parteiprogramm von 1925 wieder marxistische Positionen verstärkt, die das 1921 verabschiedete Görlitzer Programm abgeschwächt hatte.

Die SPD wurde nunmehr von Otto Wels und Hermann Müller repräsentiert. Der von der USPD zurückgekehrte Rudolf Hilferding entwickelte sich zu ihrem einflussreichsten Theoretiker. Hilferding entwarf Mitte der 1920er Jahre seine Theorie des »organisierten Kapitalismus«. Danach hatte der Kapitalismus das Prinzip der freien Konkurrenz durch »das sozialistische Prinzip planmäßiger Produktion« ersetzt. Diese planmäßige Wirtschaft unterliege aber der Kontrolle des Staates, der wiederum durch eine Regierungsbeteiligung der SPD dem Einfluss der Arbeiterklasse ausgesetzt sei. Hilferding lieferte der SPD damit eine theoretische Begründung für die angebliche Notwendigkeit einer Koalitionspolitik.

Zur innerparteilichen Linken gehörten eine pazifistische Gruppe um Kurt Rosenfeld, ehemalige Reformkommunisten um Paul Levi und Mehrheitssozialdemokraten um Max Seydewitz, die sich in der Nachkriegszeit radikalisiert hatten. Sie alle scharten sich um die seit Oktober 1927 erscheinende Halbmonatsschrift *Der Klassenkampf – Marxistische Blätter.* In dieser Zeitschrift wurde Hilferdings Hoffnung auf einen krisenfreien und planmäßigen Übergang des Kapitalismus zum Sozialismus bestritten. Die Klassenkampf-Gruppe nahm dagegen eine Systemgrenze an und ging von der Gefahr einer Konterrevolution zur Stabilisierung der bürgerlichen Gesellschaft aus. Deshalb wollte sie die Kampfkraft der Arbeiterbewegung stärken und eine breite außerparlamentarische Bewegung aufbauen, statt mit Ministern in einer Koalitionsregierung zu sitzen.

Nach den Reichstagswahlen vom 20. Mai 1928, in der die SPD 3,8 Prozent hinzugewann und von 29,8 Prozent der Wahlberechtigten gewählt worden war, beauftragte Hindenburg Hermann Müller mit einer Regierungsbildung auf breiter Grundlage. Rein rechnerisch war wieder nur eine große Koalition mehrheitsfähig. Nach schwierigen Verhandlungen bildete sich am 28. Juni ein Kabinett von »Persönlichkeiten« aus den Reihen von SPD, DDP, DVP und Zentrum. Acht Jahre nach dem Wahldebakel vom Juni 1920 und weit gehender Regierungsabstinenz der SPD bildete Müller sein zweites Kabinett. Neben ihm übernahmen die Sozialdemokraten Severing (Inneres), Hilferding (Finanzen) und Wissell (Arbeit) Ministerposten. Die Koalitionsfraktionen konnten zunächst nicht förmlich zur Unterstützung des Kabinetts verpflichtet werden. Müller stellte am 5. Juli lediglich den Antrag, seine Regierungserklärung zu billigen. Er erhielt zwar mit 261 Ja- gegen 134 Neinstimmen und 28 Enthaltungen eine große Mehrheit; aber 7 Abgeordnete des linken SPD-Flügels beteiligten sich nicht an der Abstimmung. Erst im April 1929 wurde diese informelle große Koalition zu einer von den Fraktionen formell getragenen Regierung.

Die Regierung Müller hätte ein erster Schritt sein können, um der Republik in der gemäßigten Arbeiterschaft und im demokratischen Bürgertum wieder eine Stütze zu geben. Doch sie hatte mit der Panzerkreuzeraffäre schon einen schlechten Start. Am 10. August 1928 beschloss die Regierung mit den Stimmen der vier SPD-Minister, mit dem Bau des Panzerkreuzers A zu beginnen. Das war schon von der vorhergehenden Bürgerblock-Regierung beschlossen worden, und die neue Regierung interpretierte den Kabinettsbeschluss als eine bloße Verwaltungsmaßnahme zur Ausführung eines rechtskräftigen Gesetzes. Pikant daran war jedoch, dass die SPD ihren Wahlkampf unter der Parole »Für Kinderspeisung – gegen den Panzerkreuzer« geführt hatte. Folglich empörten sich viele Parteimitglieder darüber, dass die SPD-Minister, sogar ohne die Fraktion zu konsultieren, gegen die eigene Wahlkampfparole verstoßen hatten. Funktionärskonferenzen und Mitgliederversammlungen forderten die SPD-Minister zum Rücktritt auf. Für die »Klassenkampf-Gruppe«

war die Panzerkreuzeraffäre nur die Konsequenz einer Koalitionspolitik, deren Verfechter glaubten, um jeden Preis in einer Regierung der großen Koalition sitzen zu müssen. Die Kommunisten bestritten ihre Agitation, indem sie die Wahlflugblätter der SPD erneut plakatierten. Von der Oppositionshaltung in der eigenen Partei getragen beschloss die SPD-Fraktion, einen Antrag auf Einstellung des Panzerkreuzerbaus zu stellen und darüber hinaus bei dieser Abstimmung den Fraktionszwang auszuüben. So ergab sich am 16. November 1928 die groteske Situation, dass Reichskanzler Müller und die drei SPD-Minister mit ihrer Fraktion und der KPD gegen die eigene Regierungsvorlage stimmen mussten. Das war zwar nicht schlimm für die große Koalition, denn die bürgerliche Reichstagsmehrheit stimmte gegen den SPD-Antrag, wohl aber für die SPD. Die Partei befand sich auf dem Höhepunkt der Zerrissenheit zwischen Regierungsverantwortung und Opposition. Die innerparteiliche Linke hatte im Zenit ihres Einflusses nicht viel mehr erreicht, als die SPD der Lächerlichkeit preiszugeben. Auch das Ansehen der parlamentarischen Demokratie insgesamt litt unter solchen Affären.

Die Regierung Müller konnte sich so lange halten, wie es darum ging, die Außenpolitik Stresemanns durchzusetzen. Nachdem dieser am 3. Oktober 1929 gestorben war, traten die innenpolitischen Gegensätze in den Vordergrund. Es dauerte noch bis zum 27. März 1930, dann stürzte die große Koalition. Man konnte sich nicht über die Beiträge zur Arbeitslosenversicherung einigen. Vor dem Hintergrund der Weltwirtschaftskrise ging es dabei um die wichtige Frage, wer die Last der Krise hauptsächlich tragen sollte. Die Arbeitslosenversicherung, ein altes Ziel der Gewerkschaften, war erst im Juli 1927 eingeführt worden. Durch die wachsende Arbeitslosigkeit (im März 1930 waren rund 2,8 Millionen ohne Arbeit) geriet die Reichsanstalt für Arbeitslosenversicherung in Zahlungsschwierigkeiten. Die Gewerkschaften wollten die Leistungen der Versicherung aufrechterhalten. Sie suchten die dafür nötige Deckung in einer Erhöhung der Beiträge von 3½ auf 4 Prozent. Je ¼ Prozent sollten Arbeitgeber und Arbeitnehmer zahlen. Die Industrie lehnte diesen Vorschlag ab und forderte, die Leistungen zu senken. In der großen Koalition vertrat die SPD den Gewerkschaftsstandpunkt, die DVP den Standpunkt der Industrie. Einen Kompromiss des Zentrums, der der DVP mehr entgegenkam, lehnte die SPD ab. Man fand keinen Ausweg mehr; die Regierung Müller trat zurück.

Der Sturz der großen Koalition markiert auch das Ende der bürgerlich-demokratischen Republik. Sie war die letzte Regierung, die von einer parlamentarischen Mehrheit getragen wurde. Das Ende der Regierung Müller erhielt also im Nachhinein eine größere Bedeutung, als es den Beteiligten damals erschien. Für sie war es eine normale Regierungskrise, wie es schon viele zuvor gegeben hatte.

10
Widerstand gegen den Faschismus

Schwächen des Arbeiterwiderstands

Die Arbeiterbewegung wurde zum Hauptgegner des Nationalsozialismus, oder wie man in ihren Reihen damals lieber sagte, des deutschen Faschismus. Die liberalen Parteien bildeten das Wählerreservoir des Nationalsozialismus; die konservativen Parteien waren eher bereit, mit den Nationalsozialisten gegen die Arbeiterbewegung zusammenzuarbeiten als umgekehrt. Deshalb hätte die Arbeiterbewegung in Deutschland am ehesten eine Chance gehabt, die Machtübernahme der NSDAP zu verhindern. Dazu ist es nicht gekommen. Die Fehler und Schwächen des Arbeiterwiderstands gehören auch zu den Ursachen der Machtübernahme Hitlers; doch sind sie historisch und politisch weniger stark zu gewichten als die aktive Unterstützung der NSDAP von Seiten der Konservativen.

Die einzig Erfolg versprechende antifaschistische Strategie wäre ein außerparlamentarischer Kampf gewesen; dies deshalb, weil der Faschismus sich selbst nicht an die Regeln des Parlamentarismus hielt. Ein politischer Generalstreik gegen Hitler – so wie 1920 gegen den Kapp-Putsch – hätte vielleicht die Errichtung eines faschistischen Herrschaftssystems und den Ausbruch des Zweiten Weltkriegs verhindert – vielleicht wäre er in einen Bürgerkrieg übergegangen, vielleicht wäre er aber auch bei sechs Millionen Arbeitslosen, also vielen potentiellen Streikbrechern, zusammengebrochen. Man ist hier weit gehend auf Spekulationen angewiesen, weil von den beiden großen Arbeiterparteien SPD und KPD kein ernsthafter Versuch unternommen wurde, einen Generalstreik zu verwirklichen. Um einen solchen durchzusetzen, hätten die Arbeiterparteien zusammenarbeiten müssen, und zwar in einer antifaschistischen Einheitsfront, d. h. einem Bündnis zur Verteidigung der Demokratie, das die Parteiführungen hätten abschließen müssen.

Einer solchen Aktionseinheit standen die verschiedenen Stationen der Polarisierung und Spaltung seit der Jahrhundertwende sowie die Erlebnisse in der Novemberrevolution entgegen. Aufgefrischt wurden diese Erfahrungen 1929 durch den Berliner »Blutmai«. Der sozialdemokratische Polizeipräsident von Berlin, Karl Zörgiebel, verbot Demonstrationen zum 1. Mai dieses Jahres; die KPD rief trotzdem zu Umzügen auf. Daraufhin kam es zu blutigen Zusammenstößen zwischen Arbeitern und der Polizei, die in den Stadtteilen Wedding und Neukölln rund 30 Tote forderten. Die SPD-Parteileitung wertete die Auseinandersetzungen als bewusste Putschversuche der KPD. Diese lastete die Schuld an dem Blutbad der preußischen Polizei an, für die Zörgiebel und die von der SPD geführte Landesregierung verantwortlich seien. Die Empörung über das rigorose Vorgehen der Polizei wurde auch von Schriftstellern wie Carl von Ossietzky und Kurt Tucholsky geteilt, die die Berliner Ereignisse in ihrer Wochenschrift *Die Weltbühne* kommentierten.

Parteien	4.5.24	7.12.24	20.5.28	14.9.30	31.7.32	6.11.32
SPD	20,5	26,0	29,8	24,5	21,6	20,4
USPD	0,8	0,3	0,1	–	–	–
KPD	12,6	9,0	10,6	13,1	14,6	16,9

Reichstagswahlergebnisse für die Arbeiterparteien 1924–1932

Der Ausgangspunkt zum Verständnis der deutschen Arbeiterbewegung um 1933 ist also das Konkurrenzverhältnis der beiden großen Parteien. Es war eine Konkurrenz zwischen zwei etwa gleich starken Partnern, und es ging inmitten der Wirtschaftskrise um die Vorherrschaft innerhalb der Arbeiterbewegung. Seit den Reichstagswahlen von 1928 verlor die SPD ständig und die KPD nahm ständig zu. Bei den Wahlen vom November 1932 kam die KPD bis auf 3 ½ Prozent an die SPD heran. Ein zweites Mal nach 1920 war die SPD kurz davor, ihre Vormachtstellung innerhalb der Arbeiterbewegung zu verlieren. Angesichts dieser brisanten Situation trat die faschistische Gefahr für die Parteiführer in den Hintergrund. Beide Parteien setzten sich nicht ernsthaft für eine Aktionseinheit gegen die Hitler-Bewegung ein. Sie riefen vielmehr lediglich die Anhänger der gegnerischen Seite auf, ins eigene Lager überzulaufen, weil ihrer Meinung nach nur dort der Faschismus wirklich bekämpft werden würde.

Die KPD stand in der Tradition der Leninschen These von der Arbeiteraristokratie. Nach ihr wurde die Arbeiterklasse in der entwickelten kapitalistischen Gesellschaft nur noch durch ihre sozialdemokratischen Führer von der Revolution abgehalten. Die Partei brauche deshalb lediglich die Früchte einzusammeln, die die ökonomische Krise von den reformistischen Bäumen schütteln würde. So lautete die strategische Antwort der KPD auf die Weltwirtschaftskrise nicht Verteidigung der demokratischen Errungenschaften, sondern revolutionäre Offensive gegen die SPD- und Gewerkschaftsführer, um die Arbeitermassen hin zur KPD zu bringen. Diesem Zweck diente auch die Gründung der Revolutionären Gewerkschaftsopposition (RGO) am 1. Dezember 1929. Sie trat seitdem den freien Gewerkschaften als eigenständige Organisation gegenüber, konnte aber während der Wirtschaftskrise nicht viel mehr als 250 000 kommunistische Arbeiter gewinnen.

Die SPD und die Präsidialregierungen

Mit dem Sturz der großen Koalition und der Nachfolgeregierung unter dem Zentrumskanzler Heinrich Brüning begann im engeren Sinne die Zerstörung der Weimarer Republik. Die am 30. März 1930 gebildete Brüning-Regierung war ein Minderheitskabinett, das sich auf die Machtbefugnisse des Reichspräsidenten stützte. Man nennt sie deshalb Präsidialregierung. Brüning drohte regelmäßig, den Reichstag aufzulösen und Neuwahlen auszuschreiben, wenn die Mehrheit der Abgeordneten gegen die Regierung stimmen würde. In der möglichst lange ausgedehnten Zeit zwischen der Auflösung und den Neuwahlen würde aufgrund von Notverordnungen regiert werden. Das kam einer Ausschaltung des Parlaments gleich und war auch so beabsichtigt.

Bei den ersten Neuwahlen dieser Art gab es am 14. September 1930 einen Erdrutschsieg der NSDAP. Die Stimmenzahl für die Partei stieg von 2,6 auf 18,3 Prozent. Das Wahlergebnis stärkte die Präsidialregierung Brüning und stürzte die SPD in ein Dilemma. Als die immer noch stärkste Fraktion konnte die SPD Brüning auch in Zukunft bekämpfen; sie würde dadurch für weitere Wahlen und Erfolge der NSDAP sorgen. Um diese zu verhindern, musste die SPD die Brüning-Regierung durch Stimmenthaltung tolerieren. Sie würde dadurch mitverantwortlich für die Aushöhlung der parlamentarischen Demokratie und den Abbau des Sozialstaats in der Wirtschaftskrise werden. Die SPD entschied sich für das kleinere Übel; sie tolerierte die Brüning-Regierung, bis diese Ende Mai 1932 von Hindenburg abgesetzt wurde.

Die Tolerierungspolitik entwickelte sich zur sozialdemokratischen Hauptwaffe im Kampf gegen den deutschen Faschismus, wurde aber von der Parteilinken heftig bekämpft. Nachdem einige der Linken aus der Partei ausgeschlossen worden waren, gründeten sie am 4. Oktober 1931 auf einer Reichskonferenz oppositioneller Sozialdemokraten in Berlin eine neue Partei, die Sozialistische Arbeiterpartei (SAP). Die von Kurt Rosenfeld und Max Seydewitz repräsentierte Partei suchte nach einem dritten Weg zwischen reformorientierter Sozialdemokratie und moskautreuem Kommunismus. Sie orientierte sich wieder an der Rätedemokratie, aber auch an der Verteidigung der Sowjetunion. Ihr praktisches Ziel war es, eine Einheitsfront gegen den Faschismus herzustellen. Die SAP blieb bei den Wahlen von 1932 mit unter 1 Prozent der Stimmen erfolglos.

Brünings gemäßigt-autoritäre Regierung wurde am 1. Juni 1932 durch das offene Präsidialregime unter dem Reichskanzler Franz von Papen abgelöst. Die SPD gab nunmehr ihre Tolerierungspolitik auf. Papen versuchte, einen autoritären Staat zu errichten, indem er die NSDAP an der Regierung beteiligte. Um der NSDAP entgegenzukommen, ließ er am 20. Juli 1932 die preußische Landesregierung unter Otto Braun (SPD) absetzen und ernannte sich selbst zum Reichskommissar für Preußen.

Die SPD reagierte auf diesen Staatsstreich hilflos und zeigte sich unfähig, wirksame Gegenmaßnahmen zu ergreifen. Mancherorts, auch innerhalb der SPD und der Gewerkschaften, wartete man auf einen Aufruf zum aktiven Widerstand. Der Parteivorstand erklärte jedoch nur, dass »der Kampf um die Wiederherstellung geordneter Rechtszustände [...] zunächst als Wahlkampf zu führen« sei. Braun ließ Klage beim Staatsgerichtshof erheben, der am 25. Oktober 1932 in einem zwiespältigen Urteil die abgesetzte Landesregierung Braun von dem Vorwurf freisprach, ihre Pflicht nicht erfüllt zu haben, und der Reichsregierung Papen bescheinigte, dass die Absetzung nicht verfassungswidrig gewesen sei.

Einer weiteren Forderung der NSDAP entsprach Papen, indem er zum 31. Juli 1932 Reichstagswahlen ausschrieb. In ihnen gab es den zweiten erdrutschartigen Wahlsieg der NSDAP. 37,4 Prozent der Wahlberechtigten hatten für sie gestimmt. Im Überschwang des Erfolgs lehnte Hitler die ihm angebotene Vizekanzlerschaft ab. Damit war das Konzept Papens, die NSDAP an einer Regierung mit scharfem Rechtskurs zu beteiligen, gescheitert. Da Hindenburg sich am 13. August weigerte, Hitler zum Reichskanzler zu ernennen, kam es am 6. November 1932 erneut zu Reichstagswahlen. Bei ihnen verlor die NSDAP 4,3 Prozent, und es schien, als sei ihr Aufwärtstrend damit gestoppt. Hindenburg machte am 3. Dezember 1932 den Reichswehrgeneral Kurt von Schleicher zu seinem dritten Präsidialkanzler. Dieser versuchte zunächst, quer durch die Parteien neue Mehrheiten zu finden. Er hoffte auf einen linken Flügel von Abgeordneten der NSDAP und wollte diese mit gewerkschaftlich orientierten Parlamentariern anderer Parteien in eine gemeinsame Front gegen die Arbeitslosigkeit bringen. Dieser Plan scheiterte bald; nicht nur an der NSDAP, auch die SPD und die Gewerkschaften standen den Angeboten des »sozialen Generals« ablehnend gegenüber. Da auch Schleicher es nicht vermochte, seiner Präsidialregierung Mehrheiten zu verschaffen, bat er den Reichspräsidenten um eine verfassungswidrige Vollmacht: Er wollte den Reichstag auflösen und Neuwahlen bis auf weiteres verschieben. Das wäre auf eine Militärdiktatur hinausgelaufen. Hindenburg lehnte ab, weil er unter allen Umständen zu einer Mehrheitsregierung zurückwollte. Er setzte nun doch, von verschiedenen Seiten dazu gedrängt, auf eine vierte Präsidialregierung unter Hitler. Zwar erreichte diese nach erneuten Reichstagswahlen vom 5. März 1933 im Bündnis mit der konservativen DNVP wieder eine absolute Mehrheit der Abgeordneten, errichtete aber eine Diktatur, die alle anderen autoritären Experimente der Vorgänger weit hinter sich ließ.

In den Tagen um den 30. Januar 1933 dominierte in Kreisen der SPD und der Gewerkschaften die Ansicht, dass ein Generalstreik ein Generalunsinn sei. Der zum Reichskanzler ernannte Hitler müsse erst selbst und offensichtlich die Verfassung brechen, bevor man ihn mit außerparlamentarischen Methoden bekämpfen könne. Man hoffte auf eine schnelle Abnutzung Hitlers im Amt, sprach von Gegensätzen zwischen den Regierungsparteien und überschätzte die Fähigkeit Hindenburgs, Hitler wirksame Schranken zu setzen. So rief der SPD-Parteivorstand die Arbeiter am 31. Januar 1933 nur dazu auf, ihren Kampf auf dem Boden der Verfassung zu führen. Das hieß: Anti-Hitler-Demonstrationen ja, Arbeitsniederlegungen nein.

Die Zerschlagung der Arbeiterbewegung

Die Errichtung der faschistischen Diktatur vollzog sich in vier Schritten. Zunächst wurden die verfassungsmäßigen Grundrechte durch zwei Notverordnungen vom 4. und

28. Februar 1933 außer Kraft gesetzt. Der Anlass zur zweiten Notverordnung fand sich, als am 27. Februar ein Brandanschlag auf das Berliner Reichstagsgebäude verübt wurde. Man ertappte auf frischer Tat den Niederländer Marinus van der Lubbe. Dieser erklärte, den Brand auf eigene Faust gestiftet zu haben, um die deutschen Arbeiter zum Widerstand gegen den Hitler-Faschismus aufzurütteln. Bei dieser Aussage ist er bis zu seiner Hinrichtung am 10. Januar 1934 geblieben. Von Seiten der NSDAP wurde sofort nach der Tat und noch vor jeder Untersuchung erklärt, es handle sich um ein kommunistisches Komplott. Schon in der Nacht zum 28. ließ Hermann Göring (NSDAP) als preußischer Innenminister KPD-Abgeordnete und führende KPD-Funktionäre verhaften, alle KPD-Parteibüros schließen und die gesamte KPD-Presse in Preußen verbieten. Vierzehn Tage lang durften in Preußen auch keine sozialdemokratischen Publikationsorgane erscheinen. Die am 28. Februar erlassene Notverordnung setzte dann, wie es hieß, »zur Abwehr kommunistischer staatsgefährdender Gewaltakte« alle Grundrechte außer Kraft, die aufgrund des Artikels 48 der Weimarer Verfassung suspendierbar waren. Diese »Brandverordnung« wurde zu einer wichtigen Grundlage nationalsozialistischer Herrschaft und bis Kriegsende nicht aufgehoben. Was die angebliche kommunistische Verschwörung betraf, so musste das Reichsgericht die vier kommunistischen Mitangeklagten, darunter den KPD-Fraktionsvorsitzenden Ernst Torgler und den Leiter des westeuropäischen Büros der Komintern Georgi Dimitroff, am 23. Dezember 1933 freisprechen.

Der zweite Schritt, die Aufhebung des Parlamentarismus, wurde mit dem »Ermächtigungsgesetz« vom 23. März 1933 getan. Es ermächtigte die Regierung, vier Jahre lang ohne die Mitwirkung des Reichstags Gesetze zu erlassen, und zwar ausdrücklich auch solche, die von der Verfassung abwichen. Damit ging die legislative Gewalt praktisch auf die Exekutive über. Als unwirksam sollte sich die Befristung auf vier Jahre erweisen; das Gesetz wurde ohne Aufsehen mehrfach verlängert.

Bevor es zur Verabschiedung des Ermächtigungsgesetzes kam, mussten die Nationalsozialisten einige Schwierigkeiten überwinden. Das Gesetz war verfassungsändernd und bedurfte deshalb einer Zweidrittelmehrheit; außerdem musste verhindert werden, dass Abgeordnete die »legale« Abstimmung durch Fernbleiben verhinderten. So beschloss man mit einfacher Mehrheit, die Geschäftsordnung zu ändern, die 81 Abgeordneten der KPD nicht mehr zur Mitgliederzahl zu rechnen und unentschuldigt abwesende Abgeordnete als anwesend zu zählen. Durch Zugeständnisse an das Zentrum erkaufte sich Hitler die Zustimmung dieser Partei zum Gesetz. So lehnten nur die 94 anwesenden SPD-Abgeordneten das Ermächtigungsgesetz in namentlicher Abstimmung ab. Ihr Vorsitzender Otto Wels sprach zur Begründung des sozialdemokratischen Neins die letzten freien Worte im Reichstag – eine mutige Tat, angesichts der in dem Sitzungssaal aufmarschierten bewaffneten SS.

Drittens wurde der Föderalismus in Deutschland aufgehoben. Das geschah mit dem »Gesetz zur Gleichschaltung der Länder mit dem Reich« vom 31. März 1933. Es sah vor, die Landtage und Gemeinderäte aufzulösen und aufgrund des Reichstagswahlergebnisses vom 5. März neu zusammenzusetzen, unter Ausschluss der kommunistischen Abgeordneten. Damit war die KPD faktisch nicht mehr zugelassen.

Nach dem Erlass des Gleichschaltungsgesetzes stand die SPD vor der Frage, ob sie in den »bereinigten« Gremien weiter mitarbeiten sollte oder nicht. Die Mehrheit des Parteivorstands versuchte, die Existenz der Organisation durch Wohlverhalten gegenüber der Hitler-Regierung so lange wie möglich zu sichern. Eine Minderheit drängte darauf, sofort die Voraussetzungen für einen illegalen

Kampf zu schaffen. Angesichts dieses Konfliktes gab es nicht nur widersprüchliche Signale aus der Parteiführung und der Reichstagsfraktion, sondern es kam auch zu deutlichen Auflösungserscheinungen der Partei. Die Mandatsträger waren weit gehend auf sich selbst angewiesen und beschlossen zumeist nach Gutdünken, wie lange sie ihre politische Tätigkeit fortsetzten.

Der vierte Schritt auf dem Weg zur faschistischen Diktatur war die Errichtung des Einparteienstaates. Charakteristisch für das Ende der Parteien waren sowohl die zeitliche Staffelung als auch die unterschiedliche Anwendung von Zwang und Gewalt. Am schnellsten und gewaltsamsten wurde das Ende der Arbeiterbewegung herbeigeführt. Weitaus langsamer und mehr auf dem Wege der Nachhilfe zur Selbstauflösung verfuhr man mit den bürgerlichen Parteien. Ein formales KPD-Verbot sprach die Hitler-Regierung gar nicht aus. Nach der »Brandverordnung« und dem »Gleichschaltungsgesetz« war die KPD in den politischen Gremien nicht mehr präsent. Eine große Zahl ehemaliger Mandatsträger saß als so genannte Schutzhäftlinge in Konzentrationslagern. Die einzige, in Gesetzesform ausgedrückte Maßnahme zur Liquidierung der KPD erfolgte später mit dem Gesetz vom 26. Mai 1933 »über die Einbeziehung kommunistischen Vermögens«. Es legalisierte nachträglich die längst geschehene Beschlagnahme des Vermögens der KPD und ihrer Nebenorganisationen und bestimmte die Länder als deren Vermögensnachfolger.

Der nächste Schlag ging gegen die Gewerkschaften. Am 1. Mai 1933 erklärte Hitler in einer riesigen Kundgebung den traditionellen Kampftag der Arbeiterbewegung zum »nationalen Feiertag« des neuen Regimes. Einen Tag später besetzten SA, SS und Polizei im ganzen Land schlagartig die Gewerkschaftsbüros. Zahlreiche Funktionäre wurden verhaftet und ebenfalls in Konzentrationslager gesteckt; das Gewerkschaftsvermögen wurde beschlagnahmt.

An die Stelle der aufgelösten Gewerkschaften trat die

Deutsche Arbeitsfront (DAF). Sie wurde am 10. Mai 1933 mit einem ersten Kongress gegründet und umfasste alle Arbeiter und Unternehmer. Am 19. Mai 1933 folgte das Gesetz über die Einsetzung von »Treuhändern der Arbeit«. Mit ihm trat die staatliche »Schlichtung« von Arbeitsstreitigkeiten und Tarifauseinandersetzungen an die Stelle der früheren Sozialpartnerschaft zwischen Arbeit und Kapital. Schließlich legte das Gesetz zur »Ordnung der nationalen Arbeit« vom 20. Januar 1934 das Führerprinzip in den Betrieben fest und beseitigte die letzten Reste von Mitbestimmung am Arbeitsplatz.

Bald nach dem Schlag gegen die Gewerkschaften richteten sich die nationalsozialistischen Aktionen direkt gegen die SPD. Parteihäuser wurden besetzt, Zeitungsdruckereien beschlagnahmt, Parteiführer verhaftet. Daraufhin gingen einige Mitglieder des SPD-Parteivorstands Anfang Mai nach Saarbrücken (das Saargebiet unterstand dem Völkerbund) und im Juni nach Prag, um eine etwaige Emigration vorzubereiten. Die Mehrheit der Mandatsträger und führenden Funktionäre hielt jedoch an der loyalen Oppositionspolitik gegenüber der Reichsregierung fest. So stimmte der Rest der SPD-Reichstagsfraktion (einige ihrer Mitglieder, wie Dittmann, Scheidemann und Hilferding waren schon emigriert) unter Führung des früheren Reichstagspräsidenten Paul Löbe am 17. Mai 1933 einer Resolution der Hitler-Regierung zu, die die Friedensabsicht der nationalsozialistischen Außenpolitik bekundete. Der Exil-Vorstand hielt diese Erklärung für scheinheilig und sprach sich gegen das Verhalten der Fraktion aus. Die Machthaber in Deutschland nahmen die Tätigkeit des Prager SPD-Exilvorstands zum Vorwand, um der SPD am 22. Juni 1933 jede Tätigkeit im Reich zu untersagen. Dieses Betätigungsverbot war das Ende der legalen Parteiarbeit.

In dem Willen, die Kommunisten und die Sozialdemokraten vom politischen Leben auszuschalten, waren sich die NSDAP und ihr konservativer Koalitionspartner

DNVP einig. Man sprach vom Kampf gegen den Marxismus und rechnete die SPD auch noch zu den marxistischen Parteien. Einig war sich die Regierung auch darin, dass der Parlamentarismus ausgeschaltet werden müsse und eine dauerhafte autoritäre Regierung zu errichten sei. Jedoch glaubten die Konservativen, Hitler zähmen und eine autoritäre Regierung nach ihren Wünschen herstellen zu können. Die politischen Partner der NSDAP verkannten dabei, dass die Mittel, denen sie zur Bekämpfung der Arbeiterbewegung zustimmten, auch gegen sie selbst gerichtet werden sollten. So schuf die von der so genannten »nationalen« Regierung in die Wege geleitete Unterdrückung der Linksparteien auch die entscheidenden Instrumente, die sich dann gegen die bürgerlichen Parteien richteten und die Einparteienherrschaft der NSDAP herstellten.

Kampf gegen den NS-Staat

Obwohl die Organisationen der Arbeiterbewegung aufgelöst und deren Führer durch Verhaftung oder Emigration ausgeschaltet worden waren, wurde der Arbeiterwiderstand gegen den NS-Staat von Anfang an, grundsätzlich und andauernd geführt. Dieser Widerstand war kein kurzzeitiges Aufbäumen kleiner Gruppen, kein Protest nur gegen Einzelmaßnahmen des Regimes, keine Reaktion auf gewagte militärische Unternehmen. Er führte nicht zu spektakulären Attentaten, sondern er war zwölf Jahre lang ein täglicher, »lautloser« Kampf gegen das faschistische Herrschaftssystem in Deutschland. Er wurzelte in den antifaschistischen Aktionen aus der Endphase der Weimarer Republik und führte hinüber bis in die ersten Aktivitäten für einen demokratischen Neubeginn nach dem Ende des Krieges.

Trotz dieser Kontinuität lassen sich verschiedene Etappen des Arbeiterwiderstands unterscheiden. Nach der Errichtung der Diktatur verschwanden die traditionellen Kampfformen einer legalen Arbeiterbewegung; eine zweite Etappe des illegalen Widerstands begann, die die Jahre bis 1938 umfasste. In dieser Zeit erreichte der Arbeiterwiderstand seinen größten Umfang. Gruppen aus allen politischen Richtungen der Arbeiterbewegung beteiligten sich am Kampf. Die Hoffnung, das noch nicht gefestigte Regime schnell stürzen zu können, brachte eine Fülle wagemutiger Aktivitäten und eine Flut von antifaschistischen Schriften hervor. Auch wurden die Gegensätze aus der Zeit vor 1933 zunächst noch fortgesetzt; im illegalen Kampf dominierten weiterhin die alten Parteischranken.

Die zwischen den beiden großen Arbeiterparteien stehenden Splittergruppen KPO und SAP waren auf eine illegale Arbeit am besten vorbereitet. Sie hatten ihre Organisationen schon vor 1933 nach dem Prinzip der Zellenbildung aufgebaut. Jetzt konnten sie im illegalen Kampf, da diese Strukturen gefragt waren, ihren Einfluss erheblich vergrößern. In ihren Reihen gab es eine Anzahl selbständig denkender Arbeiterfunktionäre, die in vieljährigen Kämpfen geschult waren und sich untereinander kannten. Deshalb war es schwieriger, Spitzel in ihre Widerstandsgruppen einzuschleusen als in die anderer Parteien. Auch hatten KPO- und SAP-Funktionäre keinen Anlass, sich in selbstkritischen Diskussionen zu ergehen. In ihren Reihen waren die Machtübernahme und die Herrschaftsausübung des Faschismus klarer analysiert worden als in den großen Arbeiterparteien. So konnten KPO und SAP auch ein realistischeres Widerstandskonzept entwickeln. Sie hatten immer betont, dass nur die Einheitsfront aller Kräfte der Arbeiterbewegung in der Lage sei, den Sieg des Faschismus zu verhindern. Auf diese Einheitsfront bauten sie auch im Widerstand. Ferner wussten sie, dass der Faschismus für längere Zeit gefestigt war und erst in einer neuen Wirtschaftskrise oder während eines Krieges zerschlagen werden könne. Daher richteten sie sich auf einen langen

Kampf ein. Sie wollten aus den Trümmern der großen Organisationen der Arbeiterbewegung Kader entwickeln. Diese sollten die Arbeiter in Massenkämpfen, die erst nach einigen Jahren möglich sein würden, zum Sieg über das Regime und zu einer sozialistischen Republik führen.

Der SPD-Widerstand zeichnete sich durch eine große politische Differenzierung und eine Stärkung der Linkstendenzen aus. Beides beruhte darauf, dass die Parteiführung bei den Mitgliedern an Kredit verloren hatte. Der Exil-Parteivorstand befand sich bis 1937 in Prag und verlegte dann seinen Sitz nach Paris. Zu ihm gehörten Otto Wels, Friedrich Stampfer, seit 1916 Herausgeber der Parteizeitung *Vorwärts*, und Erich Ollenhauer, seit 1928 Vorsitzender der Sozialistischen Arbeiterjugend. Um sich wenigstens theoretisch wieder die Führung zu sichern, veröffentlichte er am 28. Januar 1934 das *Prager Manifest*. In dieser programmatischen Erklärung legten die Verfasser ein Bekenntnis zum revolutionären Charakter des Sozialismus ab. In kritischer Selbsteinschätzung bezeichnete man es jetzt als einen schweren historischen Fehler, in der Novemberrevolution den alten Staatsapparat unverändert übernommen zu haben, und trat für die Vergesellschaftung der Schwerindustrie, der Banken und des Großgrundbesitzes ein. Ferner bekannten sich die Verfasser dazu, die Parteischranken zu überwinden und einen gemeinsamen antifaschistischen Widerstand zu leisten. Die Begründung für diese »totale Revolution« war allerdings defensiv: »Die Differenzen in der Arbeiterbewegung werden vom Gegner selbst ausgelöscht«.

Neben dem Exil-Parteivorstand gab es in der SPD noch drei größere Strömungen. Da war zunächst die Alte Linke; sein prominentestes Mitglied war Siegfried Aufhäuser, seit 1917 Vorsitzender des Allgemeinen Freien Angestelltenbundes. Diese Gruppe forderte einen radikaleren Bruch mit der liberalen Parteitradition, als ihn der Vorstand anstrebte. Eine zweite Gruppe Neu Beginnen um Walter Löwenheim, die schon 1929 entstanden war, lehnte die traditionelle linke Ideologie ab und suchte nach neuen Wegen zu einem revolutionären Marxismus. In einer unter dem Pseudonym »Miles« geschriebenen Broschüre *Neu Beginnen. Faschismus oder Sozialismus* vom Sommer 1933 forderte Löwenheim den Exil-Vorstand auf, die Leitung der Untergrundarbeit abzugeben und den lokalen Gruppen im Reich zu überlassen. Eine dritte Gruppe knüpfte an den patriotischen Sozialismus des Parteigründers Lassalle an und suchte ihre Verbündeten bei den konservativen Gegnern des Nationalsozialismus. 1938 hatte die Zersplitterung des sozialdemokratischen Widerstands ihren Höhepunkt erreicht, und die Widerstandsgruppen der ersten Jahre waren zum größten Teil zerschlagen.

Die parteitreuen Kommunisten bildeten in dieser zweiten Etappe die zahlenmäßig größte Widerstandsgruppe, erlitten aber auch die größten Verluste. Die KPD-Führung hatte keine Probleme, ihre Autorität bei den eigenen Parteigenossen zu behalten. Der Respekt vor der KPD war auch durch das tapfere und geschickte Auftreten der Mitangeklagten im Reichstagsbrandprozess gestiegen. Das Problem der KPD war vielmehr, zu einer realistischen Analyse des Faschismus vorzudringen. Auch nach der Machtübernahme der NSDAP ging die KPD weiter davon aus, dass sie kurz vor dem Sieg stünde. Infolge dieser Fehleinschätzung arbeiteten viele Widerstandskämpfer der KPD allein und viel zu offen. Das machte den Faschisten die Arbeit leicht und führte zu immer neuen Verhaftungen. Am 3. März 1933 wurde auch Thälmann arretiert; er verbrachte die Zeit bis zu seiner Erschießung 1944 in Zuchthäusern und Konzentrationslagern.

Im Wahlkampf um die Saarabstimmung zeigte die KPD zum ersten Mal ein Einsehen. Das Saargebiet war laut Versailler Vertrag für 15 Jahre dem Völkerbund unterstellt; danach sollte abgestimmt werden. Dort konnten Antifaschisten bis 1935 Unterschlupf finden. Ursprünglich war die KPD mit der Parole »Für eine rote Saar in Räte-Deutschland« angetreten. Ein Anschluss des Saargebiets an Deutschland wäre aber nur sinnvoll zu propagieren gewesen, wenn der Faschismus eine Übergangserscheinung geblieben wäre. Mitte Juni 1934 gab die KPD diese Parole zugunsten der SPD-Linie auf, für eine weitere Verwaltung durch den Völkerbund zu kämpfen. Das war ein großer Schritt voran auf dem Weg zu einem gemeinsamen Widerstand – wenn auch das Abstimmungsergebnis dieser Position eine vernichtende Niederlage bescherte.

Im Januar 1935 setzte sich der neue Volksfrontkurs in der nunmehr von Wilhelm Pieck und Walter Ulbricht repräsentierten KPD durch. Man löste die illegalen Führungsgremien innerhalb Deutschlands auf und richtete im Ausland arbeitende Grenzstellen ein, die vom Zentralkomitee in Moskau koordiniert wurden. Damit hatte sich die KPD auch organisatorisch auf einen längeren Kampf eingestellt.

Die Volksfrontpolitik des deutschen Widerstands konnte nicht so spektakuläre Erfolge aufweisen wie in anderen Ländern. Immerhin trafen sich am 2. Februar 1936 im Pariser Hotel Lutetia 118 Vertreter von KPD, SPD, linken Splittergruppen und bürgerlichen Intellektuellen, um ein Komitee zur Vorbereitung einer deutschen Volksfront zu gründen. Den Vorsitz der Versammlung hatte der Schriftsteller Heinrich Mann. Gegensätze unter den Sozialdemokraten und zwischen den Parteien erschwerten die Arbeit. Doch kam es im Mai 1936 zu einer gemeinsamen »Erklärung der deutschen Opposition zur Rheinlandbesetzung und zu Hitlers Kriegspolitik«. Die Gruppe erhob also den Anspruch, *die* deutsche Opposition zu sein, und sie war es bis zu diesem Zeitpunkt auch. (Die konservative Opposition begann sich erst 1938 zu organisieren.) Im Dezember 1936 folgte ein Aufruf an das deutsche Volk, in dem sich die Unterzeichner für bürgerlich-demokratische Prinzipien bei einer Neugestaltung Deutschlands aussprachen. Auch innerhalb des Reichs begannen sich Volksfrontgruppen zu entwickeln. Die Berliner Volksfront-Gruppe um den früheren Reichstagsabgeordneten Otto Brass und den Landtagsabgeordneten Hermann Brill erarbeitete im Dezember 1936 ein Zehn-Punkte-Programm für ein nachfaschistisches Deutschland. Im September 1938 wurden jedoch alle Mitglieder verhaftet; Brill und Brass erhielten hohe Zuchthausstrafen.

Widerstand im Krieg

Durch den Ausbruch des Krieges wurde die unter den Bedingungen des Polizeistaats schon schwierige und lebensgefährliche Widerstandstätigkeit in Deutschland noch weiter erschwert. Im Gegensatz zur *Résistance* in den vom Nationalsozialismus besetzten Ländern konnte der deutsche Widerstand nicht einfach das Nationalgefühl der Bevölkerung ansprechen. Er musste vielmehr damit rechnen, dass sein Handeln gegen das Regime in eine militärische Niederlage Deutschlands münden würde. Trotz dieser Situation entwickelten sich während des Krieges in allen politischen Strömungen Widerstandsgruppen. Je mehr sich der Krieg seinem Ende zuneigte, desto mehr diskutierte man in ihnen darüber, wie das Nachkriegsdeutschland aussehen sollte.

Der parteikommunistische Widerstand fiel in den ersten Jahren des Krieges praktisch aus, weil Deutschland und die Sowjetunion im Hitler-Stalin-Pakt miteinander verbunden waren. Das Zentralkomitee der KPD würdigte den widernatürlichen Vertrag als eine »erfolgreiche Friedenstat von Seiten der Sowjetunion«. Es forderte zwar gleichzeitig dazu auf, den Kampf gegen die NS-Diktatur fortzusetzen, dennoch wirkte der Pakt auf die kommunistischen Widerstandskämpfer desillusionierend. Das änderte sich erst nach dem deutschen Angriff auf die UdSSR vom 22. Juni

1941. Es bildeten sich wieder neue kommunistische Widerstandsgruppen wie der Kreis um Robert Uhrig. Er bestand aus rund 200 Personen und gab einen eigenen *Informationsdienst* heraus, fiel aber schon 1942 durch die Verhaftung vieler Mitglieder auseinander. Der Rest schloss sich einer Gruppe um Anton Saefkow an, die bis Anfang Juli 1944 wirkte.

Wie die KPD suchte auch die von der Gestapo so genannte Rote Kapelle die Zusammenarbeit mit der Sowjetunion, indem sie diese mit Nachrichten aus Deutschland versorgte. Ihre Mitglieder kamen aus unterschiedlichen politischen Richtungen und sozialen Schichten. Im August 1942 wurde die Organisation entdeckt; man verhaftete mehr als 100 Mitglieder und verurteilte Dutzende von ihnen zum Tode. 1943 wurde in der UdSSR das Nationalkomitee Freies Deutschland gegründet. Es forderte Soldaten zum Desertieren und Arbeiter zu Sabotageaktionen auf.

Der sozialistischen und gewerkschaftlichen Opposition blieben während des Krieges ebenfalls Widerstandszellen. Seit etwa 1940 schlossen sie sich wieder zu festen Kreisen zusammen. Bei den leitenden Sozialdemokraten verstärkte sich im Krieg der Wunsch, neue Verbindungen zum bürgerlichen Widerstand aufzunehmen. Ehemalige SPD-Abgeordnete, Partei- und Gewerkschaftsfunktionäre beteiligten sich schließlich an der Verschwörung des 20. Juli 1944. Unter diesen nahm Wilhelm Leuschner eine besondere Stellung ein. Leuschner war Vorstandsmitglied des Allgemeinen Deutschen Gewerkschaftsbundes gewesen und brachte zusammen mit Jakob Kaiser von den christlichen Gewerkschaften das Konzept der Einheitsgewerkschaft in das politische Programm des 20. Juli ein. Wäre der Staatsstreich gelungen, so hätten die Verschwörer Leuschner das Amt des Vizekanzlers angeboten; sein Parteifreund Julius Leber sollte Innenminister werden. Beide Sozialdemokraten wurden 1944 vom Volksgerichtshof zum Tode verurteilt.

Ein anderer Wunsch sozialdemokratischer Widerstandskämpfer im Krieg war es, frühere Spaltungen der Arbeiterbewegung zu überwinden. Diese Tendenz zeigte sich auch bei den sozialistischen Politikern im Exil. In London kam es am 18. März 1941 zu einem ersten Zusammenschluss von Exilgruppen; ein Akt, der 1945 die wiedergegründete SPD prägen sollte. Der Exilparteivorstand schloss sich mit Neu Beginnen, der SAP und dem Internationalen Sozialistischen Kampfbund zur Union deutscher Sozialistischer Organisationen in Großbritannien zusammen. Eine einstimmig gebilligte Erklärung legte einige Grundprinzipien für die Zukunft Deutschlands fest, wie die »endgültige Überwindung des deutschen Militarismus und die Beseitigung der sozialen Grundlagen der Hitler-Diktatur«. Im Jahr 1943 legte die Union ein außenpolitisches Programm vor, das von der Einheit Deutschlands ausging; 1945 kamen »Richtlinien für eine deutsche Staatsverfassung« hinzu, die eine radikaldemokratische Republik skizzierten.

Auch in den Konzentrationslagern wurde Widerstand geleistet. In fast allen Zuchthäusern und KZ gab es Organisationen der politischen Gefangenen. Sie waren zu Beginn des Regimes von den Kommunisten gebildet worden, erweiterten sich aber später durch Anhänger anderer Gruppen. Diese solidarische und politische Arbeit hat vielen Mitgefangenen das Leben erleichtert und seelischen Halt geboten. Am 13. April 1945 wandten sich »die demokratischen Sozialisten des ehemaligen Konzentrationslagers Buchenwald« mit einem Manifest an die Öffentlichkeit. Es forderte die restlose Vernichtung von Faschismus und Militarismus in Deutschland, den Aufbau einer Volksrepublik von unten, einen Wiederaufbau auf sozialistischer Grundlage und die Entwicklung einer europäischen Staatengemeinschaft in Zusammenarbeit mit allen sozialistisch geführten Staaten.

11
Die Arbeiterbewegung im geteilten Deutschland

Neubeginn der Arbeiterparteien

Als die Alliierten in Deutschland einmarschierten, begegnete ihnen in den meisten Städten als politische Kraft ein Ausschuss, der von den örtlichen Funktionären der Arbeiterbewegung gegründet worden war. Die Besatzer nannten diese Gremien nach ihrem häufigsten Namensbestandteil Antifa-Ausschüsse. Sie hatten sich in Wohnbezirken und Betrieben gebildet; in einer Reihe von Großstädten wurden sie auch in einer gesamtstädtischen Organisation zusammengefasst. Diese Antifa-Ausschüsse gehörten von ihrer Entstehung her noch zur antifaschistischen Widerstandsbewegung. Mit ihrer Arbeit wurden sie aber schon Organe des Übergangs zu einer neuen politischen Ordnung. Obwohl sich keine überregionale Verabredung feststellen lässt, waren die Ausschüsse in den verschiedenen Städten im Hinblick auf ihre Form und Tätigkeit bemerkenswert homogen. Offenbar brachten sie Tendenzen zum Ausdruck, die unter den Mitgliedern der verschiedenen Richtungen der Arbeiterbewegung unumstritten waren: Die Trümmer des nationalsozialistischen Regimes sollten sofort und beginnend im überschaubaren örtlichen Zusammenhang beseitigt werden.

Aber im Unterschied zur Rätebewegung von 1918/19, die in zahlreichen Städten über viele Monate hinweg eine Doppelherrschaft ausüben konnte, beschränkte sich die Wirksamkeit der Antifa-Bewegung auf wenige Wochen. Sie begann im März und April 1945 und wurde in den meisten Städten seit Mitte Mai von den Besatzungsmächten aufgelöst. Obwohl die Antifa-Ausschüsse also keine nachhaltige Wirkung hatten, zeigt ihre Existenz doch, dass genügend demokratisches Potential vorhanden gewesen wäre, um den Wiederaufbau in deutsche Hände zu legen.

Die Siegermächte wollten es anders, und zwar in allen vier Besatzungszonen. Nicht nur die UdSSR, sondern auch die Westalliierten, und hier besonders die USA, setzten ihre Interessen auf dem von ihnen verwalteten deutschen Boden durch. Das galt für die Formen der Entnazifizierung ebenso wie für die Grundlinien des politischen und wirtschaftlichen Neuaufbaus. Diese Einflussnahme gehört nicht unmittelbar zu unserem Thema; sie endete 1949 mit einer konservativen BRD und einer »sozialistischen« DDR.

Was die Neugründung der Arbeiterparteien betrifft, so gewährte die sowjetische Militäradministration (SMAD) der KPD einen Vorsprung von 50 Tagen vor anderen Parteien, während die anglo-amerikanische Militärverwaltung mit einem Konzept der Organisationsverzögerung und plötzlichem Übergang zu Wahlen diejenigen Parteien zu fördern hoffte, die auf bekannte Persönlichkeiten setzten.

Obwohl bis zum Ende der Potsdamer Konferenz (2. August 1945) ein generelles Parteienverbot galt, konnte ein Zentralkomitee der KPD am 11. Juni 1945 einen Aufruf zur Wiedergründung veröffentlichen. Unterzeichnet war dieser Aufruf von 16 Personen; 13 von ihnen waren aus der Emigration in der UdSSR zurückgekehrt, darunter auch Walter Ulbricht und Wilhelm Pieck. Der 1876 in Guben geborene Pieck, seit 1895 SPD-Mitglied, war 1919 Mitbegründer der KPD, in der Weimarer Republik von 1921 bis 1928 preußischer Landtagsabgeordneter und von 1928 bis 1933 Reichstagsabgeordneter der KPD gewesen. 1933 emigrierte er nach Frankreich und in die UdSSR; 1935 wurde er Vorsitzender der Exil-KPD. Die KPD knüpfte aber nicht nur organisatorisch an die alten Kader an, sondern auch in ihrer Strategie, und zwar an die 1935 von der Komintern beschlossene Volksfront-Strategie. Das neue Schlagwort, das nichtsdestoweniger die alte Strategie bezeichnete, hieß nun »antifaschistisch-demokratische Blockpolitik«. Das heißt, die KPD verzichtete in ihrem Gründungsaufruf auf klassenkämpferische und revolutionäre Parolen um einer gewünschten Zusammenarbeit mit den Sozialdemokraten und den bürgerlichen Demokraten willen. Dieser Strategie entsprach auch das in zehn Punkten zusammengefasste Sofortprogramm. Spezifisch sozialistische Forderungen enthielt es nicht, sondern sprach sich nur für die »Enteignung des gesamten Vermögens der Nazibonzen und Kriegsverbrecher« und die »Liquidierung des Großgrundbesitzes« aus. Es fehlte nicht nur die grundsätzliche Forderung, die Produktionsmittel in Gemeinbesitz zu überführen, sondern es wurde geradezu die entgegengesetzte Forderung aufgestellt, nämlich: »Völlig ungehinderte Entfaltung des freien Handels und der privaten Unternehmerinitiative auf der Grundlage des Privateigentums«. Die mit diesem Programm neu gegründete KPD war zunächst bemüht, in den eigenen Reihen einen Konsens herzustellen, für eine Linie, die von der Komintern entwickelt worden war und die von den deutschen Kommunisten aus dem sowjetischen Exil nach Deutschland gebracht wurde. Diese Linie wurde von denjenigen, die innerhalb Deutschlands im Untergrund gearbeitet hatten, als eine überraschende ultrarechte Schwenkung der Partei aufgefasst. Denn bei den einheimischen Kommunisten, denen der Kontakt zur Parteiführung weit gehend verloren gegangen war, hatte die ultralinke KP-Taktik von vor 1933 vielfach überlebt; eine Taktik des Kampfes gegen die SPD und die bürgerlichen Parteien, mit dem Ziel, ein Sowjetdeutschland zu errichten.

Der SPD stellten sich beim Wiederaufbau andere Probleme. Die Partei war im Exil in Gruppen zerfallen, von denen keine die Autorität zur Führung hatte. Das wurde auch nicht durch den Zusammenschluss verschiedener Gruppen im Londoner Exil anders, vor allem deshalb nicht, weil ihr Wortführer Erich Ollenhauer erst im Februar 1946 in die britische Zone einreisen durfte. Unter diesen Umständen waren es zwei andere Gruppen, die mit unterschiedlichen Konzeptionen für eine wiederentstehende SPD Führungsansprüche anmeldeten: ein Berliner Zentralausschuss um Otto Grotewohl und das Büro Schumacher in Hannover.

Die Berliner Gruppe konnte sich aufgrund des zeitigen Parteienerlasses in der Sowjetischen Besatzungszone (SBZ) als Erste mit einem Gründungsaufruf an die Öffentlichkeit wenden. Das geschah am 15. Juni 1945. Zwei Tage später, am 17. Juni, fand eine erste Funktionärskonferenz der SPD Groß-Berlins mit 1500 Teilnehmern statt. Diese Konferenz legitimierte den Zentralausschuss (ZA) zur Weiterarbeit. Grotewohl war es, der dieser Berliner SPD-Richtung Ausdruck gab. Der 1894 in Braunschweig geborene Grotewohl trat 1912 der SPD bei, wechselte 1918 zur USPD, mit derem rechten Flügel er 1922 zur SPD zurückkehrte. Er war seit 1920 zunächst Landtagsabgeordneter in Braunschweig und seit 1921 Innen- bzw. Justizminister, ehe er 1925 Reichstagsabgeordneter wurde. Die Zeit ab 1933 arbeitete er als kaufmännischer Angestellter, von 1938 bis 1939 war er aus politischen Gründen in Haft.

In dem von Grotewohl inspirierten Gründungsaufruf wurde die Einheit der deutschen Arbeiterklasse programmatisch gefordert. Der Aufruf enthielt ferner die Forderung nach einer Verstaatlichung weiter Teile der in Privathand befindlichen Produktionsmittel. Er gab sich also radikaler als der Gründungsaufruf der KPD. Grotewohl bot die SPD den Alliierten, insbesondere den Sowjets, als »Sammellinse der deutschen Politik« an. Die SPD könne einerseits die nötige Massenunterstützung mobilisieren, um die notwendigen gesellschaftlichen Strukturveränderungen durchzusetzen. Sie könne andererseits als Verbindungsglied zwischen der KPD und dem Bürgertum den Block der antifaschistischen Parteien zusammenhalten.

Bei seinem Versuch, diese Linie der gesamten SPD nahe

zu bringen, stieß der Berliner ZA auf den Widerstand Kurt Schumachers. Schumacher gelang es, seine Position allmählich in der Westzonen-SPD durchzusetzen. Stationen auf diesem Weg waren eine Konferenz in Wenningsen bei Hannover am 5. Oktober 1945 und der erste Parteitag der Westzonen-SPD vom 9. bis 11. Mai 1946 in Hannover, wo Schumacher einstimmig zum Parteivorsitzenden gewählt wurde.

Der 1895 in Kulm (Westpreußen) geborene Schumacher war ursprünglich überzeugter Lassalleaner gewesen, wie seine Dissertation von 1926 (*Der Kampf um den Staatsgedanken in der deutschen Sozialdemokratie*) zeigt. 1920 war er Redakteur der sozialdemokratischen *Schwäbischen Tagwacht* in Stuttgart und 1924 württembergischer Landtagsabgeordneter geworden. 1930 zog er als Mitglied des linken Parteiflügels der SPD in den Reichstag ein. In der Zeit des Nationalsozialismus kam er aufgrund seiner illegalen Parteiarbeit verschiedene Male in Konzentrationslager. In dieser Zeit näherte sich Schumacher manchen Formen marxistischen Denkens an.

Bei den wirtschaftspolitischen Vorstellungen, die Schumacher in der West-SPD vertrat, gab es keine Unterschiede zum Berliner ZA. Sowohl die in Wenningsen verabschiedeten Leitsätze für ein Wirtschaftsprogramm als auch die Kundgebung des Parteitags von Hannover enthielten die Forderung nach einer Vergesellschaftung der Grundindustrie, der Energiewirtschaft, des Verkehrswesens, der Versicherungen und der Banken. Im *Jahrbuch der SPD 1946* betonte Schumacher, die Grundeinsichten des Marxismus müssten auch künftig das Denken der SPD anleiten; Marxismus nicht als Katechismus, sondern als Methode, vor allem der historische Materialismus und die Lehre vom Klassenkampf.

Der Hauptgegensatz zwischen der Schumacher- und der Grotewohl-Richtung bestand in der Einstellung zum Kommunismus. Schumacher war nicht nur ein leidenschaftlicher Antifaschist, sondern auch ein leidenschaftlicher Antikommunist. Mit dieser Einstellung kam er einer weit verbreiteten Grundhaltung in der deutschen Arbeiterbewegung entgegen. Von dieser antikommunistischen Einstellung her erklärt sich Schumachers entschiedene Ablehnung jeglicher Zusammenarbeit mit der KPD und seine kompromisslose Absage an alle Einheitspartei-Überlegungen. Schumacher war von dem Gedanken durchdrungen, dass die Sozialdemokratie von der Schuld der Vergangenheit nicht belastet und deshalb zur Führung der deutschen Nation berufen sei.

Diese Haltung fand in dem außenpolitischen Kurs eine Entsprechung, die Schumacher innerhalb der West-SPD durchsetzte. Er verwarf nicht nur die von der KPD und Teilen der Berliner SPD vertretene Ostorientierung Deutschlands. Er trat auch allen Konzeptionen entgegen, die eine Blockfreiheit, eine Neutralisierung oder eine Brückenfunktion Deutschlands favorisierten.

Die Gründung der SED

Die innerparteiliche Auseinandersetzung zwischen der Grotewohl- und der Schumacher-Richtung wurde durch die allgemeine Entwicklung Deutschlands, die schließlich zur Spaltung führte, stark beeinflusst. Je mehr sich die Spaltung vertiefte, desto mehr setzte sich Schumacher im Westen und Grotewohl im Osten durch. Ein Markstein auf diesem Weg war die Gründung der SED. Die KPD-Führung steuerte seit Oktober 1945 auf eine Vereinigung von SPD und KPD hin. Sie kam damit aber der Berliner SPD-Richtung um Grotewohl entgegen, die sich zuerst für eine Vereinigung ausgesprochen hatte. Schumacher vertrat dagegen die Meinung, man solle die SPD in der SBZ unter Protest auflösen, wenn der Eindruck entstünde, dass sie sich dort nicht frei entfalten könne. Gegen diesen Rat vereinbarten der ZA der SPD und das ZK der KPD im Februar 1946, im April parallele Parteitage in Berlin durchzuführen und in einer anschließenden gemeinsamen Veranstaltung unter dem Namen SED zu fusionieren. – So geschah es.

Die SED wurde am 21./22. April 1946 durch den Zusammenschluss von KPD und SPD gegründet. Vorsitzende wurden Pieck (früher KPD) und Grotewohl (früher SPD). Die neue Partei war zunächst eine sozialistische Massenpartei (1946: 1,3 Mill. Mitglieder, etwa 53 Prozent aus der SPD, 47 Prozent aus der KPD), in der laut Parteistatut alle Ämter paritätisch mit früheren KPD- und SPD-Mitgliedern besetzt wurden. In ihrem Programm strebte die SED zwar die Einheit Deutschlands auf sozialistischer Grundlage an, trat dabei aber für einen besonderen deutschen Weg zum Sozialismus ein und orientierte ihre Mitglieder zunächst auf die Schaffung einer antifaschistischen, parlamentarisch-demokratischen Republik.

Innerhalb von drei, vier Jahren wandelte sich die SED jedoch zu einer, wie es hieß, »Partei neuen Typus«. Diese Forderung erhob der Parteivorstand erstmals auf seiner Sitzung am 29./30. Juni 1948. Im Januar 1949 wurde auf einer weiteren Sitzung des Parteivorstands bzw. auf der ersten Parteikonferenz das paritätische Prinzip der Funktionsbesetzung abgeschafft. Außerdem bildete man ein Politbüro von sieben Mitgliedern und zwei Kandidaten sowie ein kleines Sekretariat. Die Partei erkannte ferner die führende Rolle der Sowjetunion und der KPdSU an. Ideologische Grundlage wurde der Marxismus-Leninismus in Stalinscher Ausprägung. Auf einem Parteitag im Juli 1950 wurde der bisherige Parteivorstand abgeschafft und durch ein ZK von 51 Mitgliedern und 30 Kandidaten ersetzt. Das neue Parteistatut verpflichtete alle untergeordneten Parteigremien, die Beschlüsse der ihnen jeweils übergeordneten Leitungen als verbindlich anzuerkennen.

Damit hatte die SED alle wesentlichen Prinzipien stalinistischer Parteien übernommen. Zum Generalsekretär (später Ersten Sekretär) wurde Walter Ulbricht gewählt. Ulbricht, seit 1949 auch Stellvertretender Ministerpräsident, hatte damit wichtige Partei- und Staatsämter in seiner Hand vereinigt. Der 1893 in Leipzig geborene Ulbricht war von Beruf Tischler gewesen, hatte aber schon lange Jahre als Parteifunktionär hinter sich. Im Jahr 1912 war er der SPD, 1919 der KPD beigetreten. 1923 wurde er in die KPD-Zentrale nach Berlin berufen und in den folgenden Jahren in Moskau als Spezialist für Betriebsgruppenarbeit ausgebildet. Von 1928 bis 1933 war er auch Reichstagsabgeordneter. Im Oktober 1933 emigrierte er nach Paris und arbeitete dort in der Auslandsleitung der KPD. Von 1938 bis 1945 lebte er in der Sowjetunion und beteiligte sich dort am antifaschistischen Widerstand. Ende April 1945 kehrte er nach Berlin zurück und wirkte maßgeblich am Aufbau der KPD und der SED mit. Mit seiner Wahl zum Generalsekretär der SED im Jahr 1950 begann sein Aufstieg zum Staats- und Parteichef der DDR.

Die Jahre von 1950 bis 1952 waren durch permanente Säuberungen der Partei gekennzeichnet, denen nicht nur ehemalige Sozialdemokraten zum Opfer fielen. Am 25. April 1952 gab eine Kommission zur Überprüfung der Parteimitglieder bekannt, dass durch Streichung der Mitgliedschaft bzw. Ausschluss mehr als 150 000 Personen aus der SED ausgeschieden seien.

Der 17. Juni 1953

Im Juli 1952 beschloss eine Parteikonferenz der SED, mit dem »planmäßigen Aufbau der Grundlagen des Sozialismus« zu beginnen. Damit endete die antifaschistisch-demokratische Phase der SBZ bzw. der DDR. Infolge dieser Sozialisierungskampagne kam es am 17. Juni 1953 in der DDR zu einer Arbeiterrebellion. Sowjetische Panzer schlugen diese nieder und beendeten damit auch die Geschichte der Arbeiterbewegung in diesem Teil Deutschlands.

Aufbau des Sozialismus – das hieß auf ideologischem Gebiet Kampf gegen den Einfluss der evangelischen Kirche und Durchsetzung des sozialistischen Realismus in der bildenden Kunst. Im Bereich der Wirtschaft ging es jetzt vor allem um die »Kollektivierung der Landwirtschaft«. Eine zwischen 1945 und 1949 eingeleitete Bodenreform hatte unter der Devise »Junkerland in Bauernhand« zur Dominanz kleiner und mittlerer selbständiger Betriebe geführt. Nun wurden im Dezember 1952 Musterstatuten für »Landwirtschaftliche Produktionsgenossenschaften« (LPG) verabschiedet. Doch die Kollektivierung zog sich nach zögerndem Beginn über den ganzen Zeitraum der 1950er Jahre hin. Sie erlebte erst 1960 ihren Höhepunkt und Abschluss.

Der staatliche Zugriff auf die Industrie war dagegen unter dem Stichwort Entnazifizierung der Wirtschaftseliten schon vor 1949 vorbereitet worden. In dieser Zeit hatte man die Veränderung der Eigentumsverhältnisse auf diesem Sektor nicht mit sozialistischen Argumenten, sondern mit der Forderung nach Enteignung der Kriegsverbrecher begründet. In Sachsen hatte eine Volksabstimmung dieser Politik am 30. Juni 1946 eine Mehrheit von 77 Prozent gebracht. Die durch die Enteignung der Großindustrie entstandenen »Volkseigenen Betriebe« (VEB) lieferten bereits im Jahr 1950 etwa 75 Prozent der Industrieproduktion. Planmäßiger »Aufbau des Sozialismus« bedeutete im Bereich der VEB deshalb vor allem eine Steigerung der Arbeitsproduktivität.

So »empfahl« das ZK der SED auf einer Tagung vom 13./14. Mai 1953 »eine Erhöhung der für die Produktion entscheidenden Arbeitsnormen um durchschnittlich mindestens zehn Prozent bis zum 1. Juni«. Am 28. Mai 1953 machte der Ministerrat der DDR diese Weisung zum Beschluss. Die Erhöhung der Arbeitsnormen bedeutete praktisch eine Kürzung der Löhne, denn bisher hatten die Arbeiter zusätzlichen Lohn erhalten, wenn sie die Normen überboten. Das DDR-Regime sorgte also mit seiner forcierten Sozialismus-Kampagne vor allem bei den Arbeitern für Unmut.

Hinzu kam eine vorübergehende Orientierungslosigkeit der SED-Führung. Am 5. März 1953 war Stalin gestorben, und das neue Sowjetregime, in sich noch nicht gefestigt, steuerte einen neuen Kurs. Diesen verlangte man auch von der DDR und provozierte damit Meinungsverschiedenheiten innerhalb der SED-Führung. Am 2. und 3. Juni 1953 trafen Grotewohl, Ulbricht und ein dritter SED-Politiker in Moskau mit der neuen KPdSU-Führung zusammen. Danach verfasste das Politbüro der SED am 9. Juni mehr gezwungen als freiwillig eine Erklärung, in der es eine Reihe von Fehlern zugab. Ausdrücklich verkündete es, den Kirchenkampf zu beenden, die Kollektivierung der Landwirtschaft zu verlangsamen und mehr für die Steigerung des Lebensstandards tun zu wollen. Das Thema Arbeitsnorm wurde dagegen mit keinem Wort erwähnt.

Aufgrund dieser Vorgeschichte lässt sich der 17. Juni besser verstehen: Er war eine Arbeiterrebellion, die in dem Augenblick ausbrach, als sich das Regime in einer Krise befand, den Unzufriedenen teilweise nachgab, aber gerade denen nicht, die dann zu den Trägern der Rebellion wurden. Am 16. Juni streikten in Berlin 10 000 Menschen; sie zogen, angeführt von Bauarbeitern aus dem Prestigeobjekt »Stalinallee«, vor das Haus der Ministerien. Sie forderten die Rücknahme der Normerhöhung; aber es gab auch Rufe nach freien Wahlen und nach dem Rücktritt der Regierung. Am 17. Juni streikten mehr als 500 000 Arbeiter in Berlin und in mehr als 370 Städten der DDR. Neben Berlin waren das mitteldeutsche Industriegebiet um Bitterfeld, Halle, Leipzig und Merseburg sowie der Magdeburger Raum weitere Unruhezentren. Außer den Berliner Bauarbeitern beteiligten sich vor allem Arbeiter der Schwerindustrie und des Bergbaus an der Bewegung. Im ersten Stadium gingen die Demonstranten diszipliniert in die Stadtzentren und brachten ihre Forderungen vor. In einem zweiten Stadium nahmen die Aktionen den Charakter eines Aufstands an. Es kam dann auch zu Hausbesetzungen, Plünderungen, Brandstiftungen und Prügeleien. Gegen Mittag des 17. Juni verhängte der sowjetische Stadtkommandant den Ausnahmezustand über Berlin; später wurde dieser auf 167 von insgesamt 217 Stadt- und Landkreisen der DDR ausgeweitet. Am Nachmittag fuhren sowjetische Panzer im Berliner Stadtzentrum auf.

Offenbar genügte in den meisten Orten die bloße Anwesenheit von Panzern, um die Demonstrationen aufzulösen. Bis zum 21. Juni waren die Unruhen eingedämmt, obwohl sie vereinzelt noch bis in den Juli hinein aufflackerten und die Stimmung in den Betrieben brisant blieb. Die Gesamtzahl der Toten ist nicht hinreichend ermittelt worden; man geht von etwa 50 aus. Verhaftet wurden Tausende, die meisten von ihnen aber noch am selben Tag wieder freigelassen.

In der BRD ist der 17. Juni zum Tag der deutschen Einheit erklärt worden. Politische Forderungen standen allerdings nicht im Mittelpunkt, schon gar nicht die nach deutscher Einheit. Es ging hauptsächlich um die Zurücknahme von Lohnkürzungen. Die Träger der Bewegung waren Arbeiter, nicht das »Volk«, wenn sich der Rebellion auch andere Teile der Bevölkerung anschlossen. Von Seiten der SED sind die Unruhen, und dabei vor allem die politischen Forderungen, als westdeutsche bzw. Westberliner Provokationen bezeichnet worden. Daran ist so viel richtig, dass sich Westberliner an den Demonstrationen beteiligten. Auch hielt der Westberliner DGB-Vorsitzende eine Rundfunkrede an die Arbeiter der DDR, die wohl das Übergreifen der Streiks auf das Umland beschleunigte. Aber es kann doch kein Zweifel daran bestehen, dass es sich um selbständige Aktionen der DDR-Arbeiter gehandelt hat. Die Weiterentwicklung der Rebellion zu einer Revolution (d. h. einer Bewegung mit organisatorischer Leitung und politischem Programm zum Umsturz der Machtverhältnisse) wurde durch die sowjetischen Panzer verhindert. Nachdem die Krise erfolgreich bewältigt worden war, konnte sich das SED-Regime unter der Führung Ulbrichts endgültig etablieren.

Die Wandlung der SPD

Für die Entwicklung der Bundesrepublik Deutschland (BRD) waren die ersten Bundestagswahlen vom 14. August 1949 richtungsweisend. Die SPD wurde hinter der CDU/CSU, die 31 Prozent der Stimmen erhielt, mit 29,2 Prozent nur die zweitstärkste Partei. Der Vorsitzende der CDU, Konrad Adenauer, bildete mit der FDP und der Deutschen Partei eine Regierung. Mit ihr begann die Ära Adenauer, die bis 1963 andauerte. Die KPD, die 1949 bei 5,7 Prozent der Stimmen mit 15 Abgeordneten in den ersten Bundestag einzog, scheiterte 1953 bei den nächsten Wahlen mit 2,2 Prozent an der Fünf-Prozent-Hürde; 1956 wurde sie verboten. So entwickelte sich die SPD in der Gründungsphase der BRD zur einzigen ernsthaften Oppositionspartei. Unter ihren Vorsitzenden Kurt Schumacher (1946–1952) und Erich Ollenhauer (1952–1963) bekämpfte sie Adenauers Politik der Westintegration, lehnte die Einführung der allgemeinen Wehrpflicht ab und kritisierte die soziale Marktwirtschaft grundsätzlich. Die Bundestagswahlergebnisse von 1953 und 1957 schienen jedoch der Politik Adenauers Recht zu geben. Nicht nur, dass die CDU/CSU ihren Stimmenanteil von 31 Prozent über 45,2 Prozent (1953) auf die absolute Mehrheit von 50,2 Prozent steigerte, sie vergrößerte auch den Abstand zur SPD von 1,8 Prozent (1949) auf 18,4 Prozent (1957). Diese Wahl-

	1949	1953	1957	1961	1965
CDU/CSU	31,0	45,2	50,2	45,4	47,6
SPD	29,2	28,8	31,8	36,2	39,3
FDP	11,9	9,5	7,7	12,8	9,5
KPD	5,7	2,2	–	–	–
BP	4,2	–	–	–	–
DP	4,0	3,2	3,4	–	–
Zentrum	3,1	0,8	–	–	–
WAV	2,9	–	–	–	–
BHE	–	5,9	4,6	–	–
DRP	1,8	–	–	–	–
Sonstige	5,9	5,3	2,5	4,8	3,6

Die Ergebnisse der Bundestagswahlen 1949–1965

niederlagen beschleunigten eine programmatische und politische Wandlung der SPD, für die es zwar seit Anfang der 1950er Jahre erste Anzeichen gegeben hatte, die aber dennoch eine radikale Kursänderung bedeutete, für die es in der langen Parteigeschichte nur wenige Parallelen gibt.

Am 15. November 1959 verabschiedete die SPD auf einem außerordentlichen Parteitag in Bad Godesberg ein neues Programm. Dieses Godesberger Programm bedeutete die Abwendung der SPD von einer wie immer auch gearteten marxistischen Grundlage und den Verzicht auf jede weltanschauliche Festlegung. In einem einleitenden Teil wurden nur noch »Grundwerte des sozialistischen Wollens« genannt, die es zu erkämpfen und zu bewahren gelte, nämlich Freiheit, Gerechtigkeit und Solidarität. Als historische Wurzeln des demokratischen Sozialismus bezeichnete das Programm die christliche Ethik, den Humanismus und die klassische Philosophie. Die Partei forderte zwar immer noch eine neue und bessere Ordnung, doch so unbestimmt, dass niemand vor den Kopf gestoßen wurde.

Als zentrale Aufgabe einer freiheitlichen Wirtschaftspolitik sah sie nicht die Beseitigung der Macht der Großwirtschaft, sondern deren Bändigung an. Zum Schluss des Programms hieß es dann ausdrücklich, dass die SPD aus einer Partei der Arbeiterklasse zu einer Partei des Volkes geworden sei.

An dem Godesberger Programm hatte eine Kommission seit 1954 gearbeitet. In der Zwischenzeit galt das Dortmunder Aktionsprogramm von 1952, dem man 1954 auf dem Berliner Parteitag eine Präambel hinzugefügt hatte. Darin waren schon einige Grundzüge des Godesberger Programms vorweggenommen worden, wie die weltanschauliche Offenheit und die Wendung zur Volkspartei. Daran mag es gelegen haben, dass 1959 nur 16 von 340 Parteitagsdelegierten gegen das neue Programm stimmten.

Mit der Annahme des Godesberger Programms deutete sich auch eine gründliche Umorientierung der SPD in den Eckpunkten der Adenauer-Politik an. Diese wurde von dem stellvertretenden Parteivorsitzenden Herbert Wehner in einer »historischen« Bundestagsrede vom 30. Juni 1960 endgültig vollzogen. Die SPD bekannte sich nun ebenfalls zur Westintegration und zur NATO-Bindung der BRD sowie zur Landesverteidigung. Mit dieser Kurskorrektur verband sich die Hoffnung, der SPD durch eine Öffnung zur Mitte neue Wählerschichten, insbesondere aus religiös gebundenen Kreisen, zuzuführen. Die Partei wollte in einem neuen Gewand die 30-Prozent-Hürde bei den Bundestagswahlen weit überspringen und dadurch an die Regierung kommen. Das Konzept, sich unter Verzicht auf einige traditionelle sozialistische Ziele und in Anerkennung der durch die Adenauer-Regierungen geschaffenen Tatsachen zu einer Volkspartei zu wandeln und die Bundesrepublik zu regieren, ist 1969, also zehn Jahre später, mit der Bildung der sozialliberalen Koalition unter Willy Brandt aufgegangen. Die SPD konnte ihren Stimmenanteil bei den Bundestagswahlen von 1961,1965 und 1969 stetig steigern und stieg über 36,2 Prozent und 39,3 Prozent auf 42,7 Prozent. Ihr Abstand zur CDU/CSU verringerte sich bis 1969 wieder auf 3,4 Prozent.

Auch die Veränderungen in der Sozialstruktur der SPD-Mitglieder machten deutlich, dass sich der programmatische Wandel zur Volkspartei zunehmend mit der Realität deckte. Detaillierte Angaben über die jeweils neu eingetretenen Mitglieder lassen den Schluss zu, dass sich der Arbeiteranteil der SPD-Mitglieder in den 1960er Jahren zugunsten der Mittelschichten erheblich verringerte. Während 1960 noch 55,7 Prozent der neuen Mitglieder Arbeiter waren, sank deren Anteil 1969 auf 39,6 Prozent und 1972 auf 27,6 Prozent. Dagegen gehörten 1960 21,2 Prozent der Neuaufnahmen zu den Angestellten und Beamten; 1969 waren es 33,6 und 1972 bereits 34 Prozent. Hinzu kamen 1972 noch 15,9 Prozent Studenten und Schüler, eine Gruppe, die bis dahin von der Parteistatistik nicht gesondert erfasst worden war. Die Prozentzahlen für Selbständige, Rentner und Hausfrauen unter den Neumitgliedern blieben in diesem Zeitraum relativ konstant.

Freilich führte die Wandlung der SPD zur Volkspartei auch zu innerparteilichen Problemen. Sie gipfelten in Differenzen mit dem von der SPD finanzierten und geförderten Sozialistischen Deutschen Studentenbund (SDS). Am 6. November 1961 erklärte der Parteivorstand eine Mitgliedschaft im SDS für unvereinbar mit der in der SPD, unterstützte fortan den im Mai 1960 gegründeten Sozialdemokratischen Hochschulbund (SHB) und schloss Mitglieder wie Wolfgang Abendroth und Fritz Lamm, die diese Entscheidung nicht akzeptierten, aus der Partei aus.

Auf dem Weg in die Konsumgesellschaft

Am Ende der 1950er Jahre trat eine tiefe Zäsur in der Sozialstruktur der BRD ein. Die Industriegesellschaft hatte ihren Höhepunkt überschritten und machte der »Dienstleistungsgesellschaft« Platz. Der Anteil der Erwerbstätigen in der Landwirtschaft ging kontinuierlich zurück. Damit setzte sich ein säkularer Trend fort, der die Entwicklung des Agrarsektors seit der industriellen Revolution kennzeichnete. Die Zahl der im produzierenden Gewerbe Tätigen nahm bis 1960 zu und stagnierte seitdem bei 48 Prozent aller Beschäftigten; im Jahr 1980 war er sogar wieder gesunken. In der Tendenz ähnlich entwickelte sich der Trend bei den Beschäftigten in Handel und Verkehr, dem Teil des tertiären Sektors, der am engsten mit der industriellen Produktion verbunden ist: um 1960 war der Höhepunkt erreicht. Die Zahl der Beschäftigten in den übrigen Dienstleistung nahmen zu; drastisch aber erst seit 1960. Auch die Zusammensetzung der Erwerbstätigen nach ihrer sozialen Stellung zeigt, dass sich der Anteil der Arbeiter auf Kosten der Angestellten und Beamten kontinuierlich verringerte.

Aber die Arbeiterschaft nahm nicht nur prozentual ab; es verbesserte sich auch ihre wirtschaftliche Lage. Die BRD trat in den 1950er Jahren in das Zeitalter des Massenkonsums ein. Kennzeichnend für diesen Abschnitt der industriellen Entwicklung war es, dass sich in allen Schichten der Bevölkerung langlebige Gebrauchsgüter weithin verbreiteten. Führungssektoren dieser Konsumkonjunktur waren Haushaltsgeräte (vor allem der Kühlschrank und die elektrische Waschmaschine), neue Medien (vor allem das Fernsehgerät) sowie das Automobil. Diese Errungenschaften der Konsumgesellschaft verbanden sich im Bewusstsein der meisten Bundesbürger mit dem »Wirtschaftswunder« der 1950er Jahre; nach Ausweis der Statistiken mit den Jahren von 1958 bis 1960.

Jahr	Land- und Forstwirt.	Produzier. Gewerbe	Handel Verkehr	Dienstleistungen
1950	22,1	44,7	15,9	17,2
1957	15,8	47,6	19,6	17,0
1960	13,3	48,4	19,9	18,4
1965	10,9	48,1	17,5	23,5
1970	8,9	48,6	17,2	25,3
1980	5,3	45,3	17,6	31,8

Zusammensetzung der Erwerbstätigen in der BRD
nach Wirtschaftssektoren

Jahr	Selbständige	Mithelfende Familienang.	Beamte Angestellte	Arbeiter
1950	14,5	13,8	20,6	51,0
1957	12,7	10,8	25,1	51,4
1960	12,4	9,8	28,1	49,7
1965	11,4	8,2	32,5	47,8
1970	10,4	6,7	36,2	46,6
1980	8,6	3,4	45,6	42,3

Zusammensetzung der Erwerbstätigen in der BRD
nach sozialer Stellung

Auch das Konzept der »sozialen Marktwirtschaft« war zu Anfang der 1950er Jahre noch weit gehend ein Postulat. Vor allem trat die soziale Komponente bis in die zweite Hälfte der 1950er Jahre hinter den Maßnahmen der Produktionssteigerung zurück. Sie bestand zunächst aus dem überlieferten System der deutschen Sozialversicherung. Dazu gehörten die Unfall- und die Krankenversicherung aus der Bismarckzeit sowie die Arbeitslosenversicherung aus der Weimarer Republik. Zu den wichtigsten neu geschaffenen Sozialleistungen gehörten das Kindergeld (1954), die Rentenreform (1957) und die Sozialhilfe (1961).

Für die Neuregelung des Verhältnisses zwischen Arbeitern und Unternehmern wurden zwei Gesetze wichtig. Am 21. Mai 1951 wurde die paritätische Mitbestimmung in den Aufsichtsräten der Montanindustrie beschlossen. Unter den jeweils elf Mitgliedern mussten je fünf Vertreter auf die Arbeitnehmer- und die Aktionärseite entfallen; der elfte Mann war eine neutrale Person, die von beiden im Aufsichtsrat vertretenen Gruppen gewählt wurde. Für die übrigen Unternehmen konnte diese paritätische Mitbestimmung nicht erreicht werden.

Das Betriebsverfassungsgesetz vom 11. Oktober 1952 sah vor, dass ein Drittel der Aufsichtsratssitze von Kapitalgesellschaften mit Arbeitnehmervertretern besetzt werden musste. Außerdem wurden die Rechte der Betriebsräte erweitert; diese jedoch dazu verpflichtet, mit den Arbeitgebern zum Wohle des Betriebs zusammenzuarbeiten. In dieser Form galt das Gesetz bis 1976.

Von der allgemeinen Verbesserung der wirtschaftlichen Lage wurden die sozialen Auswirkungen der »Wirtschaftswunderzeit« weit gehend verdeckt. Die Nivellierung der Konsumchancen weckte die Illusion, dass auch eine gerechtere Verteilung der Einkommen und Vermögen in Reichweite liege. Das war aber bis Ende der 1950er Jahre nicht der Fall. Trotz der Zielsetzung der CDU-Regierungen, mit der sozialen Marktwirtschaft Wohlstand für alle zu schaffen, war dieser Wohlstand ungleich verteilt worden. Fasst man die oberen (reichsten) 10 Prozent der Einkommensbezieher zusammen und ordnet ihnen ihren Anteil am Gesamteinkommen zu, so erhöhte sich dieser Anteil von 1950 bis 1961 von 34 auf 38 Prozent. Entsprechend sank der Anteil der mittleren 40 Prozent der Einkommensbezieher im gleichen Zeitraum von 46

	Prozent der Einkommensbezieher	10	40	50
	Prozent des Gesamteinkommens			
1950		40	36	24
1928		37	38	25
1936		39	43	18
1950		34	46	20
1961		38	40	22
1965		35	43	22

Personelle Einkommensverteilung in Deutschland 1913–1965

auf 40 Prozent. Der Anteil der unteren (ärmsten) 50 Prozent der Einkommensbezieher stieg leicht von 20 auf 22 Prozent an. Dass sich aus dieser Auseinanderentwicklung der Einkommen keine tief greifenden sozialen Spannungen ergaben, erklärt sich vor allem aus der stetigen Verbesserung aller Einkommen. Bei steigendem eigenen Einkommen der Lohnempfänger fällt eine sich verschlechternde Relation zu den höheren Einkommen nicht so sehr auf.

Zu den wichtigen Auswirkungen dieser gesellschaftlichen Entwicklung gehörte die »Entproletarisierung« der Arbeiterschaft. Zwar unterschieden sich Arbeiter am Ende dieser Zeit noch immer deutlich von anderen Schichten der Bevölkerung. Auch grenzten sich die Arbeiter selbst in ihrer subjektiven Wahrnehmung weiterhin von den Angestellten und Beamten ab. Doch vieles, was seit dem 19. Jahrhundert für die proletarische Lebenslage charakteristisch gewesen war, galt nun nicht mehr: die Arbeitsverhältnisse, die wirtschaftliche Situation, die soziale Lage und die Lebenshaltung hatten sich entscheidend gebessert. Kennzeichnend für die positive Integration der Arbeiter in die Gesellschaft war es, dass in der BRD jene proletarische Subkultur, die die Arbeiterbewegung im Kaiserreich und in der Weimarer Republik ausgezeichnet hatte, nahezu völlig verschwand oder nur in kleinen Zirkeln weiterexistierte. Das Ende der politischen Arbeiterbewegung Ende der 1950er Jahre war eine logische Folge dieser gesellschaftlichen Entwicklung.

II
Aspekte

1
Einheit und Spaltung in der deutschen Arbeiterbewegung

Die Porträts von Marx und Lassalle schmücken das Titelbild einer viel gelesenen Geschichte der deutschen Arbeiterbewegung von Helga Grebing; wobei offen bleibt, ob die beiden Persönlichkeiten zwei verschiedene Strömungen der Arbeiterbewegung symbolisieren sollen oder ob gemeint ist, dass sie und ihre Programme in ihr zu einer Einheit verschmolzen wurden.

Die SPD sieht den 23. Mai 1863, als in Leipzig der Allgemeine Deutsche Arbeiterverein unter maßgeblicher Beteiligung Lassalles gegründet wurde, als ihren Geburtstag an. Der »Handschlag« in der roten Fahne des ADAV stellte eine Verbindung zur Allgemeinen deutschen Arbeiterverbrüderung her, die 1848 unter dem Einfluss Borns entstanden war und dieses Symbol erstmals verwendet hatte. Der 1847 aus Vorläuferorganisationen auf Initiative von Marx gebildete Bund der Kommunisten kommt in dieser Traditionslinie nicht vor.

Ganz anders wurden die Kontinuitäten in der Geschichtsschreibung der DDR betont. Sie zog eine gerade Linie vom Bund der Kommunisten bis zur SED und zur KPD in »Westdeutschland«, sah den Bund der Gerechten als erste politische Organisation der deutschen Arbeiter an und hob hervor, dass die »revolutionäre Partei der deutschen Arbeiterklasse« die älteste Partei in Deutschland sei.

Blickt man genauer hin, so verschwinden diese klaren

Konturen in der Geschichte der deutschen Arbeiterbewegung. Die Gräben zwischen einer reformorientierten und einer revolutionären Richtung sind wohl erst zu Beginn des Ersten Weltkriegs mit der Spaltung der SPD gezogen worden. Sie vertieften sich in der Revolution von 1918/19, waren schon Ende der 1920er Jahre trotz des gemeinsamen Feindes Nationalsozialismus unüberbrückbar geworden und mündeten nach 1949 in den Aufbau zweier deutscher Staaten.

Nachdem dieser Spaltungsprozess unumkehrbar geworden war, machte sich die Geschichtswissenschaft daran, von der Gegenwart aus die Kontinuitätslinien bis in die Gründungszeit zurück zu ziehen. Man fand schon 1848 zwei Strömungen und in der Neugründungsphase seit 1863 zwei Parteien der deutschen Arbeiterbewegung.

Doch es gibt keine zwei klaren Linien aus der Revolution in die 1860er Jahre hinein. Lassalles Arbeiterprogramm von 1863 liegt nicht ganz auf der Linie der Bornschen Arbeiterverbrüderung von 1848. Letztere sah die gewerkschaftsähnliche Arbeit als eine ihrer wichtigsten Aufgaben an; Lassalle war ein Gegner gewerkschaftlicher Organisation. Die beiden Arbeiterparteien der 1860er Jahre, der ADAV und die SDAP, unterschieden sich nicht als Lassalleaner und Marxisten, sondern in ihrer Stellung zur Reichsgründung. Wohl war der Bund der Kommunisten die erste Arbeiterpartei in Deutschland, aber Marx hatte in ihm nicht einen so großen Einfluss, wie es die DDR-Geschichtsschreibung gerne gewollt hätte. Andererseits mag manchem klassenbewussten Proletarier Marxens auffallende Vorliebe für die progressiven bürgerlichen Ideologien und sein Taktieren mit den bürgerlichen Parteien ganz und gar nicht radikal vorgekommen sein. Die 1848/49 und 1863/75 jeweils gedoppelten Gründungsansätze bildeten jedesmal regionale Zentren der Arbeiterbewegung heraus. In der Revolution kam es zu keinen politischen Auseinandersetzungen zwischen den rheinischen

Arbeitervereinen und der Arbeiterverbrüderung, die Kontroversen zwischen dem »preußisch orientierten« ADAV und der vornehmlich süddeutschen SDAP lösten sich nach der Reichsgründung bald auf.

Blickt man von den 1860er Jahren in die Weimarer Republik, so verschwimmen ebenfalls die klaren Konturen. Die Gewerkschaftsfeindlichkeit Lassalles und seine einseitige Kampfrichtung gegen das liberale Bürgertum passen nicht in das Bild der (M)SPD, die doch gerade durch ihre erfolgreiche Gewerkschaftsarbeit und durch Regierungsbündnisse mit den Parteien des Bürgertums in den Staat hineingewachsen ist. Dagegen wurde Lassalles Theorie von der einen reaktionären Masse, die der Arbeiterschaft gegenüberstehe, nach 1928 von der KPD wieder aufgegriffen. Unter dem Schlagwort »Sozialfaschismus« erklärte die KPD alle Parteien bis auf sich selbst als reaktionär-faschistisch. Die SPD dagegen begriff sich bis zum Ende der Weimarer Republik als eine marxistische Partei, und das heißt auch als eine Partei, die die Lehren Lassalles seit Erfurt 1891 überwunden hatte.

Überhaupt verbietet es sich, Marx und Lassalle auf eine Stufe zu stellen. Lassalle war ein bedeutender deutscher Arbeiterführer, aber seine theoretischen Positionen beeinflussten die Arbeiterbewegung nur kurze Zeit. Die von Marx entwickelte Methode des historischen Materialismus und seine daraus folgenden Theorien werden dagegen bis heute weltweit diskutiert, was nicht heißen soll, dass sie die Gesellschaft in allen Belangen zutreffend analysiert haben. Wenn es also wohl nur eine nachträgliche Konstruktion ist, seit 1848 von zwei festen Strömungen der deutschen Arbeiterbewegung auszugehen, so bleibt es doch eine Tatsache, dass die deutschen Arbeiter die längste Zeit in zwei (oder mehr) Parteien organisiert waren. Auch der internationale Vergleich legt nahe, dass die Aufspaltung in mehrere Arbeiterparteien der Normalfall, die »Einheitspartei« aber die Ausnahme gewesen ist. Wenn dem so war, dann müsste nicht die 1917 erfolgte Spaltung der SPD erklärungsbedürftig sein, sondern der Umstand, warum diese Spaltung erst so spät stattfand.

Die deutsche »Arbeitereinheitsperiode« von 1875 bis 1917 war vergleichsweise lang. In Frankreich wurden Anfang der 1880er Jahre drei verschiedene, miteinander um die Gunst der Arbeiter rivalisierende Organisationen gegründet. Erst 1905 entstand dann eine sozialistische Einheitspartei (SFIO), die sich 1920 in eine kommunistische und eine sozialistische Partei spaltete. In Italien konstituierte sich 1892 eine sozialistische Partei (der spätere PSI), die sich Anfang 1921 wieder spaltete. Auch in Russland blieb es nicht lange bei *einer* Arbeiterpartei. Hier entstand 1898 aus der seit 1883 bestehenden Organisation »Befreiung der Arbeit« die russische Sozialdemokratie. Unter dem Einfluss Lenins zerfiel sie aber schon 1903 in die Menschewiki und die Bolschewiki.

Die klassische deutsche Sozialdemokratie von 1875 bis 1917 mag also ein Vorbild für die zerstrittenen Arbeiterparteien anderer Länder gewesen sein. Heute sieht man jedoch deutlicher als damals, dass die Politik der Parteieinheit um jeden Preis dem Sozialismus in Deutschland auch geschadet hat. Die prinzipiellen Gegensätze waren spätestens seit dem Revisionismusstreit vorhanden, wurden aber bis zum Ersten Weltkrieg heruntergespielt. Dadurch vollzog sich die Spaltung erst im Weltkrieg unter wesentlich ungünstigeren Bedingungen. Erstens fehlten den reformorientierten ebenso wie den marxistischen Gruppen Raum und Zeit, um ihre jeweiligen Strategien auszuarbeiten und auszuprobieren. So standen MSPD und USPD beim Ausbruch der Novemberrevolution schlecht vorbereitet da, und die USPD hatte darüber hinaus noch keine gefestigte Organisation.

Zweitens hätte eine Spaltung im Jahr 1910 eine andere Form angenommen als 1917. Schon seit Mitte der 1890er Jahre erwogen Bebel, Kautsky und andere in ihrem privaten Briefwechsel eine Parteispaltung, aber immer in Bezug auf den rechten, reformorientierten Flügel. Informelle Gruppen bildeten sich auf überregionaler Ebene ebenfalls seit Mitte der 1890er Jahre, aber nur auf dem rechten Parteiflügel. »Sonderkonferenzen« waren in der Partei seit 1908 allgemein üblich. Dass die Abspaltung von der Parteimehrheit im Laufe des Weltkriegs nach links und nicht nach rechts erfolgte, war also nicht das Resultat einer sich schon lange abzeichnenden Entwicklung. Der Krieg begünstigte vielmehr das Zusammenrücken von Parteizentrum und rechtem Flügel. So hatte sich die SPD wegen unüberbrückbarer Kontroversen über die Kriegspolitik, nicht über die sozialistische Gesellschaft gespalten. Diese Teilung passte dann in die veränderten Verhältnisse von Revolution und Republik nicht mehr hinein. Die Folge waren weitere Trennungen von Januar 1919 und Dezember 1920 sowie eine partielle Wiedervereinigung im September 1922 – bis sich schließlich die Mehrheitssozialisten und der rechte Flügel der USPD in der einen sowie die linken Unabhängigen in der anderen Partei befanden. Diese Prozesse absorbierten einen großen Teil der Kräfte, die dann für eine Veränderung der Gesellschaft nicht zur Verfügung standen.

Jede Trennung und jede Wiedervereinigung von Arbeiterparteien fand unweigerlich Kritiker, und jedesmal waren diese mit dem Vorwurf schnell bei der Hand, es habe sich nicht um einen freien Entschluss der Mitglieder, sondern um einen Zwang von außen gehandelt. Das war 1920 bei der Spaltung der USPD der Fall und mehr noch 1946 bei der Vereinigung von SPD und KPD zur SED. Beide Male hieß es, dass die Komintern bzw. die Sowjetunion Druck ausgeübt und die jeweils gemäßigtere Partei (also USPD bzw. SPD) zur Auflösung gezwungen habe. Wissenschaftlich belegen lassen sich solche Vorwürfe kaum.

Nehmen wir die Gründung der SED, und gehen wir angesichts der heute noch politisch relevanten Frage, ob diese eine Zwangsvereinigung war, ins Detail! Wenn eine solch einschneidende Entscheidung wie der Zusammenschluss von SPD und KPD den Mitgliedern beider Parteien zur Entscheidung vorgelegt worden wäre, dann wüssten wir heute mehr über die damalige Stimmung. Generell ist zu sagen, dass die Bereitschaft zum Zusammenschluss während des antifaschistischen Kampfes in der Illegalität und im Exil gestiegen war. Das galt übrigens auch im konservativen und liberalen Lager, sodass in der BRD mit der CDU/CSU und der FDP zum ersten Mal seit den 1860er Jahren »Einheitsparteien« dieser politischen Richtungen entstanden.

Eine Urabstimmung über die Verschmelzung von SPD und KPD fand 1946 in der SBZ und in Ostberlin nicht statt, wohl aber in Westberlin. Das Abstimmungsergebnis kann also nicht als repräsentativ bezeichnet werden, bleibt aber das einzige Datenmaterial. In der Literatur wird das Ergebnis zudem je nach politischem Standort einseitig interpretiert. Drei Aspekte sind dabei zu berücksichtigen. Die Urabstimmung beruhte erstens auf einer Initiative der Vereinigungsgegner in der Berliner SPD. Der ZA um Grotewohl rief zum Boykott der Urabstimmung auf; mit dem formal zutreffenden Argument, eine Urabstimmung sei im Parteistatut nicht vorgesehen. In Kenntnis dieser Tatsache kann man die Nichtbeteiligung an der Abstimmung nicht nur als Desinteresse interpretieren; unter den Nicht-Abstimmenden verbargen sich auch etliche, die mit dem Vereinigungskurs einverstanden waren. Obwohl (und das ist der zweite Aspekt) nur in den Westsektoren Berlins abgestimmt wurde, war kein Sozialdemokrat aus Ostberlin daran gehindert, an der Urabstimmung im Westen teilzunehmen. Die SPD-freundliche Geschichtsschreibung geht davon aus, dass nur Westberliner an der Abstimmung teilnahmen, und kommt deshalb zu einer hohen Wahlbeteiligung von 73 Prozent. Die DDR-Geschichtsschreibung bezog die Wahlbeteiligung auf die Gesamtzahl der SPD-

Mitglieder in Berlin und kam deshalb nur auf eine Wahlbeteiligung von 35 Prozent. Die Schlüsse, die beide Seiten aus ihren Zahlen zogen, sind jeweils unseriös: Denn niemand weiß, wie viele Ostberliner mitgewählt haben, und niemand weiß, aus welchen Gründen die Nichtwähler zu Hause blieben.

Wenden wir uns nun drittens den Abstimmenden selbst zu! Schon die Fragen waren von den Vereinigungsgegnern geschickt gewählt worden. Frage 1 lautete: »Sind Sie für eine sofortige Vereinigung mit der KPD?« Darauf antworteten 2731 mit Ja und 19 951 mit Nein. Diesem Abstimmungsergebnis liegt die Zahl von 82 Prozent zugrunde, die in vielen Büchern erwähnt wird. Korrekt muss es heißen: 82 Prozent der *abstimmenden* Sozialdemokraten in *Berlin* sprachen sich gegen eine *sofortige* Vereinigung mit der KPD aus. Frage 2 lautete: »Sind Sie für ein Bündnis mit der KPD?« Es gab also keine Möglichkeit, für eine spätere Vereinigung zu stimmen. Auf die Bündnisfrage antworteten 14 146 mit Ja und 5707 mit Nein. Ein vorsichtiger Kommentar zu diesem Ergebnis (das in manchen Büchern zum Thema ganz weggelassen wird) könnte lauten: Selbst von denjenigen, die entgegen dem Boykottaufruf des Berliner ZA zur Abstimmung gingen, stimmten rund zwei Drittel gegen Schumachers Konfrontationskurs mit der KPD. Als Gesamtergebnis dieser Urabstimmungsanalyse lässt sich nur wenig formulieren: Es gibt kein klares Bild über die Meinung der SPD-Mitglieder in dieser umstrittenen Frage. Deshalb sollte man auch mit dem Begriff »Zwangsvereinigung« bis zum Jahr 1948 zurückhaltend umgehen. Nach der Umwandlung der ursprünglich auf allen Ebenen paritätisch besetzten sozialistischen Massenpartei in eine stalinistische Partei und mit den umfangreichen Säuberungen kann man dann ohne Bedenken von Zwang sprechen.

Es gibt noch eine weitere Möglichkeit, die Gründung der SED zu testen. Im September und Oktober 1946 fanden freie Wahlen in der SBZ statt, an denen man in etwa ablesen kann, wie die SED in der Gunst der Wählenden lag. Bei Gemeinde- und Landtagswahlen konkurrierte die SED nur mit liberalen und konservativen Parteien; die SED erhielt 57,1 Prozent bzw. 47,8 Prozent. Bei den Groß-Berliner Stadtverordneten-Wahlen konkurrierte die SED auch noch mit der SPD und verlor deutlich: Die SED erhielt 19,8 Prozent, die SPD 48,7 Prozent und die CDU 22,2 Prozent, die Liberaldemokraten kamen auf 9,3 Prozent.

2
Der historische Materialismus

Der historische Materialismus ist eine von Marx und Engels entwickelte handlungsorientierte wissenschaftliche Methode, um die Wirklichkeit in ihren gesetzmäßigen Zusammenhängen zu begreifen. Als Methode ist er das Gegenteil einer Weltanschauung oder eines Systems; wohl aber kann er Weltanschauungen und Systemen zur Grundlage werden. Als handlungsorientierte Methode endet der historische Materialismus für Marx und Engels nicht bei einer brillanten Interpretation der Gesellschaft. Er zeigt auf, dass es darauf ankommt, die Welt zu verändern und den Kapitalismus zu überwinden. Sein Ziel ist nicht eine bessere Anschauung der Welt, sondern die tatsächliche Verbesserung der Welt. In diesem Sinne konnte Marx 1845 in der berühmt gewordenen 11. These über Feuerbach sagen: »Die Philosophen haben die Welt nur verschieden interpretiert, es kömmt drauf an, sie zu verändern.«

Der historische Materialismus ist nach dem Tod seiner Begründer vielfach uminterpretiert, revidiert, wiederhergestellt und ergänzt worden. In seinem Namen sind politische Parteien und Systeme entstanden, die vielfach mit der von Marx entwickelten Lehre nicht mehr übereinstimmten. Alle Kontroversen, die über den Marxismus bis heute geführt wurden, sind – unbewusst oder bewusst – von Kontroversen über den historischen Materialismus begleitet. Deshalb scheint es geboten, einen Versuch zu unternehmen, den historischen Materialismus in seiner ursprünglichen Gestalt zu rekonstruieren.

Entwickelt haben ihn Marx und Engels in den Jahren bis 1848 und dann in ihren Frühschriften dargestellt. Dabei fügten sie drei Komponenten zusammen: das historische Prinzip, das dialektische Denken und den philosophischen Materialismus. Dieses Zusammenfügen war nicht nur ein mechanischer Vorgang, sondern ein bedeutender schöpferischer Prozess.

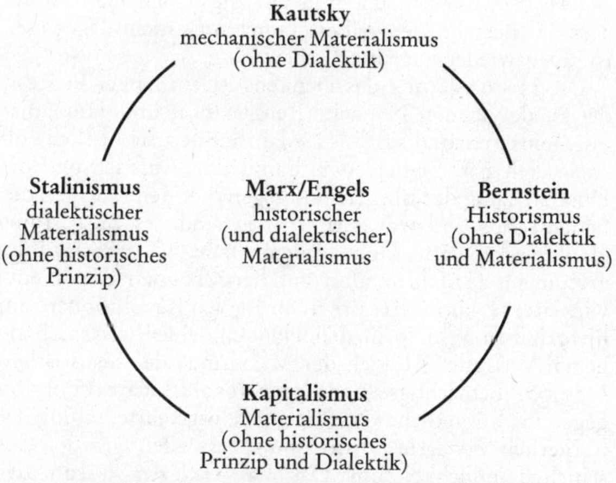

Umformungen des historischen Materialismus

Als historisches Prinzip lässt sich die von Marx immer wieder erhobene Forderung verstehen, die Sachverhalte in ihrem Zusammenhang, ihrer Verkettung, ihrer Bewegung, ihrem Entstehen und Vergehen aufzufassen. »Historisch« ist also ein Gegenbegriff zu »systematisch«. In diesem Sinne konnten Marx und Engels in der *Deutschen Ideologie*, einer ihrer Frühschriften, schreiben: »Wir kennen nur eine einzige Wissenschaft, die Wissenschaft der Geschichte.« Obwohl sie diesen Satz später vielleicht revidiert hätten, blieb doch das Prinzip der Geschichtlichkeit aller Erscheinungen für sie immer bestimmend. In diesem Prinzip sahen sie das eigentlich Revolutionäre ihrer Methode. Jeder Teil der menschlichen Gesellschaft sollte als historisch gewordener und wieder vergehender Teil, also in seiner Beziehung zu Vergangenheit und Zukunft betrachtet werden.

Revolutionär ist die historische Methode insofern, als sie das Bewusstsein dauernd auf die Möglichkeit stößt, dass das Bestehende, weil es einmal noch nicht dagewesen ist, auch wieder zugrunde gehen kann.

Die Historisierung des Denkens ist ein langer Prozess, der in der frühen Neuzeit (Reformation und Humanismus) einsetzte und sich im 18. Jahrhundert schließlich voll entwickelt hat. Er begleitete damit den Aufstieg und die Durchsetzung des Bürgertums gegenüber den Mächten des Feudalismus und war auch weit gehend des Bürgertums ideologische Waffe. Doch in dem Maße, wie sich das Bürgertum im 19. Jahrhundert zur herrschenden Klasse entwickelte, verkümmerte das ursprünglich Revolutionäre am historischen Prinzip in den Händen seiner wissenschaftlichen Vertreter. Als sich der Marxismus der historischen Methode bemächtigte und deren revolutionäre Funktion gegen die bürgerliche Gesellschaft selbst kehrte, schlug der bürgerlich erstarrte Historismus bisweilen gar in Geschichtsfeindlichkeit um. Das mag erklären, warum der historischen Methode im heutigen Bewusstsein so wenig

Revolutionäres anhaftet. Von Marx wurde sie jedenfalls als eine Methode erkannt, die die prinzipielle Möglichkeit zur Revolutionierung der Gesellschaft eröffnete.

Das dialektische Denken, die zweite Komponente des historischen Materialismus, hat Marx von Hegel übernommen. Doch war die Dialektik nicht Hegels Erfindung. Schon in der Antike, im Mittelalter und im 17./18. Jahrhundert finden wir Ansätze dialektischen Denkens. Damals verstand man unter Dialektik meist die Kunst des Widerspruchs, also das Argumentieren mit These und Antithese. Hegel verstand jedoch unter Dialektik mehr, nämlich die Form, in der sich die gesamte geschichtliche und geistige Welt entwickelt. Die durch die dialektische Methode gefundenen Gesetzmäßigkeiten haben nicht den Charakter von periodischen Wiederholungen, sondern Fortschrittscharakter; sie zeichnen die stufenweise Höherentwicklung des Geschichtsverlaufs nach.

Die Dialektik im Hegelschen und Marxschen Sinne lässt sich in drei Grundgedanken zusammenfassen. Erstens wird die Entwicklung als Selbstbewegung gedeutet, als Kampf von in den Dingen selbst enthaltenen Gegensätzen. Das kann man mit dem Gegensatz von These und Antithese in Einklang bringen, der in der älteren Anwendung der Dialektik vorherrschte. Wichtig ist aber für das Hegelsche Denken, dass nicht ein Sieg von These oder Antithese in diesem Kampf angenommen wird, sondern dass es zu einer Aufhebung der Gegensätze in einer Synthese kommt. Diese kann dann als eine neue These wieder zur Bildung einer Antithese führen. Zweitens wird die Entwicklung als Umschlag von quantitativen in qualitative Veränderungen und umgekehrt gedeutet. Drittens werden alle Erscheinungen, auch die Gegensätze in ihnen, als Totalität, d. h. als ein einheitliches Ganzes gesehen.

Man kann nun leicht deutlich machen, welche Folgen ein in solcher Weise auf die Analyse der Gesellschaft angewendetes dialektisches Denken haben muss: Aus der Selbstbewegung folgt die Spontaneitätstheorie (also die Auffassung, dass die Arbeiter ihre Sache selbst in die Hand nehmen müssen), aus dem Kampf der Gegensätze die Klassenkampftheorie, aus dem Gesetz des Umschlagens von Quantität in Qualität die Revolutionstheorie.

Mit der Aufnahme des materialistischen Prinzips in den historischen Materialismus wandte sich Marx gegen die idealistische Philosophie und knüpfte an den philosophischen Materialismus des Aufklärungszeitalters an. Als materialistisches Prinzip lässt sich die Forderung bestimmen, die dialektische Entwicklung in der Geschichte nicht als eine solche des Geistes oder der Ideen zu sehen, sondern als Handlungen wirklicher Menschen, die zur Befriedigung ihrer Bedürfnisse arbeiten und damit ihre eigenen Lebensbedingungen und ihr Bewusstsein erst produzieren. In diesen Zusammenhang gehört der berühmt gewordene Satz, Marx habe Hegels Philosophie vom Kopf auf die Füße gestellt.

Auch der Materialismus hat sich seit dem Beginn der Neuzeit langsam entwickelt und in der zweiten Hälfte des 18. Jahrhunderts seinen ersten Höhepunkt gefunden. Der Materialismus der französischen Aufklärung fand seinen Niederschlag in der berühmten *Encyclopédie Française* und in Büchern mit Titeln wie *L'homme machine* (Lamettrie) oder *Système de la nature* (Holbach). In den radikalsten Gedanken von Rousseau, Mably und Morelly wurden schließlich die Entstehung von Eigentum und Arbeitsteilung als Hauptursachen der Ungleichheit unter den Menschen erkannt, und die bestehende Rechtsordnung bezeichnete man als ein Unterdrückungsmittel der Herrschenden. An diese aus einer materialistischen Analyse der Gesellschaft gewonnenen Gedanken konnte Marx anknüpfen. Auch hatten die in der ersten Hälfte des 19. Jahrhunderts lebenden Frühsozialisten Saint-Simon und Fourier die Durchsetzung der industriellen Gesellschaft als eine Gesetzmäßigkeit betrachtet.

Die Kenntnis der drei Komponenten des historischen Materialismus bedeutet natürlich noch nicht, ihn selbst verstanden zu haben. Das Ganze (die Totalität) ist auch in diesem Fall mehr als die Summe der drei Teile. Jeder Teil nimmt im Ganzen auch eine andere Gestalt an. Wenn, wie gesagt, alle Kontroversen über den Marxismus von Kontroversen über den historischen Materialismus begleitet werden, dann geht es dabei jeweils um die Gewichtung der drei Komponenten, um das Verhältnis des historischen, des dialektischen und des materialistischen Prinzips in ihm.

Wenn im historischen Materialismus die dialektische Komponente vernachlässigt wird, dann bleibt ein mechanischer Materialismus übrig, der die Spontaneitätstheorie aufgibt und tatenlos auf die nächste Revolution wartet. Das war etwa die Position der von Kautsky dominierten klassisch-orthodoxen SPD vor 1914. Wenn die dialektische und materialistische Komponente fehlen, dann bleibt ein reiner Historismus über, der politisch auch die Revolutionstheorie und den Klassenkampf aufgibt. Das war etwa die Position der von Bernstein angeführten revisionistischen SPD vor 1914. Fehlt aber die historische Komponente oder ist sie vernachlässigt, dann entsteht ein dialektischer Materialismus, der die Kraft der Veränderung verliert und zu einer systemerhaltenden Ideologie wird. Das war etwa die Position der Sowjetunion zur Zeit Stalins. Und schließlich noch: Verkümmert der historische Materialismus zu einem rein materialistischen Denken, fehlt ihm also die historische und die dialektische Komponente, dann sind wir bei dem heute in den westlichen Industrienationen dominierenden Bewusstsein angelangt: Denn ein Idealist will dort niemand mehr gerne sein.

3
Die Marxsche Revolutionstheorie

Als Reaktion auf den Verlauf der Revolution von 1848 in Deutschland haben Marx und Engels die ursprüngliche Strategie des *Kommunistischen Manifests* mehrfach modifiziert. Es erscheint deshalb angebracht, den unveränderlichen Kern der marxistischen Revolutionstheorie zusammenzufassen. Die Formulierungen waren damals gegen die Frühsozialisten wie Weitling, Schapper, oder den Franzosen Blanqui gerichtet. Sie blieben aber auch im 20. Jahrhundert aktuell und ließen sich gegen Lenin und das sowjetische Experiment ins Feld führen.

Zwei Aspekte sollen dabei herausgegriffen werden, die Marx und Engels schon 1845/46 in der *Deutschen Ideologie* zur Sprache brachten und später immer wiederholten. Es gebe, so führten sie aus, zwei praktische Voraussetzungen einer sozialistischen Revolution: Erstens müsse die Masse der Menschheit eigentumslos sein und einer Welt des Reichtums und der Bildung gegenüberstehen. Ein hoher Lebensstandard in der herrschenden Klasse sei deshalb nötig, weil ohne ihn nur der Mangel verallgemeinert werden würde. Zweitens sei der Kommunismus empirisch nur als die Tat der herrschenden Völker auf einmal und gleichzeitig möglich. Kommunistische Inseln innerhalb des kapitalistischen Meeres könne es also auf Dauer nicht geben.

Im Jahr 1847 präzisierte Engels diese Annahmen in seiner Arbeit *Grundsätze des Kommunismus*. Die Schrift ist in der Form eines Katechismus als Frage-und-Antwort-Spiel abgefasst. Auf die Frage »Wird diese (d. h. die kommunistische) Revolution in einem einzigen Lande vor sich gehen können?«, antwortete Engels mit einem klaren Nein und fuhr fort: Sie »wird eine in allen zivilisierten Ländern, d. h. wenigstens in England, Amerika, Frankreich und Deutschland gleichzeitig vor sich gehende Revolution sein. Sie wird sich in jedem dieser Länder rascher oder langsamer entwickeln, je nachdem das eine oder das andere Land eine ausgebildetere Industrie, einen größeren Reichtum, eine bedeutendere Masse von Produktivkräften besitzt. Sie wird daher in Deutschland am langsamsten und schwierigsten, in England am raschesten und leichtesten durchzuführen sein.«

Nach den Erfahrungen mit der Revolution von 1848 bestätigte sich für Marx und Engels gerade die Notwendigkeit dieser beiden Voraussetzungen. So kritisierte Marx 1850 in einer Rezension noch einmal die Anhänger des Putschismus in der frühsozialistischen Arbeiterbewegung. »Ihr Geschäft besteht gerade darin, dem revolutionären Entwicklungsprozeß vorzugreifen, ihn künstlich zur Krise zu treiben, eine Revolution aus dem Stegreif, ohne die Bedingungen einer Revolution zu machen. Die einzige Bedingung der Revolution ist für sie die hinreichende Organisation ihrer Verschwörung.« (MEW 7, S. 273 f.)

An dieser Auffassung haben Marx und Engels immer festgehalten. Als Beleg dafür sei aus der von Engels 1875 verfassten Schrift *Soziales aus Rußland* zitiert: »Die vom modernen Sozialismus erstrebte Umwälzung ist, kurz ausgedrückt, der Sieg des Proletariats über die Bourgeoisie und die Neuorganisation der Gesellschaft durch Vernichtung aller Klassenunterschiede. Dazu gehört nicht nur ein Proletariat, das diese Umwälzung durchführt, sondern auch eine Bourgeoisie, in deren Händen sich die gesellschaftlichen Produktionskräfte soweit entwickelt haben, daß sie die endgültige Vernichtung der Klassenunterschiede gestatten. [...] Erst auf einem gewissen, für unsere Zeitverhältnisse sogar sehr hohen Entwicklungsgrad der gesellschaftlichen Produktivkräfte wird es möglich, die Produktion so hoch zu steigern, daß die Abschaffung der Klassenunterschiede ein wirklicher Fortschritt, daß sie von Dauer sein kann, ohne einen Stillstand oder gar Rückgang in der gesellschaftlichen Produktionsweise herbeizuführen.«

Es kann also gar keinen Zweifel geben, dass vom Standpunkt des Marxismus aus eine sozialistische Revolution an bestimmte ökonomische Voraussetzungen geknüpft ist. Nur unter der Bedingung eines hohen Standes der wirtschaftlichen Entwicklung kann die Abschaffung der Klassenunterschiede von Dauer sein. Falls diese Voraussetzung nicht gegeben ist und trotzdem eine Revolution gemacht wird, wird lediglich der Mangel verallgemeinert und die revolutionäre Minderzahl muss, um an der Macht zu bleiben, eine Diktatur auf Dauer ausüben.

Die Stoßrichtung dieser Argumentation war, wie gesagt, gegen die Frühsozialisten gerichtet. Marx hat dann später in seinen ökonomischen Schriften auch nachzuweisen versucht, dass die revolutionäre Überwindung des Kapitalismus im Laufe der Geschichte mit gesetzmäßiger Notwendigkeit erfolgen werde. Der Untergang des Kapitalismus erschien dann als ein historisch zwangsläufiges Ereignis, da der Kapitalismus selbstzerstörerische Tendenzen entfalte.

Diese Analyse wurde in der zweiten Hälfte des 19. Jahrhunderts von anderer Seite missverstanden. Man nahm in der deutschen Sozialdemokratie unter dem Einfluss von Karl Kautsky an, dass der Kapitalismus von allein zusammenbrechen werde, man also nur auf die finale Wirtschaftskrise zu warten brauche. Gegenüber dieser Missdeutung muss auch daran festgehalten werden, dass Marx und Engels nie die Meinung aufgegeben haben, dass der Kapitalismus nur durch die bewusste Tat der Arbeiter überwunden werden könne. Ihre politische Tätigkeit in der Revolution von 1848/49 ist das beste Beispiel dafür. Sie selbst haben die Hände nie in den Schoß gelegt. Das fatalistisch-untätige Warten auf einen Zusammenbruch war also ebenso unmarxistisch wie die aktionistisch-überstürzte Tat. Beide Positionen verabsolutierten je eine Seite der historisch-materialistischen Revolutionstheorie, ohne sie dialektisch miteinander zu verbinden.

Aus demselben Grund ist es auch falsch zu sagen, die Marxsche Revolutionstheorie sei widerlegt worden, weil der Kapitalismus heute ja noch bestehe und weil die Revolution nicht in England, dem wirtschaftlich am weitesten fortgeschrittenen Land, sondern in dem ökonomisch rückständigen Russland ausgebrochen sei.

Der Frage, warum die sozialistische Revolution nicht in England ausgebrochen ist, braucht in einer Geschichte der *deutschen* Arbeiterbewegung nicht nachgegangen zu werden. Eine mögliche Antwort könnte lauten, dass sich die Großmächte seit Mitte der 1880er Jahre erneut Kolonien zulegten und dadurch auch soziale Konflikte aus den Metropolen in die Dritte Welt »abgeleitet« werden konnten.

Was Russland betrifft, so hat die Entwicklung der Oktoberrevolution und der UdSSR die Marxsche Warnung vor dem Versuch, die bürgerliche Gesellschaft und die von ihr erkämpften Menschenrechte einfach zu überspringen, geradezu bestätigt. Die von Lenin und Trotzki angeführten Bolschewiki mussten die Marxsche Revolutionstheorie in entscheidenden Punkten abändern, um sie für ihr Land anwenden zu können. Zu diesen Änderungen gehörte die Einführung einer Kaderpartei, die konspirativ arbeitete und nur Berufsrevolutionäre aufnahm. Träger der Revolution sollten also nicht die Arbeitermassen sein (weil es sie in großem Umfang damals in Russland gar nicht gab), sondern sollte eine kleine Elite sein, die in der Partei zusammengefasste Avantgarde des Proletariats. Für diese Partei galt das Prinzip des demokratischen Zentralismus, welches besagt, dass alle Mitglieder auf die in der Parteiführung mehrheitlich gefassten Beschlüsse verpflichtet werden. Begründet hat Lenin diese Organisationsform 1902 mit den besonderen Verhältnissen des zaristischen Russlands. Eine andere bedeutende Modifikation der von Marx entwickelten Revolutionstheorie unternahm Lenin, indem er zwar noch auf die Weltrevolution hoffte, aber davon ausging, dass diese nicht in dem wirtschaftlich am weitesten entwickelten, sondern in dem politisch schwächsten Staat beginnen werde. So konnte eine sozialistische Revolution nach Lenin zwar 1917 in Russland ausbrechen, dort aber auf Dauer nur erfolgreich sein, wenn die Arbeiter in den Industrienationen, vor allem in Deutschland, mitzögen. Da die sozialistische Revolution aber in Deutschland 1919 scheiterte, war die UdSSR spätestens unter Stalin (also seit 1924) gezwungen, den weder von Marx noch von Lenin gewollten Alleingang zu wagen. Das Konzept, den Sozialismus in einem einzelnen Land, und dazu noch in einem wirtschaftlich rückständigen, zu verwirklichen, konnte vom marxistischen Standpunkt aus auf Dauer nicht gelingen. Es entstand eine Diktatur der Partei über das Proletariat und andere Gesellschaftsschichten, sowie ein Modellversuch zur forcierten Industrialisierung rückständiger Nationen – aber beileibe keine Union sozialistischer Räterepubliken, wie die Abkürzung UdSSR nahe legt.

Für die Geschichte der deutschen Arbeiterbewegung sollte es relevant werden, dass bereits Lenin (und zwar seit 1920) versuchte, den sowjetischen Weg und den bolschewistischen Parteityp zu verallgemeinern und für die kommunistischen Parteien anderer Länder, auch der westlichen Industrienationen, als verbindlich zu erklären. Daran brach die USPD 1920 auseinander; dadurch erst wurde die KPD zu einer Größe; dadurch wandelte sich die SED 1949 von einer sozialistischen Massenpartei zu einer, wie man die Bolschewisierung umschrieb, »Partei neuen Typus«. Schon Rosa Luxemburg, die im Januar 1919 ermordet wurde und deshalb nur die Anfänge der Oktoberrevolution miterlebte, hat sich in ihrer 1922 postum veröffentlichten Schrift *Die russische Revolution* auch gegen eine Übertragung des bolschewistischen Experiments auf andere Länder ausgesprochen. Dabei hatte sie vor allem die fortgeschrittenen Industrienationen im Blick. Zwar bezeichnete sie die Oktoberrevolution als »Ehrenrettung des internationalen Sozialismus«, machte aber auch deutlich, dass Lenins Konzeption der Kaderpartei nur durch die besondere historische Situation Russlands gerechtfertigt werden könne. In ihrer Nachfolge ist immer wieder zu Recht darauf hingewiesen worden, dass es Lenin nicht gelungen sei, die Notwendigkeit des bolschewistischen Parteityps für die hoch entwickelten kapitalistischen Länder zu begründen.

Innerhalb der Marxschen Revolutionstheorie kommt auch immer wieder der Begriff »Diktatur des Proletariats« vor. Was Marx und Engels darunter verstanden, ist in der Sowjetunion bewusst umgedeutet worden und spätestens seitdem vielen Missverständnissen ausgesetzt. In seiner 1875 verfassten Schrift *Kritik des Gothaer Programms* schrieb Marx: »Zwischen der kapitalistischen und kommunistischen Gesellschaft liegt die Periode der revolutionären Umwandlung der einen in die andre. Der entspricht auch eine politische Übergangsperiode, deren Staat nichts andres sein kann als die revolutionäre Diktatur des Proletariat.« Der umstrittene Begriff ist im Sprachgebrauch des historischen Materialismus also ein anderes Wort für die politische Herrschaft der Arbeiterklasse im Übergang zur klassenlosen Gesellschaft. Dabei ist zweierlei hervorzuheben: Es handelt sich um eine *Übergangs*zeit, und es handelt sich um eine *Klassen*herrschaft. Die Diktatur des Proletariats soll also weder ein Dauerzustand noch die Herrschaft einer Partei sein. Einen Sinn hat der Begriff nur innerhalb der Marxschen Revolutionstheorie, die ja davon ausgeht, dass die Geschichte von Klassenkämpfen durchzogen ist und eine herrschende Klasse immer eine Diktatur über andere Klassen ausübt – auch in der bürgerlichen, parlamentarisch regierten Gesellschaft. Die »Klassendiktatur des Proletariats« wird aber die letzte Diktatur dieser Art sein, und zwar deshalb, weil sie zum ersten Mal von der Mehrheit über die Minderheit ausgeübt wird. Im nichtmarxistischen Sprachgebrauch benutzt man, wenn die Mehrheit über die Minderheit bestimmt, dafür das Wort

»Demokratie«. Auf die Frage, wie sich die Diktatur des Proletariats äußere, antwortete Friedrich Engels 1891 (Marx war schon tot): »Seht euch die Pariser Kommune an. Das war die Diktatur des Proletariats.« Diese Aufforderung haben vor allem die Theoretiker der Rätedemokratie beherzigt.

4
Revisionismus und Orthodoxie

Der Begriff »Revisionismus« ist zu einem festen Bestandteil des politischen Wortschatzes geworden. Revisionismus bezeichnet im allgemeinen Sinne ein Abweichen von der offiziellen (d. i. orthodoxen) Lehre. In dieser Bedeutung wird der Begriff vor allem in der sozialistischen Bewegung angewendet. Schon bald nach seinem erstmaligen Gebrauch galt er als ein Schimpfwort, mit dem die jeweilige Opposition denunziert wurde. Positiv gewendet bedeutet Revisionismus eine kritische Haltung, die ständig bisherige Erkenntnisse undogmatisch überprüft. In diesem Sinn konnte Helga Grebing 1977 ein Buch über den Revisionismus veröffentlichen, das dessen Geschichte von dem durch Bernstein ausgelösten Revisionismusstreit um 1900 bis zum »Prager Frühling« von 1968 umfasst. So wichtig es einerseits ist, den Begriff Revisionismus von dem denunziatorischen Klang zu befreien, so wird dadurch andererseits noch nicht alles richtig, was die Revisionisten gegenüber der Orthodoxie eingewendet haben.

Im historisch-konkreten Sinn wurde Revisionismus zuerst auf Auseinandersetzungen angewendet, die sich innerhalb der deutschen Sozialdemokratie vor 1914 abspielten. Der um 1900 ausgebrochene Revisionismusstreit ist zur größten theoretischen Debatte innerhalb der deutschen

Arbeiterbewegung geworden. In ihr wurde die Haltung vorgeklärt, die die SPD zum Ausbruch des Ersten Weltkriegs und zur Revolution von 1918/19 einnehmen sollte. Ganz allgemein ging es um die Einstellung der Arbeiterbewegung zum Marxismus, der die wissenschaftliche Grundlage des damaligen Parteiprogramms ausmachte, wenn auch in vereinfachter Form. Der Streit war keine ausschließlich deutsche Angelegenheit. Doch kam der deutschen Theoriebildung damals das Hauptgewicht zu, weil es nirgendwo eine stärkere Arbeiterpartei und eine stärkere Gewerkschaft gab als im deutschen Kaiserreich.

Bei der Beurteilung des Revisionsimusstreits sollte man versuchen, zwischen der zeitgenössischen und historischen Auswirkung einerseits und der allgemein-politischen Bedeutung andererseits zu unterscheiden. Obwohl Bernstein in der Partei nur Niederlagen erlitt und das Erfurter Programm stets bestätigt wurde, lebte der Revisionismus in der SPD weiter. Er hatte die Zeit, die wirtschaftliche Entwicklung und die Parteipraxis auf seiner Seite. Einen endgültigen Schlussstrich unter ihre marxistische Geschichte hat die SPD erst mit dem Godesberger Programm von 1959 gezogen und damit Bernstein postum zum Sieg verholfen.

Nachdem sich die historische Bedeutung Bernsteins im Nachhinein herauskristallisiert hatte, werteten Historiker auch eine Episode von 1891 auf, die damals gegenüber der Opposition der »Jungen« weit gehend unbeachtet geblieben war, und stellten sie an den Anfang revisionistischen Denkens in der Partei. Der bayerische SPD-Landtagsabgeordnete Georg von Vollmar schlug in zwei Reden, die er schon im Juni und Juli 1891 im Eldorado zu München hielt, deutliche reformistische Töne an. Vollmar vertrat die Auffassung, dass sich die Lage durch den Fall des Sozialistengesetzes, durch die Abdankung Bismarcks und durch das Anwachsen der Partei nicht unerheblich geändert habe. Für das Verhältnis zur Regierung gelte nun nicht mehr

»erbittertster, rücksichtslosester Widerstand«, sondern der Grundsatz, »dem guten Willen die offene Hand, dem schlechten die Faust«. Er verwarf die revolutionäre »Taktik des Absoluten« und bekannte sich zur »Taktik der politischen reformierenden Wirksamkeit«. Die Partei solle »den Weg der Verhandlungen betreten und suchen, auf Grundlage der heutigen Staats- und Gesellschaftsordnung Verbesserungen wirtschaftlicher und politischer Art herbeizuführen«. Im Kriegsfall (»sobald unser Land von außen angegriffen wird«) empfahl Vollmar den deutschen Sozialdemokraten, »ihre Pflicht« zu tun.

Um zur allgemein-politischen Bedeutung des Revisionismusstreits vorzudringen, muss man zunächst davon ausgehen, dass Bernstein nicht den Marxismus angriff, sondern das, was im Erfurter Parteiprogramm davon übrig geblieben war. Er kämpfte gegen die ökonomisch-mechanistische Verkürzung des historischen Materialismus, für die Kautsky verantwortlich zeichnete. Aber er kritisierte diese Verkürzung nicht durch einen Rückgriff auf authentische Texte von Marx, er kritisierte sie immanent. Das heißt, Bernstein blieb letztlich auf demselben Standpunkt wie Kautsky stehen. Wie das Parteiprogramm die aktive Rolle der Arbeiterbewegung bei der Überwindung des Kapitalismus aussparte, so unterschätzte Bernstein die aktive Rolle der Bourgeoisie bei der Erhaltung des Kapitalismus. In beiden Positionen erscheint die naturnotwendige ökonomische Entwicklung, über die sie so gelehrt stritten, ohne Beziehung zu den politischen Kämpfen der Zeit. So konnte Kautsky, obwohl er sich dazu berufen fühlte, den Marxismus in der deutschen Sozialdemokratie zu verteidigen, keine überzeitlich gültige Kritik des Revisionismus entwickeln. Er blieb bei dem, was er 1893 in einer Veröffentlichung *Zur Frage der Revolution* formuliert hatte, und was in dem berühmt gewordenen Diktum gipfelte: »Die Sozialdemokratie ist eine revolutionäre, nicht aber Revolutionen machende Partei.« Wenn Bernstein sich trotzdem weiterhin unbekümmert gegen die Herbeiführung der Revolution »durch eine kleine, zielbewusste, nach wohlüberlegtem Plan handelnde Revolutionspartei« wandte, so geriet der Streit vollends zur Schimäre. Denn eine solche Position hatten weder Marx, noch Kautsky, noch das Erfurter Programm je vertreten.

Die bedeutendste Kritik des Revisionismus aus ökonomischer und politischer Sicht stammt von Rosa Luxemburg. Sie trägt den Titel *Sozialreform oder Revolution?*, erschien 1900 und war die erste größere Arbeit, an die sie sich nach ihrer Ankunft in Deutschland heranwagte. Auch Luxemburg versuchte, Bernsteins Ausführungen über die objektive Entwicklung der kapitalistischen Gesellschaft zu widerlegen. Darüber hinaus setzte sie sich mit Bernsteins Prognose auseinander, dass sich die Demokratie schon im Kapitalismus voll entwickeln könne. Gegenüber dieser revisionistischen Demokratievorstellung betonte Luxemburg eine Tatsache, für die sie im Jahr 1900 noch kaum historische Beispiele kannte, deren Plausibilität sich im 20. Jahrhundert aber durch zwei Weltkriege, faschistische Regime und etliche Militärdiktaturen erheblich erhöht hat: Dass nämlich, sobald die Demokratie die Tendenz habe, »in ein Werkzeug der tatsächlichen Volksinteressen umzuschlagen, die demokratischen Formen selbst von der Bourgeoisie und ihrer staatlichen Vertretung geopfert werden«.

Die bedeutendste methodologische Auseinandersetzung mit Bernsteins Revisionismus stammt von Georg Lukács. Sie wurde erstmals im März 1919 veröffentlicht und heißt *Was ist orthodoxer Marxismus?* Zu dieser Zeit hatte sich die Situation der Arbeiterbewegung weit gehend geändert: In Deutschland gab es jetzt wieder mehrere miteinander konkurrierende Arbeiterparteien, in Russland war die Oktoberrevolution ausgebrochen. Lukács schrieb seinen Aufsatz, als er sich selbst im Übergang zum Marxismus-Leninismus befand. 1885 in Budapest geboren, hatte er dort Philosophie studiert, promoviert und sein Studium in Berlin und Heidelberg fortgesetzt. 1915 kehrte er, schon ein bekannter Kulturphilosoph, nach Ungarn zurück, trat Ende 1918 in die KP Ungarns ein und erlebte 1919 die ungarische Räterepublik. Zu dieser Zeit, als Sozialisten und Kommunisten zusammen und nicht gegeneinander kämpften, verfasste er den genannten Aufsatz. 1923 hat er ihn in seinem Buch *Geschichte und Klassenbewußtsein* in revidierter Form erneut veröffentlicht, nunmehr der Moskauer Linie seiner Partei verpflichtet. Aus der Entstehungsgeschichte der Schrift folgt, dass Lukács in ihr keine offizielle Parteilinie vertrat. Ihre Bedeutung wird nicht dadurch geschmälert, dass er sich später teilweise von ihr distanzierte.

Nach Lukács genügt es nicht, Materialist zu sein. Die materialistische Methode müsse durch die dialektische ergänzt werden, damit sie zum historischen Materialismus Marxscher Prägung werde. Bernstein hatte die von Hegel stammende Dialektik in das Reich der Gedanken verwiesen und als »das Verräterische in der Marxschen Doktrin« bezeichnet, als »Fallstrick, der aller folgerichtigen Betrachtung der Dinge im Wege liegt«. Indem nun Lukács wieder die Bedeutung der Hegelschen Dialektik betonte, formulierte er eine Position, die an diejenige erinnert, die der junge Marx 1841/42 in Auseinandersetzung mit der Hegelschen Philosophie vertreten hatte: Methode statt System. Lukács schrieb, und diese Sätze sind berühmt geworden: »Denn angenommen – wenn auch nicht zugegeben, – die neuere Forschung hätte die sachliche Unrichtigkeit sämtlicher einzelnen Aussagen von Marx einwandfrei nachgewiesen, so könnte jeder ernsthafte ›orthodoxe‹ Marxist alle diese neuen Resultate bedingungslos anerkennen, sämtliche einzelnen Thesen von Marx verwerfen – ohne für eine Minute seine marxistische Orthodoxie aufgeben zu müssen. Orthodoxer Marxismus bedeutet also nicht ein kritikloses Anerkennen der Resultate von Marx' Forschung, bedeutet nicht einen ›Glauben‹ an diese oder jene

These, nicht die Auslegung eines ›heiligen‹ Buches. Orthodoxie in Fragen des Marxismus bezieht sich vielmehr ausschließlich auf die Methode.«

Mit dieser Position wurden erst einmal alle »ökonomischen« Revisionsversuche des historischen Materialismus wertlos. Bernstein, seine Anhänger und Nachfolger durften ruhig an den Thesen von Marx herumrevidieren; damit trafen sie nach Lukács nicht den Kern des Marxismus. Der Kern war ihm vielmehr die dialektische Verknüpfung der Begebenheiten, das heißt, jede historische Tatsache war auf ihre Funktion in der jeweiligen Gesellschaftsformation hin zu untersuchen. Für diese Methode verwendete Lukács den von Hegel übernommenen Begriff »Totalität«; er forderte ein Verfahren, das unserem heutigen Begriff »Vernetzung« entspricht. Lukács zeigte auf, »daß gerade die Dialektik aus der Methode des historischen Materialismus entfernt werden muß, wenn eine folgerichtige Theorie des Opportunismus, der revolutionsfreien Entwicklung, des kampflosen Hineinwachsens in den Sozialismus begründet werden soll«. In seinen weiteren Ausführungen setzte sich Lukács mit der so genannten objektiven Geschichtsschreibung auseinander und führte aus, dass der Versuch, reine Tatsachen erforschen zu wollen, zum Scheitern verurteilt sei. Auf diese ebenfalls anregenden Gedanken kann hier nicht eingegangen werden.

Der klassische Revisionismusstreit erlebte Ende der 1920er Jahre noch eine weitere Auflage. 1927 erschien Kautskys zweibändiges, über 1700 Seiten starkes Werk *Die materialistische Geschichtsauffassung*. Der Verfasser bezeichnete es selbst als die Quintessenz und das Ergebnis seiner gesamten Lebensarbeit. Zwei Jahre später veröffentlichte Karl Korsch unter demselben Titel seine Kautsky-Kritik. Der 1886 geborene Korsch stammte aus kleinbürgerlichen Verhältnissen, trat 1912 der SPD bei und gehörte zum revisionistischen Flügel der Partei. Erst 1919/20 vollzog er die politische Wende zur KPD und entwickelte sich zu einem anregenden marxistischen Theoretiker. 1926 wurde er aus der KPD ausgeschlossen, weil er deren stalinistische Politik kritisiert hatte.

Für Korsch charakterisierte Kautskys Werk den Übergang des Verfassers »vom verdeckten zum offenen Revisionismus«. Ein verdeckter Revisionismus sei die Position Kautskys vor 1914 gewesen, als er seine tatsächliche Revision noch unter dem Deckmantel der Auslegung von Marx-Zitaten versteckt habe. In seinem Alterswerk sei Kautsky nun offen der seit vierzig Jahren bekämpften Bernstein-Position beigetreten. Jetzt lasse er nur einen einzigen geschichtlichen Vorgang gelten, der mit der materialistischen Geschichtsauffassung zutreffend erklärt werden könne, nämlich die bürgerliche Revolution. Korsch deutete ferner an, dass Kautskys Übergang zum offenen Revisionismus nur das Symptom einer bestimmten historischen Entwicklung darstelle: Unter dem Eindruck der russischen Oktoberrevolution und ihrer Folgen seien die Gegner von damals innerhalb der SPD wieder zusammengerückt. Das sei aber nur möglich gewesen, weil die von Kautsky in der SPD vermittelte Rezeption des Marxismus von Anfang an Stückwerk gewesen sei und sich immer nur auf einzelne, aus dem Zusammenhang der revolutionären Marxschen Gesamtanschauung herausgetrennte Theorien bezogen habe.

Zumindest auf der biographischen Ebene hatte Korsch Recht. Bernstein und Kautsky gehörten seit 1915 zu den Kriegsgegnern in der SPD und 1917 zu den Mitbegründern der USPD, kehrten aber 1919 bzw. 1922 zur SPD zurück, in der sie bis zu ihrem Tod keinen großen Einfluss mehr ausübten.

5
Der 9. November 1918

Wahrscheinlich ist der 9. November 1918 der wichtigste Tag in der Geschichte der deutschen Arbeiterbewegung gewesen. An ihm entschied sich unter maßgeblicher Beteiligung der Arbeiter, welche Staats- und Regierungsform Deutschland erhalten werde, und die Staats- und Regierungsformen purzelten nahezu im Zweistundentakt.

Am Morgen dieses ereignisreichen Tages, als die Arbeiterinnen und Arbeiter Berlins sich anschickten, den von zwei Seiten an sie herangetragenen Aufruf zum Generalstreik zu befolgen, war Deutschland eine parlamentarische Monarchie, ihr Oberhaupt Wilhelm II. von Hohenzollern und ihr Reichskanzler Prinz Max von Baden. Die Regierung wurde von einer Koalition getragen, die man heute sozialliberal nennen würde. Diese Parlamentarisierung des Kaiserreichs war am 28. Oktober 1918 mit einem verfassungsändernden Gesetz abgeschlossen worden.

In der Literatur wird gelegentlich die Meinung vertreten, dass die Novemberrevolution angesichts dieser Oktoberreform überflüssig gewesen sei, ja eigentlich für das parlamentarische Regiment im Weimarer Staat nur ein belastendes Moment dargestellt habe. Dabei wird jedoch übersehen, dass es der drohende Zusammenbruch des Kaiserreichs war, der die herrschenden Schichten zu den Konzessionen an die Parlamentarisierung bewog, nicht aber freier Wille. Am 8. Januar 1918 hatte der US-Präsident Wilson in einer Kongressbotschaft seine »Vierzehn Punkte« für einen zukünftigen Frieden formuliert. Wilson war auch der Meinung, dass ein dauerhafter Frieden nur zwischen Staaten geschlossen werden könne, deren Regierungen Ausdruck der Volksmeinung seien. Um also mit demjenigen Kriegsgegner ins Gespräch zu kommen, der die günstigsten Friedensbedingungen signalisierte, musste man in Deutschland wohl oder übel die parlamentarische Regierungsform einführen. Ein politischer Entschluss, der nicht auf Überzeugung, sondern auf taktischem Kalkül beruhte, konnte freilich auch wieder zurückgenommen werden, wenn die Voraussetzungen nicht mehr gegeben waren. Mit anderen Worten: Ganz abgesehen von dem Versuch, weitergehende Ziele zu verwirklichen, wurde es zur Aufgabe der Arbeiterbewegung, die den Gegnern der Demokratie abgetrotzten Errungenschaften der Oktoberreform zu sichern.

Am 9. November 1918 wurden die Arbeiter in Berlin von USPD und MSPD mit Flugblättern zum Generalstreik für eine sozialistische bzw. soziale Republik aufgerufen. Reichskanzler Max von Baden wollte diesen Streikenden entgegenkommen, als er am späten Vormittag die Abdankung Wilhelms II. als Kaiser bekannt gab. Seiner Meinung nach sollte eine Regentschaft eingesetzt werden, seine Regierung bis dahin bestehen bleiben und dem Regenten Ebert als neuen Reichskanzler sowie Wahlen zu einer Nationalversammlung vorschlagen. Diese minimalen Konzessionen in die Tat umgesetzt, hätten die Staatsform bis zum Zusammentritt der Nationalversammlung nicht verändert, die Regierung bis zur Einsetzung des Regenten ebenfalls nicht und die fällige Neuordnung ganz ins Benehmen des Regenten gestellt.

Das war offenkundig viel zu wenig. Gegen Mittag trat Max von Baden, von einer MSPD-Delegation unter der Leitung Eberts dazu gedrängt, als Reichskanzler zurück und übergab diesem das Amt, eine Maßnahme, die ihm übrigens verfassungsrechtlich gar nicht zustand. Nun war der Sozialdemokrat für etwa zwei Stunden Reichskanzler einer parlamentarischen Monarchie, deren Spitze vorübergehend unbesetzt war. Ebert trat seinerseits mit einer Erklärung an die Öffentlichkeit. In ihr kündigte er an, »die neue Regierung im Einvernehmen mit den Parteien« bilden zu wollen, und bat die »Mitbürger« um Ruhe und

2. Extraausgabe Sonnabend, den 9. November 1918.

Vorwärts

Berliner Volksblatt.

Zentralorgan der sozialdemokratischen Partei Deutschlands.

Der Kaiser hat abgedankt!

Der Reichskanzler hat folgenden Erlaß herausgegeben:

Seine Majestät der Kaiser und König haben sich entschlossen, dem Throne zu entsagen.

Der Reichskanzler bleibt noch so lange im Amte, bis die mit der Abdankung Seiner Majestät, dem Thronverzichte Seiner Kaiserlichen und Königlichen Hoheit des Kronprinzen des Deutschen Reichs und von Preußen und der Einsetzung der Regentschaft verbundenen Fragen geregelt sind. Er beabsichtigt, dem Regenten die Ernennung des Abgeordneten Ebert zum Reichskanzler und die Vorlage eines Gesetzentwurfs wegen der Ausschreibung allgemeiner Wahlen für eine verfassungsgebende deutsche Nationalversammlung vorzuschlagen, der es obliegen würde, die künftige Staatsform des deutschen Volk, einschließlich der Volksteile, die ihren Eintritt in die Reichsgrenzen wünschen sollten, endgültig festzustellen.

Berlin, den 9. November 1918. **Der Reichskanzler.**
Prinz Max von Baden.

Es wird nicht geschossen!

Der Reichskanzler hat angeordnet, daß seitens des Militärs von der Waffe kein Gebrauch gemacht werde.

Parteigenossen! Arbeiter! Soldaten!

Soeben sind das Alexanderregiment und die vierten Jäger geschlossen zum Volke übergegangen. Der sozialdemokratische Reichstagsabgeordnete Wels u. a. haben zu den Truppen gesprochen. Offiziere haben sich den Soldaten angeschlossen.

Der sozialdemokratische Arbeiter- und Soldatenrat.

Zweite Extraausgabe des *Vorwärts* vom 9. November 1918

Ordnung. Ebert sprach weder von einer Republik, noch von einer *sozialistischen* Regierung, noch wandte er sich direkt an die Arbeiter. Das hat Spekulationen hervorgerufen, Ebert wäre als Reichskanzler zu einer sozialliberalen Regierung innerhalb der Monarchie bereit gewesen.

Die Streikenden waren auch damit, d. h. mit dem bloßen Austausch von Personen, nicht zufrieden. Jetzt preschte Eberts Parteigenosse Scheidemann vor. Er verschloss die Augen nicht vor der Tatsache, dass eine Revolution ausgebrochen war, versuchte sich aber an ihre Spitze zu stellen, um sie zu bremsen. Von diesem Gedanken geleitet, rief er gegen 14 Uhr »die deutsche Republik« aus und verkündete, dass Ebert eine Regierung bilden werde, der »alle sozialistischen Parteien« angehören würden. Er sagte nicht, dass ihr *nur* die sozialistischen Parteien angehören würden; trotzdem war das mehr, als Ebert öffentlich mitzuteilen bereit gewesen war, ja es schränkte dessen Spielraum bei den Koalitionsverhandlungen erheblich ein. Jetzt stand er als Reichskanzler an der Spitze einer Republik und musste eine Regierung zustande bringen, an der auch die USPD teilhatte, es sei denn, die MSPD wäre wortbrüchig geworden.

Wiederum zwei Stunden später rief Liebknecht »die freie sozialistische Republik Deutschland« aus und versuchte damit, die Revolution vom 9. November noch weiter voranzutreiben. Zu dieser Zeit begannen auch die Koalitionsverhandlungen, die jetzt nur zwischen den beiden sozialistischen Parteien geführt wurden und mit der schriftlichen Antwort des MSPD-Vorstands an den USPD-Vorstand gegen 19.30 Uhr zu einem vorläufigen Ende kamen. Es bildete sich am 10. November der paritätisch mit je drei USPD- und MSPD-Mitgliedern besetzte Rat der Volksbeauftragten. Beide Parteien einigten sich darauf, dass die politische Gewalt in den Händen der Arbeiter- und Soldatenräte liege und dass über die Einberufung einer Nationalversammlung erst nach Konsolidierung der Revolution entschieden werden solle. Damit waren die

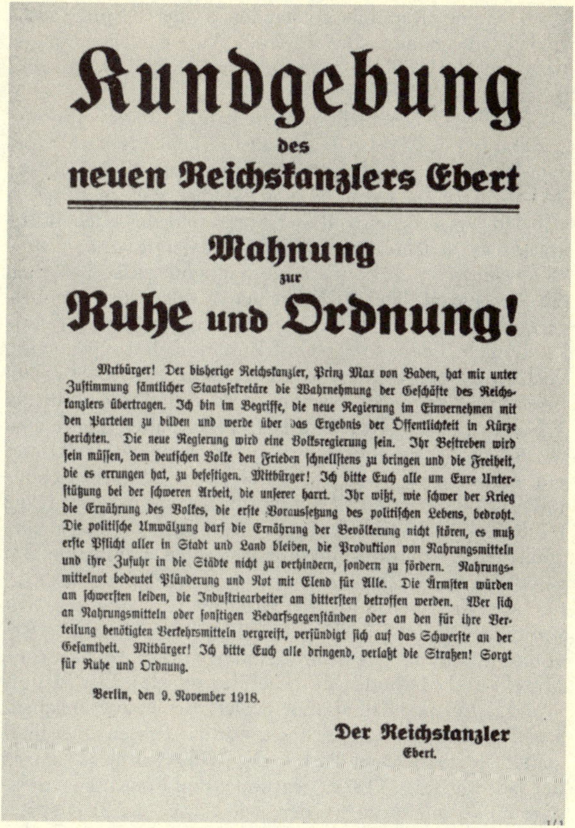

Kundgebung

des

neuen Reichskanzlers Ebert

Mahnung

zur

Ruhe und Ordnung!

Mitbürger! Der bisherige Reichskanzler, Prinz Max von Baden, hat mir unter Zustimmung sämtlicher Staatssekretäre die Wahrnehmung der Geschäfte des Reichskanzlers übertragen. Ich bin im Begriffe, die neue Regierung im Einvernehmen mit den Parteien zu bilden und werde über das Ergebnis der Öffentlichkeit in Kürze berichten. Die neue Regierung wird eine Volksregierung sein. Ihr Bestreben wird sein müssen, dem deutschen Volke den Frieden schnellstens zu bringen und die Freiheit, die es errungen hat, zu befestigen. Mitbürger! Ich bitte Euch alle um Eure Unterstützung bei der schweren Arbeit, die unserer harrt. Ihr wißt, wie schwer der Krieg die Ernährung des Volkes, die erste Voraussetzung des politischen Lebens, bedroht. Die politische Umwälzung darf die Ernährung der Bevölkerung nicht stören, es muß erste Pflicht aller in Stadt und Land bleiben, die Produktion von Nahrungsmitteln und ihre Zufuhr in die Städte nicht zu verhindern, sondern zu fördern. Nahrungsmittelnot bedeutet Plünderung und Not mit Elend für Alle. Die Ärmsten würden am schwersten leiden, die Industriearbeiter am bittersten betroffen werden. Wer sich an Nahrungsmitteln oder sonstigen Bedarfsgegenständen oder an den für ihre Verteilung benötigten Verkehrsmitteln vergreift, versündigt sich auf das Schwerste an der Gesamtheit. Mitbürger! Ich bitte Euch alle dringend, verlaßt die Straßen! Sorgt für Ruhe und Ordnung.

Berlin, den 9. November 1918.

Der Reichskanzler
Ebert.

Flugblatt vom 9. November 1918

Umrisse einer Republik entstanden, an deren Spitze sechs Sozialisten standen. Die weiteren Auseinandersetzungen gingen darum, ob diese sozialistische Republik Bestand haben würde oder nicht.

In der BRD-Geschichtswissenschaft ist die Revolutionszeit erst seit den 1960er Jahren ausführlich untersucht worden. Bis dahin galt es als unbestritten, dass die MSPD die parlamentarische Republik von Weimar nur im Bündnis mit dem kaiserlichen Offizierskorps und der alten Bürokratie habe errichten und Deutschland damit vor dem Bolschewismus retten können. Konsequenterweise ließ man die Revolution dann auch mit den Wahlen zur Nationalversammlung oder deren erster Sitzung enden. In Lexikonartikeln, den knappsten Zusammenfassungen zum Stichwort »Novemberrevolution«, wurde (wie etwa im Brockhaus) gar nicht erwähnt, dass auch Liebknecht am 9. November eine Republik ausgerufen hatte. Wollte man die Novemberrevolution nach diesem Verständnis definieren, müsste man sie als eine erfolgreiche bürgerliche Umwälzung bezeichnen. Merkwürdigerweise hat sich die DDR-Geschichtsschreibung in dieser Zeit zu einem ganz ähnlichen Revolutionsbild durchgerungen. In krassem Gegensatz etwa zu Rosa Luxemburgs Einschätzung bezeichnete das Zentralkomitee der SED im Jahr 1958 die Novemberrevolution als »eine bürgerlich-demokratische Revolution, die in gewissem Umfange mit proletarischen Mitteln und Methoden durchgeführt wurde«. Der Hauptgrund dafür, sie nicht als eine proletarische bzw. sozialistische Revolution zu bezeichnen, war das Fehlen einer marxistisch-leninistischen Partei. Die KPD wurde ja erst an der Jahreswende 1918/19 gegründet und brauchte noch einige Jahre, um so zu werden, wie es sich die SED später wünschte. Kurzum: In beiden Revolutionsdeutungen ging man, wenn auch aus unterschiedlichen Gründen, von der Alternative bürgerlich-demokratische Umwälzung oder bolschewistische Diktatur aus.

Eine Neubewertung der Revolutionsmonate setzte in der BRD, wie gesagt, seit den 1960er Jahren ein, während die DDR-Geschichtsschreibung auf ihren bisherigen Positionen beharrte. Auch in der BRD hat sich diese Neubewertung nur teilweise durchgesetzt. Dabei standen, durch intensive Quellenstudien und eine Reihe von Lokaluntersuchungen ausgelöst, die Arbeiter- und Soldatenräte als die eigentlichen Träger der Revolution im Mittelpunkt des Interesses. Man erkannte, dass es im Januar 1919 nach dem angeblichen Ende der Revolution zu einer zweiten Revolutionsphase kam, die bis in das Frühjahr 1919 hineinreichte. Man ermittelte, dass die Arbeiter- und Soldatenräte in ihrer großen Mehrheit von Personen getragen wurden, die dem linken MSPD- und dem gemäßigten USPD-Flügel angehörten. Man stellte fest, dass die realistische Alternative zur bürgerlich-demokratischen Umwälzung ein sozialistisches Programm war, das die parlamentarische Republik durch die Demokratisierung von Wirtschaft, Armee und Verwaltung festigen wollte. Dieses Programm zeigte sich im Koalitionskompromiss zwischen MSPD und USPD vom 9. November 1918, in den drei Beschlüssen des Reichsrätekongresses von Ende Dezember 1918 und in der Streikbewegung vom Frühjahr 1919.

Als Folge dieser Neubewertung ließ sich die Novemberrevolution nicht mehr als eine bürgerlich-demokratische Umwälzung, sondern als eine gescheiterte sozialistische Bewegung bezeichnen, die (um die SED-Formel zu persiflieren) in gewissem Umfange zu einem bürgerlich-demokratischen Ziel, der Weimarer Republik, führte.

Um auf den 9. November 1918 zurückzukommen: Die Revolution endete schließlich bei der Vision, die Scheidemann schon an diesem Tag um 14 Uhr vom Balkon des Reichstagsgebäudes verkündet hatte: eine deutsche Republik mit sozialdemokratischer Führung, aber ohne sozialistischen Inhalt aufzubauen. Diese Vision scheiterte aber schon mit den ersten Reichstagswahlen vom 6. Juni 1920, nach denen die von der SPD erkämpfte Republik durch die politischen Vertreter des Bürgertums regiert wurde.

6
Kampf um das kulturelle Erbe

Auf dem SPD-Parteitag von 1896 diskutierten die Delegierten eineinhalb Tage lang die Frage, ob der Naturalismus die neue Literatur des Proletariats sei. Im Kongresssaal stand ein Transparent mit der Aufschrift »Der Sozialismus ist der Träger aller Kultur!«. In der Naturalismusdebatte behandelte man erstmals ein Thema, das in späteren Epochen nicht nur der deutschen Arbeiterbewegung immer wieder aufgegriffen wurde. Es ging um die Frage, welche kulturellen Traditionen der Sozialismus beerben wolle, es ging darum, ob das Proletariat eine eigene Kunst und Literatur schaffen solle und wie diese gegebenenfalls aussehen könne.

Die Naturalismus-Debatte von 1896 war der Höhepunkt einer mehrjährigen Auseinandersetzung, die nach der Uraufführung von Gerhart Hauptmanns Stück *Vor Sonnenaufgang* (1889) eingesetzt hatte. Der Streit entzündete sich innerhalb der SPD, nachdem in Unterhaltungsblättern der Parteipresse naturalistische Romane veröffentlicht worden waren. Auf dem Parteitag wandte sich die Mehrheit der Redner gegen den Naturalismus. Aus ihnen sprach zumeist eine moralische Empörung: Diese »Schweinerei« gehöre nicht in die *Neue Zeit*. Franz Mehring, der bedeutendste Kultur- und Bildungspolitiker der SPD vor 1914, formulierte daraufhin eine grundsätzliche Stellungnahme, die für die Partei richtungsweisend wurde: Der Naturalismus könne nicht die Literatur und Kunst des

Proletariats sein, da ihm die optimistische Einsicht in den Untergang des Kapitalismus fehle und er nichts von der Gewissheit des Sieges der Arbeiterbewegung ausstrahle. Als Alternative zur modernen »Asphaltliteratur« propagierte Mehring den Rückgriff auf die bürgerlichen Klassiker, vor allem die Aufklärer Lessing, Schiller und den jungen Goethe. In ihnen sah er schriftstellernde Revolutionäre des Bürgertums.

Diese Konzeption entsprach zwar den Bedürfnissen vieler Arbeiter, die wegen des niedrigen Niveaus der deutschen Volksschulen einen Bildungsrückstand aufzuholen hatten, doch war es nicht unproblematisch, die Vermittlung bürgerlicher Literaturleistungen mit dem Kampf gegen die herrschende Kultur zu verbinden. Das zeigte sich schon bei den Feiern zum 100. Todestag Schillers im Jahr 1905, an denen die SPD erstmals teilnahm, ohne ihnen einen eigenen Stempel aufdrücken zu können.

Eine andere Auswirkung von Mehrings Konzeption war es, dass die Arbeiter nicht angeregt wurden, selbst Literatur und Kunst zu produzieren. Mehring, ein ursprünglich radikaler Demokrat, der sich erst 1891 im Alter von 45 Jahren der SPD anschloss, verbreitete unter seinen neuen Genossen die Auffassung, proletarische Kunst und Literatur könne erst nach dem Sieg des Proletariats entstehen. Anders als die bisherigen aufstrebenden Klassen in der Geschichte, die ihrer politischen Herrschaft die intellektuelle Herrschaft vorausgeschickt hatten, könne das Proletariat in seinem Aufwärtsstreben keine eigene geistige Kultur schaffen, weil es eine besitzlose Klasse sei. So meinte auch die mit Mehring zeitweise eng befreundete Rosa Luxemburg in ihrem Aufsatz *Stillstand und Fortschritt im Marxismus* von 1903, alles, was das Proletariat im Kapitalismus vermöge, sei, »die Kultur der Bourgeoisie vor dem Vandalismus der bürgerlichen Reaktion zu schützen«.

In der Praxis ging es den Arbeitern wohl eher darum, den kulturellen Rückstand aufzuholen, als sich kritisch mit dem bürgerlichen Kulturerbe auseinander zu setzen. Das zeigt ein Blick auf die Spielpläne der 1890 gegründeten Freien Volksbühne sowie auf die in Arbeiterbibliotheken ausgeliehenen Bücher. Die sozialistische Bildungsarbeit mit dem Ideal der Vortragsveranstaltung ohne Diskussion war ebenfalls nicht dazu ausgerichtet, alternative kulturelle Ansätze zu fördern. So blieb es dabei, dass die größte kulturelle Leistung der Arbeiterbewegung vor 1914 in der Organisation eines dichten Netzwerks von Vereinen bestand.

Versucht man das Verhältnis zwischen der politischen Kultur der Arbeiterbewegung und den herrschenden Schichten des Kaiserreichs zu bestimmen, so bietet sich der von Dieter Groh geprägte Begriff »negative Integration« an. Die im Kaiserreich ausgegrenzte, unterdrückte und bekämpfte Arbeiterbewegung schuf sich eine bestimmte Form von Subkultur, mit der sie sich ihrerseits ebenso scharf von der politischen Kultur der Herrschenden abzugrenzen versuchte. Diese Negation hatte ihren Schwerpunkt im Aufbau eigener Organisationen. Andererseits übernahmen die in diesen Organisationen gebildeten Arbeiter Werte und Normen der offiziell bekämpften Gesellschaft und wurden dadurch von ihr, mehr und früher als es ihnen bewusst wurde, integriert.

Eine Neuauflage erlebte die Debatte um das sozialistische Kulturschaffen in der DDR. Schon am 17. März 1951 wurde auf der 5. Tagung des ZK der SED ein »Kampf gegen den Formalismus in Kunst und Literatur« beschlossen. Damit unterstützte die Partei eine Kampagne, die seit Ende 1948 im Gang gewesen war. Unter Formalismus verstand man eine angebliche Überbetonung der Form in den künstlerischen Werken, zu Lasten der inhaltlichen Aussage. Das richtete sich in der bildenden Kunst gegen die abstrakte Malerei, aber auch etwa gegen Käthe Kollwitz, und in der Literatur gegen bedeutende Autoren wie Franz Kafka, James Joyce und Marcel Proust sowie die entsprechenden Künstler im eigenen Land.

Die Kampagne gipfelte darin, dass man die Strategie des »sozialistischen Realismus« für verbindlich und verpflichtend erklärte. Auch diese Entscheidung bedeutete die Übernahme einer sowjetischen Leitlinie. In der UdSSR war der sozialistische Realismus seit 1932 verbindlich. Sein pseudo-philosophischer Hintergrund war die stalinistische Widerspiegelungstheorie. Nach ihr wurde die Marxsche Bestimmung des Verhältnisses von Basis und Überbau dahingehend verkürzt, dass das Bewusstsein nur die ökonomischen Verhältnisse widerspiegeln könne. Der Kunst und Literatur fielen dadurch die Aufgabe zu, das Aufbauprogramm der UdSSR und später das der DDR darzustellen. Bevorzugtes Thema sollte die sozialistische Produktion sein. Im Zentrum des künstlerischen Werkes hatte ein positiver, vorbildhafter Held zu stehen.

Seine volle Wirkung entfaltete das Konzept des sozialistischen Realismus in der DDR, indem sich die stalinistische Widerspiegelungsthese mit der Kulturtheorie von Georg Lukács verband. Lukács knüpfte an die erste große Literaturdebatte an, die um 1900 in der deutschen Arbeiterbewegung geführt worden war. Dieses alte sozialistische Konzept aufgreifend entwickelte Lukács seit Anfang der 1930er Jahre in Auseinandersetzung mit dem jungen Bertolt Brecht und dann vollends in der DDR (ohne Konkurrenz) die Theorie vom »kulturellen Erbe«. Demnach sollte das Kulturschaffen in der DDR gerade nicht an die proletarisch-revolutionäre Tradition etwa der Weimarer Republik anknüpfen, sondern an die großen Werke der Weimarer Klassik.

Auch die Kampagne gegen Käthe Kollwitz und ihre Nachfolger wurde 1951 mit derselben Argumentation geführt, die Mehring gegen den Naturalismus Gerhart Hauptmanns entwickelt hatte: Es dürfe in den Arbeitern nicht nur der leidende Teil der Menschheit dargestellt werden, denn die Arbeiterbewegung bzw. der erfolgreiche Aufbau der DDR produziere keine unglücklichen Menschen.

Für die bildende Kunst bedeutete die am 1. März 1953 eröffnete dritte deutsche Kunstausstellung in Dresden den Durchbruch zum sozialistischen Realismus. Die Jury hatte konsequent alles Impressionistisch-Skizzenhafte, Expressive und Abstrakte ausgeschieden, auch unter den eingereichten Werken aus der BRD. Abgelehnt wurde u. a. auch ein Bild von Otto Dix. Künstler, die sich nicht an diese Vorgaben hielten, gerieten ins Abseits oder in die Defensive.

Beispielhaft deutlich wurde das problematische Verhältnis zum bürgerlichen Erbe an den Kontroversen um Hanns Eislers Opernlibretto *Johann Faustus* von 1952. Eisler hatte seine musikalischen Fähigkeiten schon in der Weimarer Republik in den Dienst der kommunistischen Arbeiterbewegung gestellt. Im Jahr 1950 war er aus dem Exil in die DDR zurückgekehrt. Nach einem Text von Johannes R. Becher hatte er die DDR-Nationalhymne komponiert. Eisler entwickelte nun eine andere Faust-Deutung als Goethe. Faust erscheint bei Eisler als ein Opportunist, der sich von den rebellischen Bauern abkehrte, als diese ihre Ziele mit Waffengewalt durchzusetzen versuchten. Für die offizielle Kulturpolitik war *Faust* aber als »Drama der Menschengattung« von Goethe in die endgültige Form gebracht worden, an der es sich nicht zu rütteln ziemte, und Faust galt als ein Vorbild für den neuen sozialistischen Menschen.

An dem von Lukács mitbestimmten sozialistischen Realismus wurde auch festgehalten, nachdem Lukács durch sein Ministeramt während der ungarischen Revolution 1956 politisch diskreditiert war. Allerdings stellte man auf dem 5. Parteitag der SED im Juli 1958 programmatisch das Ziel auf, die Trennung zwischen Künstler und Volk zu überwinden. Daraus folgte der »Bitterfelder Weg«, so genannt nach einer Konferenz, die am 24./25. April 1959 in Bitterfeld stattgefunden hat. Demnach sollten die Schriftsteller für längere Zeit in die Betriebe gehen und die Arbeiter selbst »zur Feder« greifen. Für die bildende Kunst galt Ähnliches. Diesen neuen Kurs konnte man als eine behutsame Abkehr vom »kulturellen Erbe« verstehen, aber auch als dessen Ergänzung deuten.

Die Verwirklichung des »Bitterfelder Wegs« erwies sich von Anfang an als schwierig. Es fanden sich nur wenige Schriftsteller, die bereit waren, für längere Zeit in den Betrieben zu arbeiten. Auf der anderen Seite produzierten Arbeiter nun eine große Anzahl von literarischen Texten, aber als breite massenkulturelle Bewegung für eine neue sozialistische Literatur versandete diese Initiative schon Anfang der 1960er Jahre. Auf einer zweiten Bitterfelder Konferenz vom April 1964 wurde der seit 1959 eingeschlagene Kurs revidiert.

7
Theorien über den Faschismus

Theorien über den Faschismus sind ebenso alt wie der Faschismus selbst. Sie wurden von Autoren aller politischen Richtungen verfasst, waren aber in den 1920er und 1930er Jahren eine Domäne der Arbeiterbewegung.

Nach dem Sieg der NSDAP bei den Reichstagswahlen vom September 1930 setzte in der SPD-Publizistik eine breite Diskussion über die Ursachen dieses Erfolges ein. In ihren Analysen betonten SPD-Autoren die Eigendynamik der nationalsozialistischen Bewegung oder, wie man sagen könnte, ihren autonomen Charakter. Es hieß, die NSDAP handele nicht im Auftrag des Großkapitals, sondern führe ein Eigenleben. Dabei wurde der Nationalsozialismus übereinstimmend als eine Mittelstandsbewegung charakterisiert. Auch der an der Universität Frankfurt lehrende belgische Sozialist Hendrik de Man kam 1931 in seiner

Broschüre *Sozialismus und Nationalfascismus* zu demselben Ergebnis. Bedenklich wurde es allerdings, wenn sich diese Einsicht mit den politischen Wünschen verband: Oft wurden die Entwurzelung und die Verelendung der Mittelschichten überbetont und ein baldiger Zusammenbruch der Bewegung vorhergesagt. Hermann Heller, ein Kenner des italienischen Faschismus, stellte 1931 in der zweiten Auflage seines Buches *Europa und der Faschismus* fest, dass der Nationalsozialismus in Deutschland keine Chance habe. Hitler sei nur eine schlechte Kopie von Mussolini, und der italienische Faschismus »keine zu übernehmende Institution«. Noch im Januar 1933 veröffentlichte *Die Gesellschaft*, das theoretische Organ der SPD, einen Aufsatz von Rudolf Hilferding, der sich wie ein Nachruf auf die NSDAP liest. Selbst wenn man unterstellt, dass Parteipolitiker ihren Anhängern gegenüber berufsmäßig zu Optimismus neigen, war das doch eine grobe Unterschätzung der nationalsozialistischen Gefahr.

Wenn innerhalb der SPD auch einige realistische Faschismusanalysen vorgetragen wurden (die Mittelstandsthese wird heute noch diskutiert), so blieb es doch bei einem Pluralismus der Meinungen, und aus diesem entstand keine klare antifaschistische Strategie. In der Bekämpfung des Faschismus konzentrierte sich die SPD auf zwei Maximen: Durch eine Politik des kleineren Übels (wie die Tolerierung der Präsidialregierung Brüning) sollte Schlimmeres (die nationalsozialistische Diktatur) verhindert werden. Zweitens entschied sich die Partei nur zu legalen Mitteln des Protestes (wie den Versuch, die NSDAP durch Wahlkämpfe zu besiegen), um Hitler keinen Vorwand zu liefern, seinerseits die Verfassung zu brechen. Wenn die SPD-Politiker die Faschismus-Analysen aus ihren eigenen Reihen ernst genommen hätten, dann wäre aus dem mittelständischen Massencharakter der NSDAP zu folgern gewesen, wie trügerisch die Hoffnungen auf bürgerliche Koalitionspartner waren. Die Parteien der demokratischen

Mitte, einst Bündnispartner in der Weimarer Koalition, verloren ihre Anhänger an die NSDAP. Wenn die SPD-Politiker die Legalitätstaktik der NSDAP ernst genommen hätten, dann wäre ihnen aufgegangen, dass man eine Bewegung nicht mit rechtlichen Mitteln (wie einer Klage vor Gericht) bekämpfen kann, die sich nur vorübergehend an das Recht hielt. Das von der SPD weiterhin beschworene Bündnis der Demokraten erwies sich als ungeeignet für den antifaschistischen Kampf, weil die Gemeinsamkeiten zwischen Bürgertum und Faschismus offenbar stärker waren als die demokratischen Bande zwischen Bürgertum und Arbeiterschaft.

In den Parteien der Kommunistischen Internationale hatte es bis 1928 eine erstaunliche Diskussionsbreite zum Thema Faschismus gegeben. Dann setzte eine stalinistische Verflachung ein, die in der Sozialfaschismus-These gipfelte. Die von der KPD vertretene Faschismustheorie orientierte sich an dieser These, die 1928 auf dem 6. Weltkongress der Komintern entwickelt worden war. Sie bestimmte die Politik der KPD bis über den 30. Januar 1933 hinaus. Erste Anzeichen einer Umorientierung setzte eine Tagung des Exekutivkomitees der Komintern im Dezember 1933. Die Umorientierung selbst fand erst im August 1935 auf dem 7. Weltkongress der Komintern statt, zu spät, um in der Zeit der NSDAP-Machtübernahme und -Machtsicherung wirksam werden zu können.

Die Faschismustheorie der KPD bis 1933 lässt sich in drei Punkten zusammenfassen. Erstens wurde der Faschismus als eine Herrschaftsmethode und nicht als eine Staatsform innerhalb der bürgerlichen Gesellschaft definiert. Demnach waren die Präsidialkabinette der Weimarer Republik vor Hitler bereits faschistisch. Eine solche Auffassung konnte die Bereitschaft zum Kampf gegen den »Hitler-Faschismus« lähmen. Wenn nämlich der Faschismus unter Brüning schon herrschte und die KPD trotzdem noch existierte, dann musste der antifaschistische Kampf für die KPD nicht als existenziell erscheinen. Aus dieser Definition ergab sich zweitens die These vom Sozialfaschismus. Sie besagte, dass auch die SPD (latent) faschistisch sei. Ein solches Urteil war folgerichtig, da man den Faschismus auf eine Methode verkürzte, durch die das revolutionäre Proletariat mit Hilfe der Ideologie der Volksgemeinschaft bekämpft wurde. Die These vom Sozialfaschismus bot eine Begründung dafür, dass die KPD ihre Hauptkraft in die Bekämpfung der Sozialdemokratie legte – und sie konnte diesen Kampf dann noch als antifaschistisch deklarieren. So praktizierte die KPD zwischen 1928 und 1933 weder die Strategie der Arbeiter-Einheitsfront noch die der Volksfront, sondern eine Strategie, die man als »Rotfront« bezeichnen könnte: Sie kämpfte allein, da alle anderen Parteien als faschistisch galten. Aus taktischen Gründen sprach man zwar von Einheitsfront, meinte damit aber eine solche unter kommunistischer Führung.

Der Faschismus wurde drittens als die chronologisch letzte und nicht als die qualitativ höchste Phase des Kapitalismus definiert. Diese Meinung ist durch die geschichtliche Entwicklung vollkommen widerlegt worden. Der Faschismus setzte sich nicht in allen Industrieländern durch und konnte nach seinem Sturz wieder durch eine parlamentarische Demokratie ersetzt werden. Verständlich wird dieser Irrtum ebenfalls aus der Definition des Faschismus als einer Methode der Herrschaftsausübung. Den Faschismus auf die letzte Phase des Kapitalismus vor dem Übergang zum Sozialismus festzulegen, war nicht nur falsch. Eine solche Auffassung trug auch dazu bei, den Kampfeswillen der Arbeiter zu schwächen, indem sie die Vorstellung nährte, dass nach dem Faschismus nur noch der Sozialismus möglich sei.

Die Faschismustheorie, die die KPD zur Zeit der Machtübernahme der NSDAP ihrer Politik zugrunde legte, spielte also den zentralen Unterschied zwischen einer faschistischen Diktatur und einer bürgerlich-autoritären Staatsform herunter. Der bloße Hinweis darauf, dass der Faschismus mit besonders extremen Mitteln das erzwinge, was unter formaler Anwendung der parlamentarisch-demokratischen Spielregeln letztlich auch geschehe, ließ völlig außer Acht, dass demokratische Errungenschaften auch für die Weiterentwicklung der Gesellschaft zum Sozialismus wichtig sind und dass daher ständig um ihre Verteidigung gekämpft werden muss.

In beiden großen Arbeiterparteien wurde die faschistische Gefahr (aus unterschiedlichen Gründen, aber schließlich mit denselben Folgen) unterschätzt. Nicht nur diese Unterschätzung des Gegners einte die ansonsten feindlichen Schwestern. Die Tolerierungspolitik der SPD und der Sozialfaschismusvorwurf der KPD gehörten wie zwei Seiten einer Medaille zusammen. Mit ihrer Entscheidung, den Abbau demokratischer und sozialer Errungenschaften zu dulden, erleichterte die SPD es den kommunistischen Arbeitern, Theorien zu übernehmen, die den Unterschied von Faschismus und parlamentarischer Demokratie verwischten.

Das machte auch die Reichstagsdebatte vom 23. Februar 1932 deutlich. Es ging vordergründig darum, den Tag für die Reichspräsidentenwahl festzulegen. Die Redner nutzten jedoch die Gelegenheit zu einer grundsätzlichen Auseinandersetzung. Es sprachen u. a. Joseph Goebbels für die NSDAP, Kurt Schumacher für die SPD und Walter Ulbricht für die KPD. Goebbels hielt der SPD vor, dass sie mit dem Reichsfeldmarschall Hindenburg jetzt einen Kandidaten unterstütze, den sie 1925 noch als Militaristen abgelehnt habe. Auch nannte er die SPD die »Partei der Deserteure«. Dadurch gerieten die Sozialdemokraten so in Aufregung, dass sie sich in Zwischenrufen überboten, um daran zu erinnern, wie sie 1918 bis zum letzten Tag an der Front gewesen seien. Die Sitzung musste unterbrochen werden, weil es dem Reichstagspräsidenten Paul Löbe (SPD) nicht gelang, seine eigenen Genossen zu beruhigen.

Später kam auch Schumacher nicht über Beschimpfungen der Nationalsozialisten hinaus. Erst stellte er fest, dass mehr SPD- als NSDAP-Abgeordnete aktiv im Krieg gedient hätten. Dann bescheinigte er dem Nationalsozialismus, »daß ihm zum erstenmal in der deutschen Politik die restlose Mobilisierung der menschlichen Dummheit gelungen« sei. Diese brilliante Formulierung kann nicht darüber hinwegtäuschen, dass auch Schumacher den deutschen Faschismus nicht ernst nahm. Denn waren die NSDAP-Anhänger wirklich nur dumm, wenn sie Hitler folgten? Anschließend konterte Ulbricht mit der nicht unrichtigen Bemerkung, dass sich NSDAP und SPD gegenseitig den Rang abzulaufen versuchten, wer die Kriegspolitik am besten unterstützt habe. Auch er vertrat die Sozialfaschismusthese, indem er nicht etwa Hitler, sondern Hindenburg »das Programm des imperialistischen Krieges« nannte und die Sozialdemokratie als die zuverlässigste Stütze »der sich faschisierenden bürgerlichen Diktatur« bezeichnete.

Auch in der kommunistischen und linkssozialistischen Opposition wurden Faschismustheorien entwickelt. Sie waren den in den beiden großen Parteien vertretenen Deutungen hoch überlegen, blieben aber politisch bedeutungslos. August Thalheimer, der theoretische Kopf der KPO, versuchte die Bonapartismusanalyse von Marx und Engels auf den Faschismus anzuwenden. Er gelangte dadurch zu einer wesentlich realistischeren Faschismustheorie. Seine Aufsätze erschienen 1929/30 in der Zeitschrift *Gegen den Strom*. Thalheimer fasste den Faschismus als eine Staatsform auf, machte also einen qualitativen Unterschied zwischen parlamentarischer Demokratie und faschistischer Diktatur. Für ihn war der Faschismus nicht das letzte Stadium des Kapitalismus vor der proletarischen Revolution. Thalheimer hielt auch eine bürgerliche Demokratie als Nachfolgestaatsform für möglich und nahm an, dass der Faschismus periodisch wiederkehren könne. Die faschistische Bewegung habe die mittelständischen Massen zwar als ihre soziale Basis, vertrete aber nach der Machtübernahme nicht deren Interessen. Die Errichtung einer faschistischen Diktatur liege vielmehr im Interesse der Bourgeoisie, schalte aber auch deren politische Herrschaft aus. Thalheimer unterschied zwischen politischer und ökonomischer Herrschaft der Bourgeoisie und sprach von einer Verselbständigung der Exekutivgewalt im Faschismus. Um diese politische Verselbständigung oberhalb der konkreten ökonomischen Interessen aufrechtzuerhalten, werde eine imperialistische Außenpolitik betrieben. Die Bedeutung dieser und anderer unorthodox-marxistischer Faschismusanalysen liegt hauptsächlich darin, dass sie die Qualität marxistischer Gesellschaftsanalysen zu einem Zeitpunkt unter Beweis stellten, als diese in den großen Arbeiterparteien auf den Hund gekommen waren.

Im Jahr 1935 also, auf ihrem 7. Weltkongress, revidierte die Komintern ihre bisherige Faschismustheorie. Jetzt wurde eine größere Differenz zwischen Faschismus und Kapitalismus zugestanden. Der Hauptredner Dimitroff kritisierte die bisherige Linie mit klaren Worten: »Der Machtantritt des Faschismus ist nicht die einfache Ersetzung einer bürgerlichen Regierung durch eine andere, sondern die Ablösung einer Staatsform der Klassenherrschaft der Bourgeoisie, der bürgerlichen Demokratie, durch eine andere, durch die offene terroristische Diktatur. Die Ignorierung dieses Unterschiedes wäre ein ernster Fehler.« Der Faschismus war für die Komintern nun die qualitativ »letzte«, d. h. die reaktionärste Phase des Kapitalismus. Folgerichtig wurde die These aufgegeben, dass alle kapitalistischen Staaten faschistisch werden müssten.

In dem Maße, wie sich die Kominterntheorie von einer blanken Identifizierung von Faschismus und Kapitalismus distanzierte, wurde sie koalitionsfreundlicher. Sie setzte nun auf eine Volksfrontstrategie, d. h. die Zusammenarbeit zwischen allen Arbeiterparteien und bürgerlichen Demokraten, und machte diese für die kommunistischen Parteien aller Länder verbindlich. Das war eine »ultrarechte« Abwendung des internationalen Kommunismus von der bisher praktizierten »ultralinken« Taktik des Kampfes gegen die Sozialdemokratie; der Sprung von einem Extrem ins andere.

Die internationale Entwicklung trug in der Mitte der 1930er Jahre wesentlich zu dieser Kursänderung bei. 1934 wurde die Sowjetunion Mitglied des Völkerbunds und versuchte, die »kapitalistischen« Staaten durch eine Zusammenarbeit mit den Westmächten zu spalten. Dazu passte eine antifaschistische Strategie, die die Zusammenarbeit mit dem demokratischen Bürgertum anstrebte. In Österreich kam es 1934 zu einem vergeblichen, aber doch gemeinsamen Kampf der Arbeiter gegen das Dollfuß-Regime. In Frankreich bestand zwischen 1936 und 1938 eine Volksfrontregierung, die den französischen Faschismus niederhielt. Im spanischen Bürgerkrieg kämpften Volksfrontgruppen seit 1936 gegen das Militärregime unter Franco.

Im Laufe des Jahres 1938 geriet die Volksfrontpolitik allerdings in eine Krise. Die Auseinandersetzungen innerhalb der Sowjetunion und der stalinistische Terror gegen die alte Garde der Bolschewiki erschwerten die Zusammenarbeit in den Volksfrontgruppen. Die KPD begann nun auch im Widerstand diejenigen Gruppen zu bekämpfen, die von Stalin in der UdSSR gerade liquidiert wurden. Auf Seiten des demokratischen Bürgertums und der SPD wirkte die Politik der Westmächte nach. Diese wandten sich 1938 von einer Zusammenarbeit mit der UdSSR ab und verhandelten in München mit Hitler und Mussolini über eine Zerschlagung der Tschechoslowakei. Eine erfolgreiche Volksfrontpolitik gegen den Faschismus hätte auf internationaler Ebene eine Zusammenarbeit von West und Ost gegen den Faschismus zur Voraussetzung gehabt. Als diese 1938 wegfiel, scheiterte auch die Volksfrontbewegung in Europa.

Die Volksfrontstrategie war das Ergebnis der größten Niederlage des Sozialismus, ein Zeichen der Schwäche der Arbeiterbewegung; sie entstand als defensive, gegen den Faschismus gerichtete Taktik. Die nach dem Ende der Komintern (1943) und dem Tode Stalins (1953) entstandenen Volksfront-ähnlichen Konzepte, wie die *Unidad Popular* in Chile (1970 Präsidentschaftswahl Salvador Allendes) und der *Compromesso storico* in Italien (Enrico Berlinguer), unterschieden sich von der klassischen Volksfrontstrategie, da es ihnen um die Überwindung des Kapitalismus durch die Mehrheit der Bevölkerung ging. Dennoch stellte sich bei ihnen umso deutlicher die Frage nach den Möglichkeiten und Grenzen einer Volksfrontpolitik: Kann ein Bündnis der Arbeiterparteien, das Teile des Bürgertums aufnimmt und in den Institutionen des Parlamentarismus Politik macht, seine sozialistischen Ziele behalten und dennoch einem Rechtsputsch entgehen? Es war dieselbe Frage, mit der sich die klassische deutsche Sozialdemokratie seit der Revisionismusdebatte um 1900 herumgeschlagen hatte und die in der Stamokap-Diskussion der 1970er Jahre wieder auflebte: das Problem der Systemgrenze zwischen bürgerlicher und sozialistischer Gesellschaft.

8
Rätedemokratie und Parlamentarismus

Alle rätedemokratischen Experimente und Theorien gehen von dem Grundgedanken aus, Herrschaft über Menschen abzubauen und durch die Selbstbestimmung des Individuums zu ersetzen. Insofern stellen die Räte bis heute die einzige demokratische Alternative zum parlamentarischen Repräsentativsystem dar. Die ersten Arbeiterräte entstanden spontan in den russischen Revolutionen von 1905 und 1917 (der russische Name für Räte lautet *Sowjets*) sowie in der deutschen Novemberrevolution von 1918/19. In Deutschland scheiterte die Rätebewegung mit der Niederschlagung der Bremer und der Münchener Räterepublik (Anfang Februar bzw. Ende April 1919); stattdessen setzte sich die parlamentarische Demokratie von Weimar durch. In Russland scheiterte die Rätebewegung im März 1921 mit der Niederwerfung des Kronstadter Matrosenaufstands.

Obwohl Lenin im April 1917 mit der Parole »Alle Macht den Räten« den Übergang von der bürgerlichen Februarrevolution zu einer sozialistischen Revolution forderte, beruhte das Herrschaftssystem in der Sowjetunion nach dem Ende der Oktoberrevolution nicht auf dem Rätesystem. Vielmehr übte die bolschewistische Partei eine Diktatur über das Proletariat und andere Schichten der Bevölkerung aus. Dennoch wurde das Rätesystem in den politischen Kämpfen zu Beginn der Weimarer Republik fälschlicherweise und oft in denunziatorischer Absicht mit dem Bolschewismus gleichgesetzt.

In Deutschland begann die eigentliche rätetheoretische Diskussion erst im Frühjahr 1919. Sie entwickelte sich also nach dem Niedergang der Arbeiter- und Soldatenräte und wurde parallel zur Arbeit an der Weimarer Verfassung geführt. In der rätetheoretischen Debatte spiegelte sich die wachsende Unzufriedenheit mit den Errungenschaften der Novemberrevolution; man kann diese Schriften als zeitgenössische kritische Kommentare zur Weimarer Verfassung lesen.

Alle Rätemodelle greifen mehr oder weniger, ausdrücklich oder unausgesprochen, auf eine Schrift von Marx aus dem Jahr 1871 mit dem Titel *Der Bürgerkrieg in Frankreich* zurück. Ohne das Wort »Räte« zu erwähnen, schildert Marx in ihr die Pariser *Commune* als die erste Selbstorganisation des Proletariats. Die Kommunarden hatten am Ende des Deutsch-Französischen Krieges, unterstützt durch die Pariser Nationalgarde, die neu gebildete bürgerliche Regierung in die Flucht geschlagen und vom 18. März bis 28. Mai 1871 die Vision eines dezentralierten Staatswesens auf der Basis einer freien Assoziation von lokalen Initiativen zu verwirklichen gesucht. Kriegsende und Zusammenbruch des französischen Kaiserreichs, Bekämpfung einer neu gebildeten parlamentarischen Republik durch eine Arbeiterrevolution – die Parallelen zwischen dem Frankreich von 1871 und dem Deutschland von 1919 waren offensichtlich.

Rätetheorien wurden in allen drei Arbeiterparteien (SPD, USPD und KPD) entwickelt; sie unterschieden sich allerdings im Hinblick auf das Verhältnis der Räte zur parlamentarischen Demokratie. Modelle der »reinen« Rätetheorie vertraten vor allem die Revolutionären Obleute, die politisch zumeist der USPD (Linke) angehörten. Ernst Däumig, der auf dem ersten Reichsrätekongress im Dezember 1918 mit seinem Antrag gescheitert war, das Rätesystem zur Grundlage der Verfassung zu machen, hielt auf dem USPD-Parteitag im März 1919 eine programmatische Rede zum Thema. 1920 fasste er seine Überlegungen unter dem Titel *Der Rätegedanke und seine Verwirklichung* noch einmal knapp zusammen. Neben Däumig gehörte Richard Müller zu den konsequentesten Vertretern einer rätedemokratischen Neuordnung Deutschlands. Im *Arbeiter-Rat* schuf sich dieser Kreis ein Organ, das in den Jahren 1919 und 1920 regelmäßig Rätebewegungen und -theorien kommentierte und diskutierte. Für Däumig gab es einen prinzipiellen Gegensatz zwischen der Rätedemokratie und dem parlamentarischen Repräsentativsystem.

Daneben entstanden auf Seiten der rechten USPD und der linken MSPD Modelle, die auf eine Verbindung von Rätedemokratie und repräsentativer Demokratie abzielten. So entwickelten Rudolf Hilferding, Rudolf Breitscheid und Hugo Haase den Plan, eine oberste Rätekörperschaft als zweite Kammer neben dem Reichstag zu errichten. Bei Vertretern des rechten Flügels der MSPD beschränkte sich die Rätedemokratie auf eine wirtschaftliche Interessenvertretung der Arbeiter. Darum ging es auf dem zweiten Kongress der Arbeiter-, Bauern- und Soldatenräte, der vom 8. bis 14. April 1919 in Berlin tagte.

Die Grundprinzipien des reinen Rätesystems lassen sich in folgenden Punkten zusammenfassen:

1. Der politische Aufbau der Gesellschaft erfolgt von unten nach oben. In den untersten Organisationseinheiten (das sind in der Regel die Betriebe, denkbar wären aber auch Stadtteile) bildet sich der politische Wille; dieser wird durch Delegierte in das jeweils höhere Gremium eingebracht.

2. Zu den Wahlkörperschaften kommen die Wahlberechtigten direkt zusammen; politische Interessenvertretungen (also Parteien, aber auch Gewerkschaften) spielen dabei keine oder nur eine geringe Rolle.

3. Alle gesellschaftlich wichtigen öffentlichen Positionen sind durch Wahlen zu besetzen, die unter den Betroffenen durchgeführt werden. Das gilt also nicht nur für Abgeordnete zu politischen Gremien (wie Bundestag, Landtag etc.), sondern etwa auch für Richter, Offiziere, Betriebsleiter, Professoren, Lehrer, Pfarrer usw. Dieses Prinzip zu verwirklichen, heißt die Gewaltenteilung zwischen Legislative, Exekutive und Judikative aufzuheben.

4. Alle gewählten Mandatsträger sind gegenüber ihrem Wahlgremium weisungsgebunden (imperatives Mandat), ständig rechenschaftspflichtig und jederzeit wieder absetzbar (*Recall*-Recht des Wahlgremiums).

5. Um die Basiseinheiten als Zentren der Meinungsbildung zu erhalten und die Selbstbestimmung auf möglichst viele Personen auszuweiten, sind weitere Maßnahmen gegen einen möglichen Machtmissbrauch der Gewählten zu treffen. Zu diesen Maßnahmen gehören z. B. kurze Wahlperioden, ein Verbot der direkten Wiederwahl (Rotations-

prinzip), die Trennung von Amt und Mandat sowie eine finanzielle Entschädigung, die dem Durchschnittseinkommen der Wahlberechtigten entspricht.

In diesem reinen Rätesystem haben die Bürgerinnen und Bürger eines Gemeinwesens vielfach Gelegenheit, durch Wahlen ihren Willen bei der Gestaltung der Gesellschaft kundzutun; aber nicht alle nehmen an jeder Wahl teil. Für Däumig und andere war es selbstverständlich, dass die untersten Organisationseinheiten proletarischen Charakter haben müssten. Folgerichtig sollten nur diejenigen »Hand- und Kopfarbeiter, die gezwungen sind, ihre Arbeitskraft dem Kapital zu verkaufen, um leben zu können,« an den Wahlen teilnehmen. Däumig sah in dieser Bestimmung die »Diktatur des Proletariats« im Marxschen Sinne verwirklicht. Die Frage, ob »kapitalistische« Vertreter in den Basisorganisationen geduldet werden sollten, wurde in den Rätetheorien nach dem Ersten Weltkrieg unterschiedlich beantwortet.

Der Grundsatz, dass die Wahlberechtigten zur Durchführung der Wahlen direkt zusammenkommen, richtet sich, wie bereits angedeutet, auch gegen den Einfluss von Parteien und Gewerkschaften auf die politische Willensbildung. Wahlvorschläge und Listen, die von Vorständen oder Delegiertenkonferenzen erarbeitet wurden und auf denen nur noch Namen anzukreuzen sind, soll es in der Rätedemokratie nicht mehr geben. Damit geriet die Rätebewegung nach 1918 in Widerspruch zu dem fest verwurzelten Organisationsdenken, das sich gerade in der deutschen Arbeiterbewegung aufgrund ihrer Geschichte herausgebildet hatte, und zwar in allen Parteien und Gewerkschaften.

Sieht man von dem Grundsatz des proletarischen Charakters der Basisorganisationen ab, dann lassen sich die Elemente des Rätesystems auch als ein Maßnahmenkatalog der direkten Demokratie verstehen. Als ein solcher kann er schrittweise oder teilweise in ein parlamentarisches Regierungssystem eingebaut werden. Schon die Weimarer Verfassung hatte mit der Volkswahl des Reichspräsidenten und mit der Möglichkeit einer Gesetzesinitiative durch das Volk (Volksentscheid nach Art. 73) Elemente der direkten Demokratie in ein parlamentarisches Repräsentativsystem eingebaut. Auch das Weimarer Verhältniswahlrecht ohne eine Sperrklausel bildete den Wählerwillen genauer ab als das Mehrheitswahlrecht im Kaiserreich oder das Mischwahlrecht in der BRD. Unter der Unzulänglichkeit des Mehrheitswahlrechts hatte keine Partei mehr zu leiden gehabt als die SPD. Allerdings waren die Abgeordneten im Kaiserreich und der Weimarer Republik nicht ihren Wählern verantwortlich, sondern als Vertreter des ganzen Volkes nur ihrem Gewissen unterworfen. Dasselbe gilt in der BRD. Der zuerst von der Sozialdemokratie praktizierte Fraktionszwang (wie etwa bei der Abstimmung über die Kriegskredite am 4. August 1914 oder bei der Abstimmung über den Bau des Panzerkreuzers am 16. November 1928) verstieß nicht nur gegen diese Verfassungsbestimmungen; er ist auch eine Perversion des von den Rätetheoretikern vorgeschlagenen imperativen Mandats.

Im Grundgesetz der BRD sind die Elemente der direkten Demokratie zugunsten des Repräsentativsystems zurückgenommen worden; Regierungsstabilität gilt mehr als die politische Selbstbestimmung der Bürgerinnen und Bürger.

Bei Bundestagswahlen haben die Wahlberechtigten aufgrund des personalisierten Verhältniswahlrechts mit Erst- und Zweitstimmen nur geringe Einflussmöglichkeiten auf die Auswahl der Bewerber. Etwa 60 bis 70 Prozent der Abgeordneten kommen über einen sicheren Wahlkreis oder einen sicheren Listenplatz in den Bundestag. Die Nominierung dieser Personen erfolgt in der Regel in Delegiertenversammlungen der Parteien, bei denen wenige Stimmen den Ausschlag geben können. Bei Kommunalwahlen gibt es dagegen die Möglichkeit, vorgeschlagene

Listen durch Stimmenhäufung (Kumulieren) und Hinzufügen anderer Namen (Panaschieren) zu verändern. So verringert sich merkwürdigerweise der politische Einfluss der Wahlberechtigten, wenn die Wahlen »bedeutender« werden.

Begründet wurde diese Entscheidung damit, dass man die Lehre aus den angeblichen Fehlern der Weimarer Verfassung ziehen wollte. Freilich sind in der Weimarer Republik die wenigen Versuche, Gesetze über ein Volksbegehren und einen Volksentscheid durchzusetzen, wie etwa die von SPD und KPD 1926 initiierte Fürstenenteignung, allesamt gescheitert. Dieses »Element« der direkten Demokratie hat also weder Schlechtes noch Gutes ausrichten können.

Auch kann das Wahlrecht nicht für das Scheitern der Weimarer Republik verantwortlich gemacht werden. Es führte zwar zu einem Parlament mit vielen Parteien; aber es waren nicht diese, die eine Regierungsbildung nach parlamentarischem Brauch erschwerten, sondern die zwei großen links- bzw. rechtsradikalen Parteien KPD und NSDAP. Letztere besaßen seit Juli 1932 eine negative absolute Mehrheit, mit der sie jede Regierung stürzen konnten. Nicht die Zersplitterung, sondern die Polarisierung des Wählerwillens machte das Regieren nach parlamentarischen Spielregeln unmöglich, und die Polarisierung wäre auch durch eine Fünfprozentklausel (wie der Aufstieg der NSDAP zeigt) nicht verhindert worden.

Wenn also der politische Wille da wäre, »mehr Demokratie zu wagen«, dann könnte man an die Rätediskussion nach dem Ersten Weltkrieg anknüpfen und sich nicht durch das Scheitern der Weimarer Republik irre machen lassen. Manche Elemente der direkten Demokratie sind auch heute ohne Verfassungsänderungen zu verwirklichen, manche durch Mehrheitsbeschlüsse in den entsprechenden Gremien. Den politischen Aufbau von unten nach oben stärken, hieße z. B., den Stadtteilversammlungen und

Ortschaftsräten in den Kommunen mehr Entscheidungskompetenzen zu geben. Die Parteien könnten ihre Kandidaten für die politischen Vertretungskörperschaften in Vollversammlungen der Mitglieder statt in Delegiertenversammlungen wählen lassen. Die Parteien könnten sich für die Rotation ihrer Mandatsträger (ja sogar ihrer Funktionäre) sowie für eine Trennung von Amt und Mandat entscheiden. Und sie könnten auch ihre Vorsitzenden durch die Gesamtheit der Mitglieder wählen lassen.

Das sind nur einige Beispiele. Die deutsche Arbeiterbewegung ist seit ihren Anfängen für die Demokratisierung der Gesellschaft eingetreten; ihre Geschichte bildet ein Reservoir zukunftsweisender Ideen, das auch nach dem Ende der Arbeiterbewegung noch ausgeschöpft werden kann.

9
Sozialismus ohne Arbeiterbewegung

Der Sozialismus, verstanden als eine politische Lehre, die die gesellschaftlichen Verhältnisse radikal kritisiert und eine neue Ordnung anstrebt, die auf gemeinschaftlichem Eigentum, auf der Gleichberechtigung aller Menschen und der Beseitigung der Unterschiede von Arm und Reich beruht, ist älter als die Arbeiterbewegung. Unabhängig von ihr entstanden, hat er sich im 19. und 20. Jahrhundert nicht nur in Deutschland mit der Arbeiterbewegung verbunden. Nach dem Ende der politischen Arbeiterbewegung in der DDR und in der BRD löste sich der Sozialismus wieder von der Arbeiterbewegung; er hat diese überlebt. Sozialistische Konzepte und Theorien wurden nunmehr von Oppositionellen innerhalb der großen Parteien SED und SPD entwickelt oder fanden Eingang in neue soziale Bewegungen.

Im Jahr 1956 hatte die SED-Führung einen zweiten Machtkonflikt nach dem 17. Juni 1953 zu bestehen. Die Opposition kam diesmal aus der SED selbst und aus den Reihen der Intellektuellen. In der Sowjetunion begann man im Februar 1956 damit, sich von den schlimmsten Auswüchsen des Stalinismus zu distanzieren. Es ging vor allem um einen Abbau des Personenkults und um Enthüllungen der von Stalin verantworteten Verbrechen sowie um eine Rehabilitierung vieler Stalin-Opfer. Diese »Entstalinisierung« war eine tiefe Zäsur in der Geschichte des Weltkommunismus. Sie strahlte auf viele Staaten aus, die von der UdSSR abhängig waren; auf die DDR jedoch nicht. Die SED-Führung gestand zwar einige Verbesserungen des Lebensstandards und eine Teilamnestie für politische Gefangene zu, unterdrückte aber Auseinandersetzungen mit ihrer stalinistischen Vergangenheit. Aufgrund dieser Verweigerung der Machtelite, die DDR zu entstalinisieren, begann sich 1956 eine parteiinterne Opposition zu regen.

Im Mittelpunkt dieser Gruppe stand Wolfgang Harich. Der 1923 in Königsberg geborene Harich war Dozent für Philosophiegeschichte an der Berliner Humboldt-Universität und Lektor des Aufbau-Verlags. Am 29. November 1956 wurde er verhaftet und zu zehn Jahren Zuchthaus verurteilt. Außer ihm wurden sieben weitere Intellektuelle, allesamt SED-Mitglieder, verurteilt. Die Harich-Gruppe hatte ihre Vorstellungen in einer *Plattform für einen besonderen deutschen Weg zum Sozialismus* zusammengefasst. Darin wird deutlich, dass sich die Opposition nicht gegen die SED schlechthin, sondern gegen deren stalinistische Führung richtete. Auch stellte sie den Sozialismus selbst nicht in Frage, wollte aber das DDR-Regime humanisieren und liberalisieren. Sie forderte die SED auf zuzugestehen, dass es möglich sei, den Kampf für den Sozialismus in der BRD »auf der Grundlage des Bonner Grundgesetzes und unter Einhaltung der Regeln der parlamentarischen Demokratie zu führen«. Die SED solle aufhören, den DDR-Sozialismus als den einzig möglichen Weg für Deutschland anzupreisen. In der Praxis lief diese Position auf die Einheit Deutschlands unter sozialistischem Vorzeichen hinaus.

Nachdem am 13. August 1961 mit dem Bau der Mauer begonnen worden war, waren solche sozialistischen Gedankenspiele nicht mehr realistisch. Man hatte nunmehr »endgültig« von zwei selbständigen Staaten auf deutschem Boden auszugehen. In den 1960er Jahren wurde Robert Havemann zum Symbol reformkommunistischer Opposition in der DDR. Der 1910 in München geborene Havemann studierte Chemie, trat 1931 in die KPD ein und war 1943 aufgrund seines antifaschistischen Widerstands schon zum Tode verurteilt, aber wegen »kriegswichtiger Forschungen« nur ins Zuchthaus gesteckt worden. 1950 erhielt er einen Lehrstuhl für physikalische Chemie an der Humboldt-Universität. Durch die Entstalinisierung in der UdSSR geprägt, hielt er im Wintersemester 1963/64 eine Vorlesung über *Naturwissenschaftliche Aspekte philosophischer Probleme*, in der er offen die Meinung vertrat, dass Sozialismus ohne Demokratie nicht realisierbar sei. Daraufhin wurde Havemann aus der SED ausgeschlossen und verlor seinen Lehrstuhl. Nachdem er 1965 im Nachrichtenmagazin *Der Spiegel* ein *Plädoyer für eine neue KPD* gehalten hatte, erhielt er Berufsverbot. Fortan wirkte er bis zu seinem Lebensende 1982 als politischer Publizist. Havemanns Autorität beruhte vor allem auf seiner unbeirrbaren Haltung, die DDR »trotz alledem« nicht zu verlassen. Dafür musste er weitere Schikanen, wie Verhöre, Überwachung, Hausarrest, Isolierung von Freunden, erdulden. Sein letztes Buch, eine sozialistische Utopie, trägt den Titel *Morgen*.

Im Mai 1971 wurde Ulbricht, zwei Jahre vor seinem Tod, aber doch unfreiwillig, als Erster Sekretär des ZK der SED durch Erich Honecker abgelöst. Das Honecker-Regime legte größere Aufmerksamkeit auf die Verbesserung des Lebensstandards und verlangsamte die »Gestaltung der entwickelten sozialistischen Gesellschaft«. Um das Konfliktpotential in der Gesellschaft zu vermindern, wurden Wortführer der Opposition ausgebürgert; politische Gefangene ließ man durch die BRD freikaufen. Der prominenteste freigekaufte Oppositionelle war Rudolf Bahro. Der 1935 geborene Bahro studierte von 1954 bis 1959 marxistische Philosophie an der Humboldt-Universität, arbeitete zunächst als Redakteur und dann als Abteilungsleiter in einem Gummiwerk. 1975 wurde seine Dissertation abgelehnt. Bahro veröffentlichte 1978 in der BRD sein Buch *Die Alternative. Zur Kritik des real existierenden Sozialismus.* Daraufhin wurde er in der DDR zu acht Jahren Zuchthaus verurteilt; ein Jahr später ließ man ihn in die BRD ausreisen. Bahro wurde Mitglied der Grünen, die er 1985 wieder verließ, habilitierte sich 1983 in Hannover und ging im Dezember 1989 als Professor zurück an die Humboldt-Universität. In seinem Buch *Die Alternative* kritisierte Bahro nicht nur das Missverhältnis zwischen dem real existierenden Sozialismus in der DDR und den Schriften von Marx und Engels, sondern auch Auffassungen von Marx und Engels selbst. Er forderte eine Kulturrevolution (d. h. Aufhebung der Arbeitsteilung und Wiedereinordnung des Menschen in das Gleichgewicht der Natur), die unter Anleitung eines neuen Bundes der Kommunisten erfolgen sollte.

Die Hoffnungen dieser prominenten Kritiker, die (auch im Rückblick auf die Ursprünge der sozialistischen Bewegung) auf eine grundlegende Reform des SED Regimes zielten, erfüllten sich nicht. Das SED-Regime brach vielmehr 1989 zusammen, als die Mauer aufgrund der internationalen Entwicklung fiel. Es hatte nie die Akzeptanz der Bevölkerung erreicht. Das zeigte sich sowohl bei der Arbeiterrebellion von 1953 als auch in der Kritik der »Parteiintelligenz« und in einer neuen Opposition, die in den

1980er Jahren im Schutzraum der Kirchen entstand. Letztere hatte nur wenige Berührungspunkte mit der älteren DDR-Opposition und war auch kaum sozialistisch fundiert. Die neue Oppositionsbewegung, ein vorübergehendes Bündnis von Ausreisewilligen und DDR-Reformern, beschleunigte die Wende. Doch nach dem Fall der Mauer setzten sich bald diejenigen Kräfte durch, die nicht reformieren, sondern den bedingungslosen Anschluss an die BRD wollten.

Diese Bundesrepublik war in der Ära Adenauer gegen den Widerstand der SPD geformt worden, deren Vorsitzender Schumacher noch einmal an die marxistische Tradition der Partei anknüpfte. Dann aber machte sich die Parteiführung auf, »toten Ballast« abzuwerfen und sich, durchaus im Einklang mit der allgemeinen gesellschaftlichen Entwicklung, in eine Volkspartei umzuwandeln. So befanden sich die sozialistischen Kräfte Anfang der 1960er Jahre zum ersten Mal seit 100 Jahren wieder von der SPD getrennt. Sie sammelten sich im SDS, der seit 1961 damit begann, an fast allen Universitäten autonome sozialistische Arbeitskreise einzurichten. In der Zeit zwischen 1963 und 1966 regierte die Koalition aus CDU/CSU und FDP unter Bundeskanzler Ludwig Erhard zunächst weiter; 1966 wurde sie durch eine große Koalition aus CDU/CSU und SPD abgelöst. Das Zusammengehen der beiden großen Parteien, die über mehr als 90 Prozent der Bundestagsabgeordneten verfügten und den Bundesrat völlig bestimmten, drohte das parlamentarische System in der BRD zu verändern. Zudem führte die erste größere Wirtschaftskrise seit Mitte der 1960er Jahre zu einem Klima sozialer Unsicherheit, und spektakuläre Landtagswahlerfolge der rechtsextremen NPD beschworen die Gefahr des Neofaschismus herauf. Die von den Bundesregierungen seit Herbst 1962 eingeleitete Debatte um eine Notstandsgesetzgebung erschien als ein zusätzlicher Schritt auf dem Weg zu einer autoritären Umgestaltung der Bundesrepublik.

So bildete sich in der BRD eine außerparlamentarische Opposition (APO). In ihren Reihen fand der Sozialismus eine neue Heimat. Am 30. Oktober 1966 veranstalteten Studenten des SDS zusammen mit Vertretern einer Bewegung gegen die Notstandsgesetze und Vertretern einer Ostermarschbewegung den Kongress Notstand der Demokratie in Frankfurt am Main. Als die beteiligten Gruppen nach dem Ende des Kongresses beschlossen, den organisatorischen Rahmen – das vorbereitende Kuratorium – beizubehalten, war die APO gegründet. Ihre drei Säulen, die Ostermarschbewegung, die Notstandsbewegung und die Studentenbewegung, konnten sich auf unterschiedliche gesellschaftliche Gruppen stützen. Die Ostermarschbewegung war in der BRD im Jahr 1960 entstanden. Seitdem fanden jeweils an Ostern Demonstrationen gegen die Aufrüstung der Bundeswehr und der NATO statt. Zunächst stark pazifistisch orientiert, nahm die Bewegung seit 1963 stärker politische Züge an. Sie blieb zwar organisatorisch unabhängig, konnte sich aber auf große Teile der Naturfreundejugend, der SPD-Jugendorganisation Die Falken und den Bund der Kriegsdienstverweigerer stützen. Neben einem Kuratorium prominenter Atomwaffengegner organisierte die Ostermarschbewegung ein Netzwerk aus lokalen Aktionszentren und ein Büro in Offenbach (Klaus Vack).

Die Kampagne gegen die Notstandsgesetze mobilisierte nicht nur Intellektuelle und eine linksliberale Öffentlichkeit; es gelang ihr auch, einige große Einzelgewerkschaften, wie die IG Metall und die IG Chemie, in ihre Aktionen einzubinden. In der IG Metall trat vor allem Otto Brenner, der bedeutendste Gewerkschaftsführer in der Nachkriegszeit, für eine Vertiefung der Demokratie und eine aktive Friedenspolitik ein. Bis Mitte 1968 finanzierten die Gewerkschaften das Büro und die Mitarbeiter des Kuratoriums Notstand der Demokratie sowie dessen Flugblätter, Plakate, Broschüren und Veranstaltungen.

Die deutsche Studentenbewegung strebte eine Demokratisierung der Hochschulen und die grundlegende Veränderung des gesellschaftlichen Systems an. Sie war Teil eines weltweiten antiautoritären und antiimperialistischen Studentenprotests gegen das *Establishment* und den Vietnamkrieg, fand aber in der deutschen »Bildungskatastrophe« zusätzliche hausgemachte Nahrung. Sie setzte im Wintersemester 1964/65 in Berlin mit Protestaktionen gegen den Besuch des kongolesischen Ministerpräsidenten Tschombé ein und breitete sich nach dem 2. Juni 1967, als der Student Benno Ohnesorg bei einer Berliner Anti-Schah-Demonstration erschossen wurde, rasch an allen anderen Universitäten aus.

Zum wichtigsten Aktionist und Theoretiker der deutschen Studentenbewegung wurde Rudi Dutschke. Der 1940 in der Mark Brandenburg geborene Dutschke war tief beeinflusst durch die von den Eltern vermittelten Bindungen zum Protestantismus und durch die Erfahrungen in den Aufbaujahren der DDR. Er verweigerte den Eintritt in die Nationale Volksarmee der DDR, wurde daraufhin nicht zum Studium zugelassen und ging deshalb 1960 nach Westberlin. Dort holte er das Abitur nach und begann an der Freien Universität das Studium der Soziologie.

Im Mittelpunkt der Theoriearbeit standen die Auseinandersetzung mit dem Faschismus sowie eine kritische Rezeption des Marxismus. Dutschke und andere wurden maßgeblich beeinflusst durch das Spätwerk des Philosophen Herbert Marcuse. Der aus Deutschland 1934 in die USA emigrierte und dort an verschiedenen Universitäten lehrende Marcuse hatte nach dem Ausbleiben bzw. Scheitern der proletarischen Revolution seine revolutionären Hoffnungen nicht aufgegeben. Als revolutionäre Subjekte benannte er nunmehr diejenigen Randgruppen der Gesellschaft, die einfach nicht mehr mitmachen wollten bzw. ohne sichtbaren Erfolg für Bürger- und Menschenrechte eintraten.

Auch Dutschke ging davon aus, dass die Arbeitermassen

in den hoch industrialisierten Ländern keine gesellschaftsverändernde Kraft mehr seien. Für ihn war es ein wichtiger Charakterzug der kapitalistischen Gesellschaft, dass viele Menschen die Wirklichkeit, und damit den Grad ihrer Unterdrückung, gar nicht mehr erkennen können. Er forderte deshalb eine Revolution des Bewusstseins. Das vordringliche Ziel aller antiautoritären Aktionen müsse es sein, den Staat zu zwingen, seinen wahren unterdrückenden Charakter zu offenbaren. Das wiederum könne nur gelingen durch eine Strategie der kalkulierten Regelverletzung. Die Ansatzpunkte für eine solche Strategie waren vielfältig, und im Kampf gegen den repressiven Staat verbanden sich die Auseinandersetzungen um eine Demokratisierung der Hochschulen, die Proteste gegen den Vietnamkrieg, gegen die Notstandsgesetze und die Bemühungen um neue Formen des Zusammenlebens.

Die Protestbewegung erreichte im Sommer 1968 ihre größte Ausdehnung und Heftigkeit. Nachdem Dutschke am 11. April 1968 auf dem Kurfürstendamm niedergeschossen worden war, erlebte die BRD in den fünf Tagen zwischen Gründonnerstag und Ostermontag die schwersten Straßenschlachten ihrer Geschichte. Der Zorn der Demonstranten richtete sich vor allem gegen den Springer-Konzern, dessen Presseberichterstattung für die aufgeheizte Atmosphäre verantwortlich gemacht wurde. Am 11. Mai 1968 kamen 70 000 Demonstranten zu einem Sternmarsch gegen die Verabschiedung der Notstandsgesetze nach Bonn. Sie konnten deren Verabschiedung am 29. Mai allerdings nicht verhindern. Da die APO hauptsächlich durch den Kampf gegen die Notstandsgesetze zusammengehalten wurde, zerfiel das Bündnis, nachdem diese Klammer nicht mehr griff. Die Studentenbewegung verzweigte sich in verschiedene Gruppierungen, die den Kampf in ihren Bereichen noch jahrelang fortsetzten. Aus dieser Zersplitterung zog der SDS Konsequenzen: Am 21. März 1970 löste sich der Bundesvorstand formell auf.

10
Die SPD nach Godesberg

Dreizehn Jahre lang, von Oktober 1969 bis Oktober 1982, regierten Koalitionen aus SPD und FDP die Bundesrepublik. Diese sozialliberale Periode war nach den Zeiten der Weimarer Koalition (Februar 1919 – Juni 1920) und der großen Koalition (Juni 1928 – März 1930) erst die dritte Phase der deutschen Geschichte, die von sozialdemokratischen Kanzlern bestimmt wurde. Obwohl es die bei weitem längste Phase war und die SPD nun eine Volkspartei sein wollte, weist die Regierungsarbeit der SPD in allen drei Phasen Parallelen auf. Als Konstanten sozialdemokratischer Politik lassen sich ausmachen: eine maßvolle Demokratisierung der parlamentarischen Republik und eine friedfertige Außenpolitik zur Versöhnung mit den Nachbarstaaten. Beide Ziele mussten jeweils gegen den erheblichen Widerstand der konservativen und rechten Parteien erkämpft werden; in der Außenpolitik waren die Erfolge jedesmal größer als in der Innenpolitik. Die Regierungsarbeit wurde immer durch eine klare Abgrenzung der Partei nach links abgesichert und durch ein Wiederaufleben innerparteilicher Kontroversen begleitet.

Die sozialliberale Regierungsmehrheit wurde durch einen knappen Sieg bei den Bundestagswahlen vom 28. September 1969 und durch die Wandlung der FDP vom National- zum Linksliberalismus möglich gemacht. Ein erster Prüfstein war am 5. März 1969 die Wahl Gustav Heinemanns zum Bundespräsidenten gewesen. Heinemann trat dieses höchste Staatsamt als zweiter Sozialdemokrat nach Friedrich Ebert an. Die sozialliberale Periode bestand aus zwei Phasen. In der ersten Phase regierte Willy Brandt (SPD) mit seinem Vizekanzler und Außenminister Walter Scheel (FDP). Die Regierung Brandt/Scheel ging dann aus vorgezogenen Bundestagswahlen vom 19. November 1972 gestärkt hervor, endete aber schon im Mai 1974. Brandt trat zurück, weil sein persönlicher Berater Günter Guillaume als DDR-Spion enttarnt wurde, und Scheel ließ sich zum Bundespräsidenten wählen. In einer zweiten Phase regierten Helmut Schmidt (SPD) als Bundeskanzler und Hans-Dietrich Genscher (FDP) als Vizekanzler und Außenminister von 1974 bis 1982. Sie überstanden 1976 und 1980 zwei Bundestagswahlen, die erste knapp, die zweite besser, wurden aber am 4. Oktober 1982 durch ein konstruktives Misstrauensvotum gestürzt. Es folgte eine neue Periode der Regierungskoalitionen von CDU/CSU und FDP, die über die Wiedervereinigung hinaus anhielt.

Willy Brandt und Helmut Schmidt traten in die Fußstapfen ihrer sozialdemokratischen Vorgänger Philipp Scheidemann, Gustav Bauer und Hermann Müller.

Von allen SPD-Kanzlern übte Willy Brandt die größte Ausstrahlungskraft aus. Der 1913 in Lübeck geborene Herbert Frahm (so der ursprüngliche Name Brandts) wuchs in einem sozialistischen Milieu auf, trat 1931 in die SAP ein und musste 1933 nach Norwegen, 1940 nach Schweden ins Exil gehen. Nach dem Ende des Krieges kam Brandt als norwegischer Staatsbürger und SPD-Mitglied nach Deutschland zurück, ließ sich wieder einbürgern und begann in Berlin seine Parteikarriere. Er wurde 1957 Regierender Bürgermeister von Berlin und 1964 Parteivorsitzender der SPD. Nach den erfolglosen Kanzlerkandidaturen von 1961 und 1965 sowie einem Zwischenspiel als Vizekanzler und Außenminister der großen Koalition (1966–69) wählte ihn eine knappe Mehrheit der Abgeordneten am 21. Oktober 1969 zum Bundeskanzler. Die von ihm geführte Regierungskoalition entsprach vom Parteienspektrum her der Weimarer Koalition aus den Anfangsjahren der ersten Republik.

Der Beginn der sozialliberalen Periode war erfüllt von Aufbruchstimmung und Reformeuphorie. Vorausgegangen war seit Mitte der 1960er Jahre eine Liberalisierung der Gesellschaft und die Entstehung einer außerparlamentarischen Opposition. Diesen Entwicklungen wollte die Regierung Brandt/Scheel mit dem Angebot entgegenkommen, mehr Demokratie zu wagen. Freilich blieben die inneren Reformen hinter den geweckten Erwartungen zurück. Es waren vor allem institutionelle Grenzen, die strukturelle Reformen weit gehend verhinderten. Seit 1972 wurde der Bundesrat durch die Unionsländer dominiert, und die sozialliberalen Bundesregierungen mussten Kompromisse eingehen, um die Zustimmung des Bundesrats zu erlangen. Auch griff das Bundesverfassungsgericht mit seiner konservativen Richtermehrheit verstärkt in politische Belange ein. In der Bildungspolitik wurde der Handlungsspielraum durch den Föderalismus begrenzt. So verlor die Reformpolitik ihr Profil.

Die Bildungsreform verkümmerte zu einer quantitativen Expansion. Zwar wurden die Hochschulen ausgebaut, zwar stieg die Zahl der Studierenden bis knapp unter die Millionengrenze, aber das Zahlenverhältnis von Lernenden und Lehrenden besserte sich nur unwesentlich. Im Juli 1972 scheiterte ein Hochschulrahmengesetz im Bundestag, obwohl es massive Zugeständnisse an die Opposition enthielt. In der Folgezeit wurden die Mitbestimmungsmöglichkeiten von Studierenden und Assistenten zugunsten der Professoren weiter eingeschränkt. Am 18. Juli 1972 erklärte das Bundesverfassungsgericht Zulassungsbeschränkungen an Hochschulen für verfassungskonform.

Im Arbeitsleben gab es 1976 ein neues Mitbestimmungsgesetz, das als ein typischer Kompromiss die Gewerkschaften nicht zufrieden stellte. Es galt für alle Betriebe, die mehr als 2000 Beschäftigte hatten. Es sah zwar die paritätische Beteiligung der Arbeitnehmer in den Aufsichtsräten vor, allerdings mit Einschränkungen, die die Unternehmerseite im Konfliktfall begünstigte. Denn zum einen musste ein Mitglied der Arbeitnehmerseite von den leitenden Angestellten gewählt werden, zum anderen

Lithographie von Käthe Kollwitz 1924

war die Stimme des Vorsitzenden bei einem Stimmenpatt entscheidend. Immerhin erhielten die Arbeitnehmer in den Betrieben jetzt mehr Einfluss als durch das Betriebsverfassungsgesetz von 1952 und das Betriebsrätegesetz von 1920. Zur gleichen Zeit scheiterte jedoch eine Berufsbildungsreform, die von denjenigen Unternehmen eine Ausbildungsabgabe verlangte, die nicht genügend Ausbildungsplätze zur Verfügung stellten. Auch diese Vorlage wies 1976 zunächst der Bundesrat und dann 1980 das Bundesverfassungsgericht zurück.

Mehr politische Partizipation schaffte die sozialliberale Koalition, indem sie das aktive Wahlalter auf 18 Jahre und das passive auf 21 Jahre herabsetzte. Mit diesen bescheidenen Erfolgen in den Bereichen Mitbestimmung und Wahlrecht knüpfte die SPD an Traditionen ihres politischen Kampfes an, die bis in das Kaiserreich zurückreichen. Auch in der Rechtspolitik entfaltete die neue Bundesregierung eine rege Reformtätigkeit. Während eine Strafrechtsreform und eine Mietrechtsreform zustande kamen, konnte eine Änderung des Paragraphen 218 nicht durchgesetzt werden. Die »Fristenlösung«, d.h. ein Schwangerschaftsabbruch in den ersten drei Monaten, scheiterte zunächst am Einspruch des Bundesrates; dann wies sie das Bundesverfassungsgericht am 25. Februar 1975 als grundgesetzwidrig zurück. Das war die dritte Niederlage der Strafrechtsreformer, denn schon 1920 war die SPD im Reichstag mit einem Antrag für die Fristenlösung und Anfang der 1930er Jahre die KPD mit einer Kampagne für die ersatzlose Streichung des Paragraphen gescheitert. So wurde 1977 nur das Scheidungs- und Unterhaltsrecht, und zwar nach dem »Zerrüttungsprinzip«, neu geregelt.

Ihre tiefsten Spuren hinterließen die von der SPD dominierten 1970er Jahre auf dem Gebiet der Außenpolitik. Der Regierung Brandt/Scheel gelang die überfällige Öffnung der BRD nach Osten. Die neue Ostpolitik war eine bedeutende Kurskorrektur und eine Ergänzung der Adenauerschen Westorientierung. Mit ihr passte sich die BRD nicht nur der internationalen Entspannungspolitik an, sondern vollzog endlich die nach dem Zweiten Weltkrieg geschaffenen Realitäten nach. Zur Anerkennung erhielt Brandt am 10. Dezember 1971 den Friedensnobelpreis.

In rascher Folge wurden bilaterale Verträge mit der UdSSR (12. August 1970), Polen (7. Dezember 1970) und der Tschechoslowakei (11. Dezember 1973) geschlossen, die auf dem Prinzip des Gewaltverzichts beruhten, die territorialen Grenzen anerkannten und zur Aufnahme »normaler« Beziehungen führten. Hinzu kam am 21. Dezember 1972 ein »Grundlagenvertrag« mit der DDR, in dem beide Staaten darin übereinkamen, dass sie füreinander nicht Ausland seien, dennoch aber »normale« Beziehungen auf der Grundlage der Gleichberechtigung vereinbarten.

Diese neue Ostpolitik ist in ihrer Bedeutung für den europäischen Frieden und in den Methoden der Friedenssicherung mit den Locarno-Verträgen von 1925 vergleichbar. In Locarno wurden außer einem «Westpakt«, in dem Deutschland seine Grenzen zu Frankreich und Belgien anerkannte und einer internationalen Garantie unterwarf, ebenfalls bilaterale Verträge mit Polen und der Tschechoslowakei geschlossen. In diesen verzichtete Deutschland auf eine gewaltsame Revision seiner Ostgrenzen. Obwohl die Locarno-Verträge von einem liberalen Außenminister Stresemann in einer bürgerlichen Rechtsregierung ausgehandelt wurden, war es die oppositionelle SPD, die den Verträgen am 27. November 1925 im Reichstag die mehrheitliche Annahme sicherte. Denn die Regierung war durch den Austritt der DNVP-Minister zusammengebrochen. Der nach dem Ersten und Zweiten Weltkrieg im Vergleich zur Westorientierung jeweils viel problematischere Ausgleich mit dem Osten musste von Seiten der SPD jedesmal gegen einen erbitterten Widerstand der Konservativen erkämpft werden. Auch am 27. April 1972, als die Moskauer und Warschauer Verträge im Bundestag debattiert wurden, rüsteten die Konservativen gegen die Regierung, und Brandt entging nur knapp einem konstruktiven Misstrauensvotum.

Die sozialliberale Innen- und Außenpolitik musste nicht nur gegen die CDU/CSU durchgesetzt, sondern offenbar auch durch eine Abgrenzung nach links abgesichert werden. Allerdings nahm diese in den 1970er Jahren nicht mehr so dramatische Formen an wie in der Weimarer Republik. Am 28. Januar 1972 beschlossen die Ministerpräsidenten der von der CDU/CSU und der SPD regierten Bundesländer und die Bundesregierung »Grundsätze zur Frage der verfassungsfeindlichen Kräfte im öffentlichen Dienst«. Danach mussten sich Personen, die in den öffentlichen Dienst, insbesondere in den Schuldienst, aufgenommen werden wollten, von dem Verdacht der Verfassungsfeindlichkeit befreien. Zielscheibe dieses »Radikalenerlasses« waren vor allem die Mitglieder der am 16. September 1968 gegründeten DKP (Deutsche Kommunistische Partei). Um die Reformpolitik und den Ausgleich mit dem Osten nicht zu gefährden, nahm die sozialliberale Bundesregierung davon Abstand, die DKP zu verbieten. Um sich aber nicht dem Vorwurf auszusetzen, mit den Kommunisten zu paktieren, stimmte die SPD-Führung für den Radikalenerlass. Im Ganzen standen die von der SPD geführten Bundeslander auch bei dessen Durchführung der CDU/CSU zunächst in nichts nach. Erst im Jahre 1978 kündigten die von der SPD und der FDP regierten Länder den Radikalenerlass auf und beschlossenen eigene Grundsätze zur Feststellung der Verfassungstreue im öffentlichen Dienst.

Immer wenn die SPD an der Regierung beteiligt war, wuchsen die innerparteilichen Konflikte. Die Auseinandersetzungen waren dann besonders groß, wenn sich die Partei (wie von 1928 bis 1930 bzw. von 1966 bis 1969) auf eine große Koalition einließ. Ende der 1960er Jahre begannen die Jungsozialisten den Konflikt in die Partei zu tragen. Diese Jugendorganisation der SPD, zu der alle Parteimitglieder unter 35 Jahren gehörten, bewegte sich seit ihren Bundeskongressen von 1965, 1967 und 1968 schrittweise nach links. Der entscheidende Kurswechsel vollzog sich aber erst auf dem Bundeskongress vom 5. bis 7. Dezember 1969 in München. Mit großer Mehrheit wurde der bisherige Vorsitzende Peter Corterier abgewählt. Die Delegierten wählten stattdessen Karsten D. Voigt zum neuen Vorsitzenden; Norbert Gansel wurde sein Stellvertreter.

Ferner fasste man Beschlüsse, die das bestehende »kapitalistische System« grundsätzlich ablehnten. Durch systemüberwindende Reformen sollte eine neue sozialistische Wirtschafts- und Gesellschaftsordnung verwirklicht werden. Diese Systemüberwindung war nicht als ein einmaliger revolutionärer Akt, sondern als eine schrittweise Transformierung der alten Gesellschaft gedacht und sollte in Übereinstimmung mit der Mehrheit der Bevölkerung erfolgen. Für das angestrebte Ziel war also eine »Doppelstrategie« nötig: die Arbeit in den bestehenden Institutionen, ein »langer Marsch« zu deren Unterwanderung einerseits sowie die direkte Mobilisierung und Politisierung der Bevölkerung andererseits. Diese Juso-Positionen galten damals als revolutionär; vor dem Hintergrund der SPD-Geschichte erinnern sie eher an die von Eduard Bernstein um 1900 entwickelte Revisionismus-Strategie – ein Zeichen dafür, wie weit sich die Gesamtpartei inzwischen von ihren sozialistischen Anfängen entfernt hatte.

Den Jungsozialisten gelang es, beträchtliche außerparlamentarische Kräfte für die SPD zurückzugewinnen. Zwischen 1969 und 1972 verzeichnete die SPD einen starken Zugewinn an neuen Mitgliedern; darunter waren überproportional viele Jugendliche. Der Anteil der Neumitglieder im Juso-Alter betrug 1969 schon 54,4 Prozent; er stieg bis 1972 auf knapp zwei Drittel. Die Analyse der Bundestagswahlergebnisse von 1972 zeigte, dass der Stimmenanteil der SPD bei jüngeren Wahlberechtigten stark gewachsen war, während die CDU/CSU in dieser Altersgruppe verloren hatte. Die Jungsozialisten hefteten sich den Wahlerfolg der SPD selbstbewusst an ihre Fahnen und sahen sich schon als die »SPD der achtziger Jahre«.

Im Mittelpunkt der innerparteilichen Theoriediskussion stand in den 1970er Jahren wieder einmal die Frage, ob es eine »Systemgrenze« gebe, an der strukturelle Reformen scheitern würden. Sie erlebte nicht mehr die Qualität und den Umfang wie in der Revisionismusdebatte um 1900, als Rosa Luxemburg zum ersten Mal diese Systemgrenze zur Sprache brachte. Maßgeblich beeinflusst durch die Ereignisse in Chile entwickelte sich unter den Jusos aber doch eine Gruppe, die daran zweifelte, dass das kapitalistische System durch schrittweise Reformen überwunden werden könne. In Chile war der erste frei gewählte marxistische Präsident Lateinamerikas, Salvador Allende, am 11. September 1973 von einer Militärjunta gestürzt worden. Unter den Jusos gewann daraufhin die Theorie des »staatsmonopolistischen Kapitalismus« an Einfluss. Nach dieser Stamokap-Theorie hat sich der Kapitalismus nicht nur in großen Monopolen zusammengeschlossen, sondern auch eng mit dem Staatsapparat verflochten. Eine Politik der Reformen, so die Folgerung, könne dieses System nicht überwinden. Den Jusos gelang es, die Theoriediskussion auch in die Gesamtpartei hineinzutragen. Dadurch wurde es in den 1970er Jahren wieder möglich, marxistische Positionen innerhalb der SPD zu vertreten – wie sich zeigen sollte, zum letzten Mal. Der Parteivorstand reagierte gelassen und diskussionsbereit auf die Jusos, auch wenn sich diese über Parteitagsbeschlüsse (wie das Verbot einer Zusammenarbeit mit der DKP) hinwegsetzten. Lediglich Klaus-Uwe Benneter wurde am 2. Juni 1977 als Vertreter der Stamokap-Fraktion aus der SPD ausgeschlossen (er kehrte später wieder zurück); andere prominente »Linke«, wie Jochen Steffen, verließen von sich aus die Partei.

Ende der 1970er Jahre verloren die Jusos an politischer Bedeutung. Ihre Fraktionskämpfe trugen dazu ebenso bei wie eine weit verbreitete Enttäuschung der Parteibasis über die Entwicklung der SPD unter Bundeskanzler Schmidt. Dessen Regierung vermochte nicht mehr an die großen Reformvorhaben anzuknüpfen, sondern erschien schließlich vielen nur noch als das kleinere Übel gegenüber einem Bundeskanzler der CSU. Allerdings war auch kaum zu übersehen, dass die umstrittene Systemgrenze weiter entfernt war als in früheren Epochen der Parteigeschichte.

III
Quellen

Die Texte folgen den angegebenen Druckvorlagen (D), die Orthographie wurde nicht modernisiert. Die hier abgekürzt zitierten Titel werden in den Literaturhinweisen vollständig verzeichnet.

1 Wilhelm Wolff: *Das Elend und der Aufruhr in Schlesien.* 1844 *(Auszug)*

Es handelt sich um den Schluss des Artikels. Zuvor wurden Elend und Aufruhr der Weber ausführlich geschildert. Wolff bezeichnet sich als Augenzeuge.

Es ist den Webern häufig der Vorwurf geworden, daß sie lieber bei ihrem Geschäft elend leben, als zu etwas anderm greifen wollten. Man hat ihnen zu Eisenbahn- und sonstigen Arbeiten gerathen. Wer aber die abgemagerten, hektischen und rachitischen Gestalten ins Auge faßt, muß bald davon zurückkommen. Und ob sie als Weber, oder als Tagearbeiter auf Straßen, herrschaftlichen Acker etc. eine kümmerliche Existenz fristen, macht überhaupt keinen sonderlichen Unterschied. Ein zweiter Tadel besteht darin, daß sie bei ihrer alten Weise, ihren alten Webstühlen, bei dem Verfahren, wie es der Großvater getrieben, stehen bleiben, und an keine Verbesserung heranwollen. Seltsamer Vorwurf! Während die Gesellschaft sich um die Weber von deren Geburt an nicht weiter kümmert, als daß sie dieselben bis zum 14ten Jahre zum Schulbesuch zwingt, so durch Verkürzung der Arbeitszeit den Armen noch ärmer macht und ihm in der Schule dafür keinen andern Ersatz gibt, als eine Menge auswendig gelernter Sprüche, Gesänge, Episteln, Evangelien und etwas Schreiben und Rechnen – was man Alles zusammen doch wahrhaftig nicht menschliche Bildung nennen wird – verlangt man von ihnen, sich von Vorurtheilen loszumachen, da doch die höhern Klassen mit all ihrer Aufklärung und Kultur noch weit hartnäckiger an den ihrigen hängen. Bringt den Webern Bildung bei, und damit sie möglich und zugleich für's Leben fruchtbar sei, sorgt auch für ihr körperliches Wohlergehen, und sie werden sich leicht in die Fortschritte des menschlichen Geistes finden. Andere möchten den Weber zum Kolonisten in Posen und Ostpreußen machen. Aber erzeugt denn nicht unsere Provinz Getreide und Lebensmittel aller Art in solcher Fülle, und kann der Ertrag des Bodens nicht noch so unberechenbar gesteigert werden, daß nicht blos die jetzige Bevölkerung, sondern eine viel größere, ihren hinlänglichen Unterhalt findet? Werden nicht jährlich viele 100,000 Scheffel an Getreide und Mehl ausgeführt? Und der Weber sollte auswandern, wo so viel Überfluß? Wo eine Menge Nichtsthuer täglich Unmassen von Fleisch, Wein und Backereien vergeudet, da sollte für den Weber kein Stück Brod, kein Glas Bier mehr übrig sein? Der Weber hat lange genug als Kind in der Schule, als Erwachsener sonntäglich in der Kirche von der »christlichen Liebe« und »Aufopferung« von der »Pflicht« seinem »Nächsten zu helfen« mit Allem, was dem Einzelnen zu Gebote steht, salbungsvoll reden hören und er sollte jetzt vor dieser vielgepriesenen Liebe Reißaus nehmen? Er fängt vielmehr an zu ahnen, daß, wenn Mühe, Drangsal und Hunger hienieden, zur Krone des ewigen Lebens berechtigen, ihm die Reichen und Gebildeten längst dieses Privilegium entrissen hätten und der Gedanke beginnt in ihm zu tagen, daß da, wo millionenreiche Fabrikanten, Gutsherren, die 10,000, 20,000 bis 100,000 Morgen Landes besitzen und viele, viele Tausend jährlich einnehmen, es nur einer vernünftigen Gestaltung der menschlichen Gesellschaft bedürfe, um schon hienieden den Himmel zu gründen und aus dem jetzigen Überfluß der Einen, den Mangel der Anderen zu ergänzen. Es kommen aber noch andere Ärzte, die bringen Schutzzölle in Vorschlag, wieder andere ein beschränkendes Gewerbepolizeigesetz u. dergl. Wer über die Natur des Privateigenthums und seine Consequenzen ernstlich nachgedacht, wird von Dingen, die höchstens einige Zeit als kleines Palliativ wirken könnten, keine Radikalkur hoffen. Nur eine Reorganisation, eine Umgestaltung der Gesellschaft auf dem Prinzipe der Solidarität, der Gegenseitigkeit und Gemeinschaftlichkeit, mit einem Wort der Gerechtigkeit, kann uns zum Frieden und zum Glücke führen.

D: *Bürgerbuch*, S. 197–199.

2 Karl Marx / Friedrich Engels: Schlussworte aus dem *Manifest der Kommunistischen Partei.* 1848

In Deutschland kämpft die Kommunistische Partei, sobald die Bourgeoisie revolutionär auftritt, gemeinsam mit der Bourgeoisie gegen die absolute Monarchie, das feudale Grundeigentum und die Kleinbürgerei.

Sie unterläßt aber keinen Augenblick, bei den Arbeitern ein möglichst klares Bewußtsein über den feindlichen Gegensatz von Bourgeoisie und Proletariat herauszuarbeiten, damit die deutschen Arbeiter sogleich die gesellschaftlichen und politischen Bedingungen, welche die Bourgeoisie mit ihrer Herrschaft herbeiführen muß, als ebenso viele Waffen gegen die Bourgeoisie kehren können, damit, nach dem Sturz der reaktionären Klassen in Deutschland, sofort der Kampf gegen die Bourgeoisie selbst beginnt.

Auf Deutschland richten die Kommunisten ihre Hauptaufmerksamkeit, weil Deutschland am Vorabend einer bürgerlichen Revolution steht und weil es diese Umwälzung unter fortgeschrittneren Bedingungen der europäischen Zivilisation überhaupt, und mit einem viel weiter entwickelten Proletariat vollbringt als England im siebenzehnten und Frankreich im achtzehnten Jahrhundert, die deutsche bürgerliche Revolution also nur das unmittelbare Vorspiel einer proletarischen Revolution sein kann.

Mit einem Wort, die Kommunisten unterstützen überalle jede revolutionäre Bewegung gegen die bestehenden gesellschaftlichen und politischen Zustände.

In allen diesen Bewegungen heben sie die Eigentumsfrage, welche mehr oder minder entwickelte Form sie auch angenommen haben möge, als die Grundfrage der Bewegung hervor.

Die Kommunisten arbeiten endlich überall an der Verbindung und Verständigung der demokratischen Parteien aller Länder.

Die Kommunisten verschmähen es, ihre Ansichten und Absichten zu verheimlichen. Sie erklären es offen, daß ihre Zwecke nur erreicht werden können durch den gewaltsamen Umsturz aller bisherigen Gesellschaftsordnung. Mögen die herrschenden Klassen vor einer kommunistischen Revolution zittern. Die Proletarier haben nichts in ihr zu verlieren als ihre Ketten. Sie haben eine Welt zu gewinnen.

Proletarier aller Länder, vereinigt euch!

D: Marx/Engels, *Studienausgabe*, Bd. 3, S. 86 f.

3 *Rundschreiben des Centralcomités für die deutschen Arbeiter an sämtliche Arbeiter und Arbeitervereine Deutschlands.* 18. September 1848 *(Auszug)*

Das von Franz Schwenniger, Georg Kick und Stephan Born unterzeichnete Rundschreiben erschien am 3. Oktober 1848 in der ersten Ausgabe der Zeitung »Die Verbrü-

derung« und informierte über die Beschlüsse des Berliner Gründungskongresses der Allgemeinen deutschen Arbeiterverbrüderung.

Arbeiter! Die französische Februar-Revolution hatte ihren unterscheidenden Charakter vor allen vorhergegangenen darin, dass sie vom vierten Stande, dem der Arbeiter, ausging, dass sie die Fahne der Brüderlichkeit und Gleichberechtigung aller Menschen auf die Güter des Lebens vorantrug; sie war eine Revolution des Proletariats. Mag auch die jetzt constituirende französische Nationalversammlung diesen ihren eigentlichen Charakter augenblicklich unterdrückt haben, sehr bald wird er um so schärfer in einer folgenden, allgemeineren Bewegung hervortreten. – Auch in Deutschland ist aus dem Kampfe politischer Umgestaltungen die Bewegung der arbeitenden Klasse, als historisch berechtigt, mit jedem Tage mehr hervorgetreten, und wer möchte verkennen, dass diese Bewegung täglich an Geltung gewinnt! Denn auch in Deutschland ist die Macht des Kapitals zu einer solchen Höhe gelangt, dass es der schaffenden Hand nicht mehr gelingen kann, ihre Concurrenz zu ertragen, dass vielmehr der Arbeiter in allen Gewerbszweigen schon der gebeugte Diener, der Sklave des Kapitals geworden.

Brüder! So kann es nicht länger mehr bleiben! Ein Staat, in dem es dem Arbeiter unmöglich geworden, bei allem Fleisse menschlich zu existiren, muss nothwendig einer neuen Umgestaltung entgegengehen, wenn seinen mächtigsten Gliedern, den Arbeitern erst das Bewusstsein ihrer Stellung klar geworden, wenn sie ihres Schaffens fruchtlose Qual eingesehen, wenn sie zur letzten traurigen Erkenntnis gekommen, dass sie das Leben einsetzen müssen, um das Leben zu gewinnen. Diese Erkenntniss unserer Zustände, diese Einsicht in unsere Verhältnisse, nur zu offen tritt sie jetzt hervor unter den Arbeitern, und wir wollen uns Glück dazu wünschen.

Diese Erkenntniss hat auch den allgemeinen deutschen Arbeitercongress in Berlin hervorgerufen, er sollte rathen und bestimmen, was in dieser grossen Zeit zur Hebung und Verbesserung unserer Zustände gethan werden müsse.

Im Folgenden werden zwei Prinzipien hervorgehoben, von denen der Kongress ausgegangen sei: dass sich die Arbeiter selbst helfen müssen und dass keine Gegensätze mehr zwischen Meistern und Gesellen angenommen wurden. Zum Schluss werden die Arbeiter aufgerufen, sich zu organisieren und die Leitung des ZK anzuerkennen.

D: Max Quarck, *Die erste deutsche Arbeiterbewegung*, Leipzig 1924, S. 368–370.

4 Ferdinand Lassalle: *Offnes Antwortschreiben an das Zentralkomitee zur Berufung eines allgemeinen deutschen Arbeiterkongresses zu Leipzig*. 1863 *(Auszug)*

Meine Herren!

[...] Als Sie im Oktober vorigen Jahres, zu welcher Zeit ich gerade von hier abwesend war, die erste Vorberatung in Berlin über den deutschen Arbeiterkongreß hielten, der ich in den Veröffentlichungen durch die Zeitungen mit Interesse gefolgt bin, wurden zwei entgegengesetzte Ansichten in der Versammlung geltend gemacht.

Die eine ging dahin, daß Sie sich überhaupt um die politische Bewegung nicht zu kümmern hätten und diese interesselos für Sie sei.

Die andere ging im Gegenteil dahin, daß Sie sich als den Anhang der preußischen Fortschrittspartei zu betrachten, und den selbstlosen Chor und Resonanzboden für sie abzugeben hätten.

Wäre ich damals in Ihrer Versammlung gegenwärtig gewesen, so würde ich mich gleichmäßig gegen beides ausgesprochen haben. [...]

Der Arbeiterstand muß sich als selbständige politische Partei konstituieren und das allgemeine, gleiche und direkte Wahlrecht zu dem prinzipiellen Losungswort und Banner dieser Partei machen. Die Vertretung des Arbeiterstandes in den gesetzgebenden Körpern Deutschlands – dies ist es allein, was in politischer Hinsicht seine legitimen Interessen befriedigen kann. Eine friedliche und gesetzliche Agitation hiefür mit allen gesetzlichen Mitteln zu eröffnen, das ist und muß in politischer Hinsicht das Programm der Arbeiterpartei sein.

Es erhellt von selbst, wie diese Arbeiterpartei sich zur deutschen Fortschrittspartei zu verhalten hat.

Sich überall als eine selbständige und durchaus von ihr getrennte Partei zu fühlen und zu konstituieren, gleichwohl die Fortschrittspartei in solchen Punkten und Fragen zu unterstützen, in welchen das Interesse ein gemeinschaftliches ist, ihr entschieden den Rücken zu kehren und gegen sie aufzutreten, so oft sie sich von demselben entfernt, die Fortschrittspartei eben dadurch zu zwingen, entweder sich vorwärts zu entwickeln und das Fortschrittsniveau zu übersteigen oder aber immer tiefer in den Sumpf von Bedeutungs- und Machtlosigkeit zu versinken, in welchem sie bereits knietief angelangt ist, – das muß die einfache Taktik der deutschen Arbeiterpartei gegenüber der Fortschrittspartei sein.

D: Lassalle, S. 170–174.

5 Programm der Sozialistischen Arbeiterpartei Deutschlands. Gotha 1875

I. Die Arbeit ist die Quelle alles Reichthums und aller Kultur, und da allgemein nutzbringende Arbeit nur durch die Gesellschaft möglich ist, so gehört der Gesellschaft, das heißt allen ihren Gliedern, das gesammte Arbeitsprodukt, bei allgemeiner Arbeitspflicht, nach gleichem Recht, Jedem nach seinen vernunftgemäßen Bedürfnissen.

In der heutigen Gesellschaft sind die Arbeitsmittel Monopol der Kapitalistenklasse; die hierdurch bedingte Abhängigkeit der Arbeiterklasse ist die Ursache des Elends und der Knechtschaft in allen Formen.

Die Befreiung der Arbeit erfordert die Verwandlung der Arbeitsmittel in Gemeingut der Gesellschaft und die genossenschaftliche Regelung der Gesammtarbeit mit gemeinnütziger Verwendung und gerechter Vertheilung des Arbeitsertrages.

Die Befreiung der Arbeit muß das Werk der Arbeiterklasse sein, der gegenüber alle anderen Klassen nur eine reaktionäre Masse sind.

II. Von diesen Grundsätzen ausgehend, erstrebt die sozialistische Arbeiterpartei Deutschlands mit allen gesetzlichen Mitteln den freien Staat und die sozialistische Gesellschaft, die Zerbrechung des ehernen Lohngesetzes durch Abschaffung des Systems der Lohnarbeit, die Aufhebung der Ausbeutung in jeder Gestalt, die Beseitigung aller sozialen und politischen Ungleichheit.

Die sozialistische Arbeiterpartei Deutschlands, obgleich zunächst im nationalen Rahmen wirkend, ist sich des internationalen Charakters der Arbeiterbewegung bewußt und entschlossen, allen Pflichten, welche derselbe den Arbeitern auferlegt, zu erfüllen, um die Verbrüderung aller Menschen zur Wahrheit zu machen.

Die sozialistische Arbeiterpartei Deutschlands fordert, um die Lösung der sozialen Frage anzubahnen, die Errichtung von sozialistischen Produktivgenossenschaften mit Staatshülfe unter der demokratischen Kontrole des arbeitenden Volkes. Die Produktivgenossenschaften sind für Industrie und Ackerbau in solchem Umfange in's Leben zu rufen, daß aus ihnen die sozialistische Organisation der Gesammtarbeit entsteht.

Die sozialistische Arbeiterpartei Deutschlands fordert als Grundlagen des Staates:

1. Allgemeines, gleiches, direktes Wahl- und Stimmrecht, mit geheimer und obligatorischer Stimmabgabe, aller Staatsangehörigen vom zwanzigsten Lebensjahre an für alle Wahlen und Abstimmungen in Staat und Gemeinde. Der Wahl- oder Abstimmungstag muß ein Sonntag oder Feiertag sein.
2. Direkte Gesetzgebung durch das Volk. Entscheidung über Krieg und Frieden durch das Volk.
3. Allgemeine Wehrhaftigkeit. Volkswehr an Stelle der stehenden Heere.
4. Abschaffung aller Ausnahmegesetze, namentlich der Preß-, Vereins- und Versammlungsgesetze, überhaupt aller Gesetze, welche die freie Meinungsäußerung, das frei Denken und Forschen beschränken.
5. Rechtsprechung durch das Volk. Unentgeltliche Rechtspflege.
6. Allgemeine und gleiche Volkserziehung durch den Staat. Allgemeine Schulpflicht. Unentgeltlicher Unterricht in allen Bildungsanstalten. Erklärung der Religion zur Privatsache.

Die sozialistische Arbeiterpartei Deutschlands fordert innerhalb der heutigen Gesellschaft:

1. Möglichste Ausdehnung der politischen Rechte und Freiheiten im Sinne der obigen Forderungen.
2. Eine einzige progressive Einkommensteuer für Staat und Gemeinde, anstatt aller bestehenden, insbesondere der das Volk belastenden indirekten Steuern.
3. Unbeschränktes Koalitionsrecht.
4. Ein den Gesellschaftsbedürfnissen entsprechender Normalarbeitstag. Verbot der Sonntagsarbeit.
5. Verbot der Kinderarbeit, und aller die Gesundheit und Sittlichkeit schädigenden Frauenarbeit.

6. Schutzgesetze für Leben und Gesundheit der Arbeiter. Sanitätliche Kontrole der Arbeiterwohnungen. Überwachung der Bergwerke, der Fabrik-, Werkstatt- und Haus-Industrie durch von den Arbeitern gewählte Beamte. Ein wirksames Haftpflichtgesetz.
7. Regelung der Gefängnißarbeit.
8. Volle Selbstverwaltung für alle Arbeiterhülfs- und Unterstützungskassen.

D: *Protokoll des Vereinigungskongresses der Sozialdemokraten Deutschlands*, Leipzig 1875, S. 54 f.

6 Franz Mehring über die Attentate auf Kaiser Wilhelm im Jahre 1878 *(Auszug)*

Am 11. Mai 1878 gab der Klempnergeselle Hödel in Berlin Unter den Linden einige Revolverschüsse ab, als gerade der Kaiser in einer offenen Kalesche vorüberfuhr. Die Behauptung des gänzlich verkommenen, wenn auch durchaus nicht lebensmüden Menschen, daß er sich selbst habe erschießen wollen, um dadurch die Aufmerksamkeit des Kaisers auf das Elend der Massen zu lenken, war sicherlich unwahr, allein mit der Glaubwürdigkeit der Behauptung, daß er den Kaiser habe treffen und töten wollen, stand es um nichts besser. Hödels Revolver gehörte zu jenen Mordwerkzeugen, die um die Ecke schießen; er hatte einen schiefen Lauf und schoß, nach dem Zeugnis eines als Sachverständigen vereidigten Hofbüchsenmachers, auf neun Schritte einen Fuß zu hoch und ebensoviel nach links.
[...]

Die Verhandlung, die gegen Hödel vor dem Staatsgerichtshofe geführt wurde, bewies in allen ihren Teilen nichts, als daß die Regierung ihn schlechterdings als ernsthaften Hochverräter behandelt wissen wollte, von der krampfhaft tendenziösen Anklageschrift an bis zur überaus schwachen Verteidigung und dem widerspruchsvollen Urteil, das »den geistig und körperlich zerrütteten Menschen« gleichwohl für zurechnungsfähig genug hielt, um ihn zum Tode zu verurteilen.

In jedem Falle gehörte dies Attentat, wenn es denn wirklich ein Attentat war, zu den harmlosesten Attentaten des Jahrhunderts. Trotzdem machte der Byzantinismus, der die besitzenden Klassen seit dem deutsch-französischen Kriege verheerte, eine große Haupt- und Staatsaktion daraus; der patriotische Mob zog vor das Palais des Kaisers und sang: Nun danket alle Gott; der Kaiser selbst, der zunächst auch an kein Attentat glauben wollte, ließ sich dann doch überreden, daß er einer furchtbaren Gefahr entronnen sei, und erklärte, daß dem Volke die Religion erhalten werden müsse, um solche Greueltaten zu vermeiden. [...]

Bismarck seinerseits faßte den tragikomischen Zwischenfall weniger von der sentimental-pathetischen, als von der demagogisch-praktischen Seite auf und telegraphierte auf die erste Kunde von Hödels Revolverschüssen umgehend aus Friedrichsruh: Ausnahmegesetze gegen die Sozialdemokratie! [...]

Ein erster Gesetzentwurf erhielt jedoch nicht die Stimmen der Mehrheit der Abgeordneten.

Am neunten Tage darauf, am 2. Juni, reifte die Saat, die der patriotische Mob und das politische Drahtziehertum vom Schlage Bismarcks ausgestreut hatten: eine verlorene Existenz, diesmal aus den besitzenden Klassen, ein Doktor Karl Nobiling, der Sohn eines Domänenpächters, schoß aus einem Hause Unter den Linden mit einer Schrotbüchse auf den vorüberfahrenden Kaiser und verwundete ihn schwer. Ehe Nobiling ergriffen werden konnte, hatte er sich selbst eine Kugel durch den Kopf gejagt, und die erste authentische Meldung, die wieder über ihn in die Öffentlichkeit drang, war die Nachricht seines Todes, der am 10. September erfolgte. Ob und was er in der Zwischenzeit über die Tat und ihre Beweggründe ausgesagt hat, darüber hat die Regierung immer sorgsam geschwiegen, ein negativer, aber durchschlagender Beweis dafür, daß sie für einen Zusammenhang Nobilings mit der Sozialdemokratie auch nicht die entfernteste Spur hat entdecken können. [...]

Bismarck hatte keinen anderen Gedanken, als daß die Gelegenheit günstig sei, einen bonapartistischen Streich auszuführen. Noch am Abend desselben Tages, an dessen Mittag Nobilings Schüsse gefallen waren, versandte der offiziöse Telegraph eine angeblich »amtliche«, tatsächlich ihrem ganzen Inhalt nach erfundene Depesche, wonach der mit einer Kugel im Kopfe daniederliegende Nobling bei seiner »gerichtlichen Vernehmung« ausgesagt haben sollte, daß er sozialistischen Tendenzen huldige, daß er auch wiederholt in Berlin sozialistischen Versammlungen beigewohnt habe, und daß er schon seit acht Tagen mit der Absicht umgegangen sei, den Kaiser zu erschießen.

D: Mehring, Bd. 4, S. 133–139.

7 Resolution über das Verhältnis der Sozialdemokratie zu den Anarchisten. Parteitag der SAPD 1887

Der Parteitag erklärt die anarchistische Gesellschaftstheorie, soweit dieselbe die absolute Autonomie des Individuums erstrebt, für antisozialistisch, für nichts anderes als eine einseitige Ausgestaltung der Grundgedanken des bürgerlichen Liberalismus, wenn sie auch in ihrer Kritik der heutigen Gesellschaftsordnung von sozialistischen Gesichtspunkten ausgeht. Sie ist vor allem mit der sozialistischen Forderung der Vergesellschaftung der Produktionsmittel und der gesellschaftlichen Regelung der Produktion unvereinbar und läuft, wenn nicht die Produktion auf den

Zwergmaßstab des kleinen Handwerks zurückgeführt werden soll, auf einen unlöslichen Widerspruch hinaus. Der anarchistische Kultus und die ausschließliche Zulassung der Gewaltpolitik beruht auf einem groben Mißverständniß der Rolle der Gewalt in der Geschichte der Völker.

Die Gewalt ist ebenso gut ein reaktionärer als ein revolutionärer Faktor; ersteres sogar häufiger gewesen als das letztere. Die Taktik der individuellen Anwendung der Gewalt führt nicht zum Ziele und ist, insofern sie das Rechtsgefühl der Masse verletzt, positiv schädlich und darum verwerflich.

Für die individuellen Gewaltakte bis aufs äußerste Verfolgter und Geächteter machen wir die Verfolger und Ächter verantwortlich und begreifen die Neigung zu solchen als eine Erscheinung, die sich zu allen Zeiten unter ähnlichen Verhältnissen gezeigt hat, und welche gegenwärtig durch bezahlte Agents-provocateurs für die Zwecke der Reaktion gegen die arbeitende Klasse ausgenützt wird.

D: *Verhandlungen des Parteitags der deutschen Sozialdemokratie in St. Gallen*, Hottingen/Zürich 1888, S. 42 f.

8 Programm der Sozialdemokratischen Partei Deutschlands. Erfurt 1891 *(Auszug)*

Die ökonomische Entwickelung der bürgerlichen Gesellschaft führt mit Naturnothwendigkeit zum Untergang des Kleinbetriebes, dessen Grundlage das Privateigenthum des Arbeiters an seinen Produktionsmitteln bildet. Sie trennt den Arbeiter von seinen Produktionsmitteln und verwandelt ihn in einen besitzlosen Proletarier, indeß die Produktionsmittel das Monopol einer verhältnismäßig kleinen Zahl von Kapitalisten und Großgrundbesitzern werden.

Hand in Hand mit dieser Monopolisirung der Produktionsmittel geht die Verdrängung der zersplitterten Kleinbetriebe durch kolossale Großbetriebe, geht die Entwickelung des Werkzeugs zur Maschine, geht ein riesenhaftes Wachsthum der Produktivität der menschlichen Arbeit. Aber alle Vortheile dieser Umwandlung werden von den Kapitalisten und Großgrundbesitzern monopolisirt. Für das Proletariat und die versinkenden Mittelschichten – Kleinbürger, Bauern – bedeutet sie wachsende Zunahme der Unsicherheit ihrer Existenz, des Elends, des Drucks, der Knechtung, der Erniedrigung, der Ausbeutung.

Immer größer wird die Zahl der Proletarier, immer massenhafter die Armee der überschüssigen Arbeiter, immer schroffer der Gegensatz zwischen Ausbeutern und Ausgebeuteten, immer erbitterter der Klassenkampf zwischen Bourgeoisie und Proletariat, der die moderne Gesellschaft in zwei feindliche Heerlager trennt und das gemeinsame Merkmal aller Industrieländer ist.

Der Abgrund zwischen Besitzenden und Besitzlosen wird noch erweitert durch die im Wesen der kapitalistischen Produktionsweise begründeten Krisen, die immer umfangreicher und verheerender werden, die allgemeine Unsicherheit zum Normalzustand der Gesellschaft erheben und den Beweis liefern, daß die Produktivkräfte der heutigen Gesellschaft über den Kopf gewachsen sind, daß das Privateigenthum an Produktionsmitteln unvereinbar geworden ist mit deren zweckentsprechender Anwendung und voller Entwickelung.

Das Privateigenthum an Produktionsmitteln, welches ehedem das Mittel war, dem Produzenten das Eigenthum an seinem Produkt zu sichern, ist heute zum Mittel geworden, Bauern, Handwerker und Kleinhändler zu expropriiren und die Nichtarbeiter – Kapitalisten, Großgrundbesitzer – in den Besitz des Produkts der Arbeiter zu setzen. Nur die Verwandlung des kapitalistischen Privateigenthums an Produktionsmitteln – Grund und Boden, Gruben und Bergwerke, Rohstoffe, Werkzeuge, Maschinen,

Verkehrsmittel – in gesellschaftliches Eigenthum, und die Umwandlung der Waarenproduktion in sozialistische, für und durch die Gesellschaft betriebene Produktion kann es bewirken, daß der Großbetrieb und die stets wachsende Ertragsfähigkeit der gesellschaftlichen Arbeit für die bisher ausgebeuteten Klassen aus einer Quelle des Elends und der Unterdrückung zu einer Quelle der höchsten Wohlfahrt und allseitiger, harmonischer Vervollkommnung werde.

Diese gesellschaftliche Umwandlung bedeutet die Befreiung nicht blos des Proletariats, sondern des gesammten Menschengeschlechts, das unter den heutigen Zuständen leidet. Aber sie kann nur das Werk der Arbeiterklasse sein, weil alle anderen Klassen, trotz der Interessenstreitigkeiten unter sich, auf dem Boden des Privateigenthums an Produktionsmitteln stehen und die Erhaltung der Grundlagen der heutigen Gesellschaft zum gemeinsamen Ziel haben.

Der Kampf der Arbeiterklasse gegen die kapitalistische Ausbeutung ist nothwendiger Weise ein politischer Kampf. Die Arbeiterklasse kann ihre ökonomischen Kämpfe nicht führen und ihre ökonomische Organisation nicht entwickeln ohne politische Rechte. Sie kann den Übergang der Produktionsmittel in den Besitz der Gesammtheit nicht bewirken, ohne in den Besitz der politischen Macht gekommen zu sein.

Diesen Kampf der Arbeiterklasse zu einem bewußten und einheitlichen zu gestalten und ihm sein naturnothwendiges Ziel zu weisen – das ist die Aufgabe der Sozialdemokratischen Partei.

Die Interessen der Arbeiterklasse sind in allen Ländern mit kapitalistischer Produktionsweise die gleichen. Mit der Ausdehnung des Weltverkehrs und der Produktion für den Weltmarkt wird die Lage der Arbeiter eines jeden Landes immer abhängiger von der Lage der Arbeiter in den andern Ländern. Die Befreiung der Arbeiterklasse ist also ein Werk, an dem die Arbeiter aller Kulturländer gleichmäßig betheiligt sind. In dieser Erkenntniß fühlt und erklärt die Sozialdemokratische Partei Deutschlands sich eins mit den klassenbewußten Arbeitern aller übrigen Länder.

Die Sozialdemokratische Partei Deutschlands kämpft also nicht für neue Klassenprivilegien und Vorrechte, sondern für die Abschaffung der Klassenherrschaft und der Klassen selbst und für gleiche Rechte und gleiche Pflichten Aller ohne Unterschied des Geschlechts und der Abstammung. Von diesen Anschauungen ausgehend bekämpft sie in der heutigen Gesellschaft nicht blos die Ausbeutung und Unterdrückung der Lohnarbeiter, sondern jede Art der Ausbeutung und Unterdrückung, richte sie sich gegen eine Klasse, eine Partei, ein Geschlecht oder eine Rasse.

D: *Protokoll über die Verhandlungen des Parteitages der Sozialdemokratischen Partei Deutschlands, abgehalten zu Erfurt vom 14. bis 20. Oktober 1891*, Berlin 1891, S. 3 f.

9 August Bebel: *Zukunftsstaat und Sozialdemokratie.* Reichstagsrede vom 3. Februar 1893 *(Auszug)*

Die von Bebel zitierten Verse stammen aus dem ersten Kapitel von »Deutschland. Ein Wintermärchen«, das erstmals 1844 veröffentlicht wurde.

Was hat die Entwicklung der letzten Jahrzehnte gezeigt? – daß die ganze nationalökonomische Wissenschaft mehr und mehr zu sozialdemokratischen Anschauungen übergeht. Hat doch sogar vor wenigen Wochen das offiziöse Organ des Papstes es offen ausgesprochen – ich weiß im Augenblick nicht den Namen des Blattes, es tut mir auch sehr leid, daß ich die Notiz vergessen habe, ich werde sie Herrn Dr. Bachem privatim mitteilen, falls er meine Angabe bezweifelt –: »Es ist kein Zweifel mehr, der Sozialismus ist die Gesellschaftsordnung der Zukunft, und wohl oder übel, Staat und Gesellschaft werden sich mit ihm abzufinden haben.« Das spricht das offiziöse Organ des Papstes aus, und wenn bereits solche Stimmen solche Anschauungen aussprechen, dann haben wir wahrhaftig keine Ursache, uns graues Haar über die Zukunft wachsen zu lassen. Im Gegenteil, wir können getrosten Mutes der Zukunft entgegengehen. Gerade der Umstand, daß wir ökonomisch immer mehr und mehr in die Brüche kommen, aus einer Krisis in die andere geworfen werden, daß die Krisen immer länger und die Prosperitätsepochen immer kürzer werden und damit der Notstand immer weitere Kreise der Gesellschaft dem Untergang entgegentreibt, weil die Widerstandsfähigkeit der Mittelschichten immer mehr sinkt und diese in das Proletariat geschleudert werden – wird der Sozialdemokratie nicht nur innerhalb der Arbeiterklasse, sondern auch in den Reihen der Intelligenz immer mehr Eingang verschaffen. Ist doch auch eine Überproduktion an Intelligenz vorhanden. Die Bourgeoisie, die ihre Söhne in der materiellen Produktion und Vermittlung als Fabrikanten und Kaufleute nicht mehr unterbringen kann, sie steckt sie in die Beamtenfächer, in das höhere Lehrfach, in die Juristerei, die Medizin, das Verwaltungsfach usw., und überall ist ein großes Überangebot an Kräften vorhanden. Die Gesellschaft vermag ihre eigenen Geisteskräfte nicht mehr unterzubringen! Das beweist die Widersprüche, in denen sie sich bewegt, und beweist ebenfalls eine Notwendigkeit zur Umgestaltung. Die Produktivkräfte sind unserer Gesellschaft längst über den Kopf gewachsen, und so wird und muß sie an ihren inneren Widersprüchen mit Notwendigkeit zugrunde gehen. Und wenn sie nun weiter dazu kommen wird, daß die famose äußere Politik, die Sie seit Jahrzehnten treiben, über kurz oder lang uns einen europäischen Krieg auf den Hals zieht; wenn wir dann bei enorm geschwächten ökonomischen

Kräften von Millionen Menschen in eine neue Krise eintreten, wie wir eine solche zuvor in keiner Periode durchgemacht haben, wenn Massenbankerotte über Massenbankerotte kommen, Tausende und aber Tausende in das Nichts geschleudert werden, wenn die größten Unternehmungen aus Arbeitsmangel zugrunde gehen, wenn durch die Hinderung der Zufuhr eine Lebensmittelteuerung in kolossalstem Maßstabe eintritt, wenn endlich auf den Schlachtfeldern die Massenschlächtereien stattfinden, die das Entsetzen von ganz Europa hervorrufen werden, dann, meine Herren, haben Sie etwas geschaffen, an dem möglicherweise Ihre ganze Gesellschaft mit einem Mal zugrunde geht. (Oho!) Und da sollten Sie sich sehr überlegen: Was tun? Aber Sie mögen es sich noch so sehr überlegen, Sie können es doch nicht ändern – was kommen muß, kommt.

Also, die bürgerliche Gesellschaft – das ist ihr innerer Widerspruch – erzeugt aus dem Überfluß die Not und den Mangel. Mit diesem einen Satze ist alles gesagt. Aber indem eine neue Organisation den Überfluß den Massen zugute kommen läßt, verwirklicht sich das Sprüchlein, was hierauf Heine schon vor mehr als 50 Jahren sang:

Es gibt hienieden Brot genug
Für alle Menschenkinder
Und Rosen und Myrrhen und Schönheit und Lust
Und Zuckererbsen nicht minder.
Ja, Zuckererbsen für jedermann,
Sobald die Schoten platzen!
Den Himmel überlassen wir
Den Engeln und den Spatzen.

(Große Unruhe rechts und im Zentrum.)
Meine Herren, das ist unser Programm, die Zukunft gehört uns und nur uns. Ob Sie mit meinen Auseinandersetzungen zufriedengestellt sind oder nicht – wir werden

weiter marschieren, und nach den nächsten Wahlen werden Sie eine noch weit größere Zahl von uns in diesem Saal sehen, als wir gegenwärtig hier vorhanden sind (lebhafter Beifall bei den Sozialdemokraten. Zischen rechts).

D: Helmut Hirsch (Hrsg.), *August Bebel. Sein Leben in Dokumenten, Reden und Schriften*, Köln 1968, S. 185 f.

10 Karl Kautsky: *Zur Frage der Revolution*. 1893 *(Auszug)*

Wir sind Revolutionäre, und zwar nicht bloß in dem Sinne, in dem die Dampfmaschine ein Revolutionär ist. Die soziale Umwälzung, die wir anstreben, kann nur erreicht werden mittels einer politischen Revolution, mittels der Eroberung der politischen Macht durch das kämpfende Proletariat. Und die bestimmte Staatsform, in der allein der Sozialismus verwirklicht werden kann, ist die Republik, und zwar im landläufigsten Sinne des Wortes, nämlich die demokratische Republik.

Die Sozialdemokratie ist eine revolutionäre, nicht aber Revolutionen machende Partei. Wir wissen, daß unsere Ziele nur durch eine Revolution erreicht werden können, wir wissen aber auch, daß es ebensowenig in unserer Macht steht, diese Revolution zu machen, als in der unserer Gegner, sie zu verhindern. Es fällt uns daher auch gar nicht ein, eine Revolution anstiften oder vorbereiten zu wollen. Und da die Revolution nicht von uns willkürlich gemacht werden kann, können wir auch nicht das Mindeste darüber sagen, wann, unter welchen Bedingungen und in welchen Formen sie eintreten wird.

D: *Die Neue Zeit* 14 (1893), zit. nach: Miller/Potthoff, Bd. 1, S. 182.

11 Eduard Bernstein: Zuschrift an den Parteitag der SPD zu Stuttgart. 1898 *(Auszug)*

Es ist von gewisser Seite behauptet worden, die praktische Folgerung aus meinen Aufsätzen sei der Verzicht auf die Eroberung der politischen Macht durch das politisch und wirtschaftlich organisierte Proletariat.

Das ist eine ganz willkürliche Folgerung, deren Richtigkeit ich entschieden bestreite.

Ich bin der Anschauung entgegengetreten, daß wir vor einem in Bälde zu erwartenden Zusammenbruch der bürgerlichen Gesellschaft stehen und daß die Sozialdemokratie ihre Taktik durch die Aussicht auf eine solche bevorstehende große soziale Katastrophe bestimmen beziehungsweise von ihr abhängig machen soll. Das halte ich in vollem Umfang aufrecht. [...]

Kein Mensch hat die Notwendigkeit der Erkämpfung der Demokratie für die Arbeiterklasse in Frage gestellt. Worüber gestritten wurde, ist die Zusammenbruchstheorie und die Frage, ob bei der gegebenen wirtschaftlichen Entwicklung Deutschlands und dem Reifegrad seiner Arbeiterklasse in Stadt und Land der Sozialdemokratie an einer plötzlichen Katastrophe gelegen sein kann. Ich habe die Frage verneint und verneine sie noch, weil meines Erachtens im stetigen Vormarsch eine größere Gewähr für dauernden Erfolg liegt wie in den Möglichkeiten, die eine Katastrophe bietet.

Und weil ich der festen Überzeugung bin, daß sich wichtige Epochen in der Entwicklung der Völker nicht überspringen lassen, darum lege ich auf die nächsten Aufgaben der Sozialdemokratie, auf den Kampf um das politische Recht der Arbeiter, auf die politische Betätigung der Arbeiter in Stadt und Gemeinde für die Interessen ihrer Klasse, sowie auf das Werk der wirtschaftlichen Organisation der Arbeiter den allergrößten Wert. In diesem Sinne habe ich seinerzeit den Satz niedergeschrieben, daß mir die Bewegung alles, – das, was man gemeinhin Endziel des Sozialismus nenne, nichts sei, und in diesem Sinne unterschreibe ich ihn noch heute.

D: Bernstein, S. 9–12.

12 Karl Liebknecht: Erklärung zur Ablehnung der Kriegskredite. 2. Dezember 1914

Liebknechts Erklärung wurde nicht in der Reichstagssitzung vorgetragen und auch nicht in den »Stenographischen Bericht« über diese aufgenommen, weil sie nach Meinung des Reichspräsidenten Äußerungen enthalte, »die, wenn sie im Hause gemacht wären, Ordnungsrufe nach sich gezogen haben würden«. Sie wurde jedoch von den SPD-Oppositionellen in dem ersten ihrer Informationsblätter, den später so genannten Spartakusbriefen, veröffentlicht.

Meine Abstimmung zur heutigen Vorlage begründe ich wie folgt: Dieser Krieg, den keines der beteiligten Völker selbst gewollt hat, ist nicht für die Wohlfahrt des deutschen oder eines anderen Volkes entbrannt. Es handelt sich um einen imperialistischen Krieg, einen Krieg um die kapitalistische Beherrschung des Weltmarkts, um die politische Beherrschung wichtiger Siedelungsgebiete für das Industrie- und Bankkapital. Es handelt sich vom Gesichtspunkt des Wettrüstens um einen von der deutschen und österreichischen Kriegspartei gemeinsam im Dunkel des Halbabsolutismus und der Geheimdiplomatie hervorgerufenen Präventivkrieg. Es handelt sich auch um ein bonapartistisches Unternehmen zur Demoralisation und Zertrümmerung der anschwellenden Arbeiterbewegung. Das haben die verflossenen Monate trotz einer rücksichtslosen Verwirrungsregie mit steigender Deutlichkeit gelehrt.

Die deutsche Parole »Gegen den Zarismus« diente – ähnlich der jetzigen englischen und französischen Parole »Gegen den Militarismus« – dem Zweck, die edelsten Instinkte, die revolutionären Überlieferungen und Hoffnungen des Volkes für den Völkerhaß zu mobilisieren. Deutschland, der Mitschuldige des Zarismus, das Muster politischer Rückständigkeit bis zum heutigen Tage, hat keinen Beruf zum Völkerbefreier. Die Befreiung des russischen wie des deutschen Volkes muß deren eigenes Werk sein.

Der Krieg ist kein deutscher Verteidigungskrieg. Sein geschichtlicher Charakter und bisheriger Verlauf verbieten, einer kapitalistischen Regierung zu vertrauen, daß der Zweck, für den sie die Kredite fordert, die Verteidigung des Vaterlandes ist.

Ein schleuniger, für keinen Teil demütigender Friede, ein Friede ohne Eroberungen, ist zu fordern; alle Bemühungen dafür sind zu begrüßen. Nur die gleichzeitige dauernde Stärkung der auf einen solchen Frieden gerichteten Strömungen in allen kriegführenden Staaten kann dem blutigen Gemetzel vor der völligen Erschöpfung aller beteiligten Völker Einhalt gebieten. Nur ein auf dem Boden der internationalen Solidarität der Arbeiterklasse und der Freiheit aller Völker erwachsener Friede kann ein gesicherter sein. So gilt es für das Proletariat aller Länder, auch heute im Kriege gemeinsame sozialistische Arbeit für den Frieden zu leisten.

Die Notstandskredite bewillige ich in der verlangten Höhe, die mir bei weitem nicht genügt. Nicht minder stimme ich allem zu, was das harte Los unserer Brüder im Felde, der Verwundeten und Kranken, denen mein unbegrenztes Mitleid gehört, irgend lindern kann; auch hier geht mir keine Forderung weit genug. Unter Protest jedoch gegen den Krieg, seine Verantwortlichen und Regisseure, gegen die kapitalistische Politik, die ihn heraufbeschwor, gegen die kapitalistischen Ziele, die er verfolgt, gegen die Annexionspläne, gegen den Bruch der belgischen und luxemburgischen Neutralität, gegen die Militärdiktatur, gegen die soziale und politische Pflichtvergessenheit, deren sich die Regierung und die herrschenden Klassen auch heute noch schuldig machen, lehne ich die geforderten Kriegskredite ab.

D: *Spartakusbriefe*, Berlin 1958, S. 3 f.

13 Philipp Scheidemann: Rede zur Ausrufung der Republik. 9. November 1918

Der Text wird nach einem Zeitungsbericht wiedergegeben. Es liegt ferner eine stenografische Mitschrift der Rede vor, die mit dem Zeitungsbericht weitgehend übereinstimmt. Demnach hat Scheidemann aus dem Stegreif gesprochen. Der in seinen Memoiren 1928 veröffentlichte Text ist eine nachträglich hergestellte Fassung.

Berlin. 9. Nov. (Privatmeldung.) Vom Balkon des Reichstags aus hielt Scheidemann an eine große Menschenmenge folgende Ansprache:

Arbeiter und Soldaten! Die Sache des deutschen Volkes hat auf der ganzen Linie gesiegt. (Laute Hochrufe.) Das alte Joch ist zusammengebrochen, der Militarismus ist erledigt, die Hohenzollern haben abgedankt. Es lebe die deutsche Republik. (Hochrufe.) Ebert bildet die neue Regierung. Alle sozialdemokratischen Richtungen werden ihr angehören. (Stürmischer Beifall.)

Jetzt besteht unsere Aufgabe darin, diesen vollen Sieg des deutschen Volkes nicht beschmutzen zu lassen. Deshalb bitte ich Sie, sorgen Sie dafür, daß keine Störungen der Sicherheit eintreten. Wir müssen stolz sein können für alle Zukunft auf diesen Tag. Nichts darf existieren, was man uns später vorwerfen könnte. Ruhe, Ordnung und Sicherheit, das ist es, was wir jetzt brauchen.

Der Oberbefehlshaber in den Marken und Kriegsminister Scheuch werden je einen Beigeordneten bekommen. Abg. Göhre wird neben Scheuch alle Kundgebungen des Kriegsministers unterzeichnen. Sie werden also von jetzt ab die Bekanntmachungen respektieren, die unterzeichnet sind von Ebert, Scheuch und Göhre. Sorgen Sie für die Sicherheit des neuen Volksstaates, den wir errichten werden. Es lebe die deutsche Republik. (Stürmischer Beifall und Hochrufe.)

D: *Neue Badische Landeszeitung*, 10. November 1918.

14 Aufruf des Kölner Arbeiter- und Soldatenrats vom 8. November 1918

An die Kölner Bürgerschaft!

Die Arbeiter und Soldaten Kölns haben einen Arbeiter- und Soldatenrat gebildet. Er hat die Aufgabe, die Revolution, die auch unsere Stadt erfaßt hat, in geordneten Bahnen zum Siege des Volkes durchführen zu helfen. Die Ziele der Bewegung sind: 1. Sofortiger Friede. 2. Vereidigung des Heeres auf die Verfassung. 3. Freilassung sämtlicher politischen Gefangenen. 4. Abschaffung aller Dynastien im Deutschen Reiche. 5. Einstellung aller militärischen Einberufungen. 6. Annullierung der Kriegsanleihen.

Arbeiter, Soldaten, Bürger Kölns! Helft uns, die Ordnung aufrecht zu erhalten. Keine Angriffe auf das Leben und die Ehre! Keine Plünderungen! Wer sich gegen die öffentliche Ordnung vergeht, wird von unsern Streifwachen sofort festgenommen. Man wende sich bei allen Ordnungsstörungen sofort an den Arbeiter- und Soldatenrat im Rathause. Wir ersuchen alle Behörden, ihre Tätigkeit unter unsrer Kontrolle fortzusetzen. Das geschäftliche Leben der Stadt soll seinen geregelten Verlauf gehen.

Vorwärts für Freiheit und Ordnung! Es lebe die sozialistische Republik!

Der Arbeiter- und Soldatenrat.

D: Ritter/Miller, S. 63 f.

15 Aufruf des Bremer Arbeiter- und Soldatenrats vom 9. November 1918

An die Bevökerung Bremens!

Soldaten, Arbeiter, Parteigenossen!

Was hat sich ereignet? Nichts Geringeres als eine Revolution. Ihr Produkt sind die Arbeiter- und Soldatenräte.

Über die Aufgabe der Räte kann kein Zweifel sein: Ausbreitung, Sicherung und Vertiefung der Revolution. Die ganze Macht in die Hände der Arbeiter- und Soldatenräte.

Sturz der kapitalistischen Gesellschaftsordnung und damit Aufhebung jeder Art von Ausbeutung und Unterdrückung, richte sie sich gegen eine Klasse, eine Partei, ein Geschlecht oder eine Rasse. Aufrichtung der sozialistischen Gesellschaft.

Das ist das Programm der Arbeiter- und Soldatenräte. Jeder, der es durchführen helfen will, ist willkommen. Jedem, der es bekämpft, werden wir rücksichtslos zu begegnen wissen. Einerlei, wo er stehen mag.

Soldaten, Arbeiter, Parteigenossen! Männer und Frauen!

Die Stunde der Befreiung hat geschlagen!

Jetzt nutzt sie! Ein Zurück gibt es nicht!

Vorwärts also!

Bremen, den 9. November 1918.

Der Arbeiter- und Soldatenrat.

D: Kuckuk, S. 36.

An die Bevölkerung Bremens!

Soldaten, Arbeiter, Parteigenossen!

Was hat sich ereignet? Nichts geringeres als eine Revolution. Ihr Produkt sind die **Arbeiter- und Soldatenräte.**

Über die Aufgabe der Räte kann kein Zweifel sein.

Ausbreitung, Sicherung und Vertiefung der Revolution. Die ganze Macht in die Hände der Arbeiter- und Soldatenräte. Sturz der kapitalistischen Gesellschaftsordnung und damit Aufhebung jeder Art der Ausbeutung und Unterdrückung, richte sie sich gegen eine Klasse, eine Partei, ein Geschlecht oder eine Rasse. Aufrichtung der sozialistischen Gesellschaft.

Das ist das Programm der Arbeiter- und Soldatenräte. Jeder, der es durchführen helfen will, ist willkommen. Jedem, der es bekämpft, werden wir rücksichtslos zu begegnen wissen. Einerlei, wo er stehen mag.

Soldaten, Arbeiter, Parteigenossen! Männer u. Frauen!

Die Stunde der Befreiung hat geschlagen.
Jetzt nutzt sie! Ein Zurück gibt es nicht.

Vorwärts also!

Bremen, den 9. November 1918

Der Arbeiter- und Soldatenrat.

Flugblatt vom 9. November 1918

16 Rosa Luxemburg: *Unser Programm und die politische Situation.* Rede auf dem Gründungsparteitag der KPD. 31. Dezember 1918 *(Auszug)*

Genossen, unser heutiger Parteitag, der ja, wie ich glaube mit Stolz sagen zu dürfen, der konstituierende Parteitag der einzigen revolutionären sozialistischen Partei des deutschen Proletariats ist, dieser Parteitag fällt zusammen durch Zufall oder vielmehr, wenn ich eigentlich recht sagen soll, nicht durch Zufall mit einem Wendepunkt in der Entwicklung der deutschen Revolution selbst. Man kann behaupten, daß mit den Vorgängen der letzten Tage die Anfangsphase der deutschen Revolution abgeschlossen ist, daß wir jetzt in ein zweites, weiteres Stadium der Entwicklung treten [...].

Man kann nicht erwarten, wenn man auf dem Boden historischer Entwicklung steht – und das tun wir gerade als Marxisten und Sozialisten –, daß man in dem Deutschland, das das furchtbare Bild des 4. August und der vier Jahre darauf geboten hat, plötzlich am 9. November 1918 eine großartige, klassen- und zielbewußte Revolution erlebt; und was wir am 9. November erlebt haben, war zu drei Vierteln mehr Zusammenbruch des bestehenden Imperialismus als Sieg eines neuen Prinzips. (Zustimmung.) Es war einfach der Moment gekommen, wo der Imperialismus wie ein Koloß auf tönernen Füßen, innerlich morsch, zusammenbrechen mußte; und was darauf folgte, war eine mehr oder weniger chaotische, planlose, sehr wenig bewußte Bewegung, in der das einigende Band und das bleibende, das rettende Prinzip nur in der Losung zusammengefaßt war: die Bildung der Arbeiter- und Soldatenräte. Das ist das Stichwort dieser Revolution, das ihr sofort das besondere Gepräge der proletarischen, sozialistischen Revolution gegeben hat – bei allen Unzulänglichkeiten und Schwächen des ersten Moments [...].

Parteigenossen, es ist sehr charakteristisch für die erste Periode der Revolution, man kann sagen, bis zum 24. Dezember, die ich geschildert habe, daß sie – wir müssen uns das mit vollem Bewußtsein klarmachen – eine noch ausschließlich politische Revolution war; und darin liegt das Anfängliche, das Unzulängliche, das Halbe und Bewußtlose dieser Revolution. Das war das erste Stadium einer Umwälzung, deren Hauptaufgaben auf ökonomischem Gebiet liegen: Umschwung der wirtschaftlichen Verhältnisse. Sie war unbefangen, bewußtlos wie ein Kind, das hinaustappt, ohne zu wissen, wohin, sie hatte noch, wie gesagt, einen rein politischen Charakter. Erst in den letzten Wochen haben ganz spontan die Streiks angefangen sich bemerkbar zu machen. Wir wollen es nunmehr aussprechen: Es liegt gerade in dem ganzen Wesen dieser Revolution, daß die Streiks sich mehr und mehr auswachsen, daß sie immer mehr zum Mittelpunkt, zur Hauptsache der Revolution werden müssen. (»Sehr richtig!«) Das ist dann eine ökonomische Revolution, und damit wird sie eine sozialistische Revolution. Der Kampf um den Sozialismus kann aber nur durch die Massen, unmittelbar Brust an Brust mit dem Kapitalismus ausgefochten werden, in jedem Betriebe, von jedem Proletarier gegen seinen Unternehmer. Nur dann wird es eine sozialistische Revolution sein.

Gedankenlosigkeit freilich stellte sich den Gang anders vor. Man dachte, es ist nur nötig, die alte Regierung zu stürzen, eine sozialistische Regierung an die Spitze zu stellen, dann werden Dekrete erlassen, die den Sozialismus einführen. Das war wiederum nichts als eine Illusion. Der Sozialismus wird nicht gemacht und kann nicht gemacht werden durch Dekrete, auch nicht von einer noch so ausgezeichneten sozialistischen Regierung. Der Sozialismus muß durch die Massen, durch jeden Proletarier gemacht werden. Dort, wo sie an die Kette des Kapitals geschmiedet sind, dort muß die Kette zerbrochen werden. Nur das ist Sozialismus, nur so kann Sozialismus gemacht werden.

D: Luxemburg, Bd. 4, S. 497–504.

17 Ernst Däumig: *Der Rätegedanke und seine Verwirklichung*. 1920 *(Auszug)*

Der Aufsatz erschien zuerst in »Die Revolution. Unabhängiges Sozialdemokratisches Jahrbuch für Politik und proletarische Kultur«.

Das Wesen des Rätegedankens beruht auf folgenden Grundsätzen:

1. Träger des Rätegedankens kann nur das Proletariat sein, d.h. alle die Hand- und Kopfarbeiter, die gezwungen sind, ihre Arbeitskraft dem Kapital zu verkaufen, um leben zu können. Damit steht der Rätegedanke in einem ebenso scharfen wir natürlichen Gegensatz zu dem landläufigen demokratischen Gedanken, der die Staatsbürger als eine einheitliche Masse wertet, ohne Rücksicht auf den großen Gegensatz zwischen Kapital und Arbeit und die aus diesen hervorgehenden Klassenentscheidungen zu nehmen.
2. Da das dem Rätegedanken folgende Proletariat ausgesprochen antikapitalistische Ziele verfolgt, kann es in seinen Räteorganisationen keine kapitalistischen Vertreter dulden.
3. Da die den formalen demokratischen Gedanken verkörpernden Parlamente solange kapitalistischen Tendenzen dienstbar gemacht werden, solange die kapitalistische Produktionsform besteht, kann der Rätegedanke nicht mit den Mitteln des Parlamentarismus verwirklicht werden, sondern muß in den Keimzellen der kapitalistischen Produktion, den Betrieben, dann aber auch in verschiedenen Einrichtungen des Obrigkeitsstaates, der auf der Grundlage der kapitalistischen Produktion errichtet ist, zur Anwendung gebracht werden.
4. Da die Verwirklichung des Rätegedankens die ständige aktive Anteilnahme des Proletariats an alle wirtschaftlichen und politischen Fragen erfordert, können die

Organe der Räteorganisation nicht langbefristete Vollmachten erhalten, sondern müssen stets der Kontrolle ihrer Wähler unterstehen und jederzeit abberufen werden können, wenn sie das Vertrauen ihrer Wähler nicht mehr haben.

5. Da der Rätegedanke die Befreiung des gesamten Proletariats von der kapitalistischen Ausbeutung zum Ziele hat, kann die Räteorganisation nicht die Domäne einer einzelnen Partei oder einzelner Berufsgruppen sein, sondern muß das Proletariat als Ganzes umfassen.

Werden diese Grundsätze des Rätegedankens außer acht gelassen, dann wird die Räteorganisation stets an Mängeln leiden; sie wird entweder an ihrer eigenen Unzulänglichkeit zugrunde gehen, im günstigsten Falle den Endkampf gegen das Kapital zum Schaden des Proletariats erschweren und verlängern.

D: Bermbach, S. 80 f.

18 Otto Wels: Reichstagsrede über die Locarno-Verträge. 24. November 1925 *(Auszug)*

Meine Damen und Herren! Es gibt wohl niemanden in diesem Hause, der nicht durchdrungen ist von der ungeheuren Bedeutung der Vorlage, die es jetzt zu verabschieden gilt. Wie man auch zu den Verträgen von Locarno und zu dem Eintritt Deutschlands in den Völkerbund stehen mag, das fühlt ein jeder: Wir stehen jetzt am Scheidepunkt der europäischen Politik.

(Sehr wahr! bei den Sozialdemokraten.)

Es fragt sich jetzt, ob eine neue Welt, in der der Gedanke des Friedens lebendige Kraft haben soll, das Leben der Völker Europas in Zukunft beherrschen wird, oder ob die Mächte, die, auf Gewalt und kriegerische Auseinandersetzungen fußend, dem Fortschritt, dem moralischen und materiellen Wiederaufbau den Weg dauernd versperren sollen.

Die ungeheure Wirtschaftskrise, die sich über die ganze Welt erstreckt, zwingt allen Staaten, zwingt allen Bevölkerungsschichten die Erkenntnis auf, daß der Periode des Wiederaufbaus nach den Jahren der kriegerischen Zerstörung die Wege geebnet werden müssen durch ein neues Verhältnis der Staaten Europas zueinander.

(Sehr wahr! bei den Sozialdemokraten.)

Nicht zum wenigsten erkennt es die Arbeiterklasse in allen Ländern, daß ihre gesteigerte Notlage mit diesen Krisenzuständen im engsten Zusammenhang steht. Die Arbeiterklasse ist deshalb die Vorkämpferin aller Maßnahmen, die zur Beseitigung dieser wirtschaftlichen Krisenzustände führen können, und sie steigert ihre Bemühungen in der klaren Erkenntnis, daß aus den Krisen der Wirtschaft sich solche der allgemeinen Politik entwickeln müssen, die schließlich alle Bemühungen vergeblich machen, der wirtschaftlichen Zerstörung, die auf den Krieg in allen Ländern, denen der Sieger wie der Besiegten, gefolgt ist, ein Ende zu machen.

Wir brauchen nur an die ungeheure Arbeitslosigkeit zu denken, unter der England seit Jahren leidet, an die Arbeitslosigkeit, die in Deutschland in Verbindung mit der Inflation nur zeitweise unterbunden wurde und die sich jetzt wieder – das fühlt ein jeder nach den Berichten der Wirtschaft – von neuem auf Deutschland herabwälzt. Wir brauchen nur an die Finanzschwierigkeiten Frankreichs und anderer Länder zu denken und an die politischen Schwierigkeiten, die sich aus den Bemühungen, ihrer Herr zu werden, gerade jetzt wieder in Frankreich ergeben haben. Die west und mitteleuropäischen Staaten sind wirtschaftlich und politisch heute so eng miteinander verbunden, daß jede politische, jede wirtschaftliche Erschütterung in einem derselben in ihren Folgewirkungen allgemein schwer empfunden werden muß.

(Sehr richtig! bei den Sozialdemokraten.)

Es ist ein allgemeines Bedürfnis nach Stetigkeit vorhanden, das nur von denen verneint werden kann, die glauben, aus wirtschaftlichen Unruhen und aus politischer Unsicherheit Vorteile auf Kosten der Allgemeinheit erzielen zu können.

(Sehr wahr! bei den Sozialdemokraten.)

Die deutsche Arbeiterschaft, so schwer sie unter der Teuerung und unter den gegenwärtigen Krisen leidet, hat diese Zusammengehörigkeit europäischer Wirtschaft und europäischer Politik seit langem erkannt. Diese Erkenntnis war insbesondere seit dem Zusammenbruch des alten Regiments der Leitstern der Politik der deutschen Sozialdemokratie. Das Bedürfnis der Welt nach Ruhe, nach Stabilität darf nicht vorübergehen, ohne daß wir es den Bedürfnissen Deutschlands und seiner Arbeiterklasse nutzbar gemacht haben. Die Stunde ist da, die zum Handeln zwingt, denn die Zahl der verpaßten Gelegenheiten in Deutschland ist gerade groß genug, als daß wir sie noch vermehren dürften. An der Ruhrbesetzung, an der Inflation sollten wir alle genugsam gelernt haben. Was seit Jahrzehnten in Europa fehlte, das Bedürfnis nach europäischer Solidarität, das ist heute ein sichtbares Bedürfnis aller europäischen Völker geworden. Aus dem Munde der zahlreichen Kollegen dieses Hauses, die kürzlich aus den Vereinigten Staaten von Amerika zurückgekehrt sind, haben wir immer und immer wieder gehört, daß man auch dort drüben volles Verständnis für diese europäischen Gemeininteressen hat. Es zeigt sich jetzt allerdings mehr denn je die Notwendigkeit, die Allgemeininteressen Europas, die mit den Interessen jedes einzelnen Landes identisch sind, den selbstsüchtigen Interessen von Gruppen, Cliquen und Parteien voranzustellen.

D: *Deutsche Parlamentsdebatten*, Bd. 2: *1919–1933*, hrsg. von Detlef Junker, Frankfurt a. M. 1971, S. 140 f.

19 Carl von Ossietzky: *Zörgiebel ist schuld!* 1929 *(Auszug)*

Conférenciers des Unglücks hatten sich schon tagelang vor dem 1. Mai auf ein Massaker in der Baugrube am Alexanderplatz und auf etwa 200 Tote festgelegt. Daß die Wirklichkeit sich auf den Wettlauf mit der Phantasie nicht einließ, liegt nicht an den Zeitungen, von denen einige in Panikmacherei Tollheiten leisteten, sondern an der Besonnenheit der Berliner, die nicht einmal durch die hysterischen Freiluftübungen ihrer Polizei aus dem gewohnten skeptischen Gleichmaß zu bringen waren. Immerhin liegen 22 Tote und über 100 Schwerverletzte zu viel da, Opfer, geblieben zur höhern Ehre des traurigen Prestigestreits zwischen Sozialdemokratie und Kommunistischer Partei. Es ist tausend gegen eins zu wetten, daß sich die Kommunisten mit jedem nichtsozialistischen Polizeipräsidenten über die Abwickelung des schwierigen Tags verständigt hätten. Aber es ist mit noch größerer Sicherheit zu wetten, daß auf die Idee, den Maiumzug der Arbeiterschaft zu untersagen, kein wilhelminischer Jagow, ja, kein noch so scharfmacherischer Statthalter Hugenbergs gekommen wäre. Einen durch jahrzehntelange Tradition fast sakral gewordenen Aufzug, eine letzte Erinnerung an die alte sozialistische Weltgemeinschaft kurzerhand zu verbieten, das bringt kein Bourgeois fertig, dazu gehört schon einer jener wohlzugeschnittenen Parteisozialisten, deren Energie sich ausschließlich im Abbau der alten sozialistischen Werte und Riten betätigt. Herr Zörgiebel, der sich durch nichts für sein jetziges Amt qualifiziert hat, zählt zu jenen aus dem Geiste der Ochsentour empfangenen Würdenträgern, die sich für ganz verteufelte Realpolitiker halten, wenn sie das, was sie gestern anbeteten, heute mit den Stiefelspitzen traitieren.

Hätte es eigentlich schlimmer werden können, wenn die beiden rivalisierenden Parteien ihre gewohnten öffentlichen Demonstrationen abgehalten hätten? Die großen

Züge hätten, wie immer, Disziplin gewahrt, in den Abendstunden erst wäre es zu mehr oder weniger ernsten Rempeleien und Prügeleien gekommen. [...]

Als Sachverwalter des sozialdemokratischen Parteivorstandes hat Herr Zörgiebel den Maiumzug verboten, sachliche Motive hatte er nicht dafür. Weil in der Lindenstraße und bei Herrn Leipart gefürchtet wurde, die Kommunisten könnten jetzt nach ihren Erfolgen bei einigen Betriebsratswahlen glanzvoller aufziehen als die Sozialdemokraten, deshalb mußte das Verbot aufrechterhalten bleiben.

Ich will nicht die erregte Sprache der Kommunisten in den letzten Apriltagen verteidigen, die durchaus die Illusion zu erhalten suchte, daß die Partei sich um Herrn Zörgiebels Anordnungen nicht scheren werde. Aber ich kann auch mit bestem Gewissen nicht sagen, ob nicht schließlich doch in den Sektionen in letzter Stunde noch gebremst wurde. Schließlich ist eine oppositionelle Massenpartei kein Schafstall, wo mit Sonnenuntergang die Tür zugesperrt wird, sondern eine Kollektion oft schwer behandelbarer Einzelwesen.

D: *Die Weltbühne* 25 (7. Mai 1929) Nr. 19, S. 691 f.; C. v. O., *Sämtliche Schriften*, Bd. 5, hrsg. von Bärbel Boldt, Ute Maack und Gunther Nickel. Reinbek bei Hamburg 1994. –

20 Kurt Schumacher: Reichstagsrede vom 23. Februar 1932 *(Auszug)*

Meine Damen und Herren! Es hat keinen Zweck, gegen die Ungeheuerlichkeiten, die aus dem Munde der Herren Goebbels und Straßer kamen, mit einem formalen Protest anzugehen. Diese Dinge sind ja nur Teile eines ganzen Systems der Agitation. Wir wenden uns dagegen, auf diesem Niveau moralischer und intellektueller Verlumpung und Verlausung zu kämpfen.

(Sehr gut! bei den Sozialdemokraten. –
Glocke des Präsidenten.)

Präsident Löbe: Herr Abgeordneter Dr. Schumacher, ich rufe Sie zur Ordnung!

Dr. Schumacher (SPD), Abgeordneter: Das deutsche Volk wird Jahrzehnte brauchen, um wieder moralisch und intellektuell von den Wunden zu gesunden, die ihm diese Art Agitation geschlagen hat.

(Lebhafte Zustimmung bei den Sozialdemokraten.)

Als Vertreter der marxistischen Arbeiterbewegung betone ich mit Stolz, daß System und Politik des Marxismus derartige persönliche Schmutzigkeiten immer ausgeschlossen haben.

(Sehr gut! bei den Sozialdemokraten.)

Eine Auseinandersetzung ist schon darum nicht möglich, weil wir in dem Nationalsozialismus nicht das gleiche Niveau achten können. Wir sehen keinen Gegner, mit dem wir die Klinge kreuzen könnten. Außerdem lehnen wir es gerade bei dieser Frage grundsätzlich ab, die sozialdemokratische, durch Opfer an Gut und Blut erhärtete Politik in nationalen Fragen vor solcher Art Kritikern zu rechtfertigen. Den Herren fehlen die politischen Kenntnisse, denn die meisten von ihnen beschäftigen sich erst zwei oder drei Jahre mit Politik, so daß ihnen das alles fern liegen muß.

(Sehr gut! bei den Sozialdemokraten.)

Die Herren bringen auch keinerlei Voraussetzungen mit, um ein kritisches Urteil über uns abgeben zu können.

(Sehr gut! bei den Sozialdemokraten.)

Die ganze nationalsozialistische Agitation ist ein dauernder Appell an den inneren Schweinehund im Menschen.

(Lebhafte Zustimmung bei den Sozialdemokraten. – Große Erregung bei den Nationalsozialisten. – Glocke des Präsidenten.)

Präsident Löbe: Herr Abgeordneter Dr. Schumacher, ich bitte Sie, solche Wendungen nicht zu gebrauchen. Im übrigen bitte ich Sie, mit diesen Dingen zum Schluß zu kommen.

Dr. Schumacher (SPD), Abgeordneter: Wenn wir irgend etwas beim Nationalsozialismus anerkennen, dann ist es die Tatsache, daß ihm zum erstenmal in der deutschen Politik die restlose Mobilisierung der menschlichen Dummheit gelungen ist. Ich kann Ihnen ein kleines persönliches Beispiel dafür geben. Ich bin im Dezember 1914 verwundet worden. Von der Führung der württembergischen Nationalsozialisten ist systematisch die Nachricht verbreitet worden, ich hätte mich selbst verstümmelt.

(Lebhafte Rufe bei den Sozialdemokraten: Pfui!) [...].

Man kann ja den Herren Nationalsozialisten diese politische Methode nicht verübeln. Diese Methode ist ja erwachsen aus dem völligen Fehlen jeder geistigen und wissenschaftlichen Fundierung der Bewegung.

(Sehr richtig! bei den Sozialdemokraten.)

Beispielsweise ist das einzige Stück Sozialismus in dem nationalsozialistischen Programm darin zu sehen, daß sie fremdes geistiges Eigentum entschädigungslos expropriiert haben.

(Sehr gut! bei den Sozialdemokraten.)

Herr Dr. Goebbels hat sich hier als ein großer Leitartikel gebärdet, und er ist doch nur ein mißratenes kleines Feuilleton.

(Sehr gut! und große Heiterkeit bei den Sozialdemokraten.)

Wir wollen mit dem Herrn Dr. Goebbels über Fragen des Krieges nicht streiten. Der Herr Dr. Goebbels bringt dafür so viel mit wie etwa der Herr Frick zu einer Unterhaltung über seine Kriegserlebnisse.

(Sehr gut!)

Und Herr Kaufmann kann uns einiges davon erzählen, wie man Orden und Ehrenzeichen bekommt.

(Erneutes lebhaftes: Sehr gut! bei den Sozialdemokraten.)

Diese Partei dort drüben steht ja überhaupt zum größten Teil unter der Führung von Leuten, die sich im Krieg um ihre Militärpflicht gedrückt haben.

(Sehr wahr!)

Diese Leute wollen zu deutschen Frontsoldaten reden, diese Leute sagen bombastisch: »Wir deutschen Frontsoldaten«, aber diese Leute waren, wie Herr Karpenstein, zu Beginn des Krieges 11 Jahre alt. Nicht anders war es bei Herren, wie Dr. Frank II und ähnlichen Geistern.

Ich stelle hiermit fest: Von der sozialdemokratischen Reichstagsfraktion haben im Kriege 73 Prozent aktiv gedient. Von den Herren Nationalsozialisten haben 77 den Krieg mitgemacht; davon aber beinahe die Hälfte als Offiziere, ein anderer Teil wurde erst 1918 eingezogen und ist nicht mehr ins Feld gekommen.

(Hört! Hört!)

Abschließend sage ich den Herren Nationalsozialisten: Sie können tun und lassen, was sie wollen; an den Grad unserer Verachtung werden sie niemals heranreichen.

(Lebhafter und anhaltender Beifall bei den Sozialdemokraten. – Lärm bei den Nationalsozialisten.)

D: *Deutsche Parlamentsdebatten*, Bd. 2: *1919–1933*, hrsg. von Detlef Junker, Frankfurt a. M. 1971, S. 210–212.

21 Walter Ulbricht: Reichstagsrede vom 23. Februar 1932 *(Auszug)*

Die Diskussion in diesem Reichstag zeigte, daß dieser Reichstag im Zeichen der imperialistischen Kriegspolitik tagt. Sie zeigte, daß sich Nationalsozialisten und Sozialdemokraten den Rang ablaufen, daß sie die treuesten Diener der imperialistischen Politik Hindenburgs und Groeners sind.

(Lebhafte Zustimmung bei den Kommunisten.)

Die Sozialdemokraten, die hier auftraten, versuchten zu beweisen, daß sie es waren, die die Interessen der Krupp & Co. am besten vertreten haben.

(Sehr wahr! bei den Kommunisten.)

Im Zeichen des Kampfes des revolutionären Proletariats gegen die imperialistische Kriegspolitik auf der einen Seite und der imperialistischen Kriegspolitik und ihrer Unterstützer auf der anderen Seite werden die Reichspräsidentenwahlen durchgeführt.

Die Kommunistische Partei ist die einzige politische Klassenpartei des Proletariats, die die Präsidentschaftswahlen benutzt, um die Millionen Massen der Arbeiterschaft auf Grund ihrer Tageskämpfe für die bolschewistischen Ziele aufzurütteln und die Einheitsfront des Proletariats als Führer aller Werktätigen zu erweitern und zu festigen, um die Parteien der sich faschisierenden bürgerlichen Diktatur und ihrer zuverlässigsten Stütze, der Sozialdemokratie, als die Todfeinde der Arbeiterklasse zu entlarven.

(Sehr wahr! bei den Kommunisten.)

Das ist der Appell des Zentralkomitees unserer Partei, der begeistert aufgenommen wurde von Millionen Arbeitern in den Betrieben, an den Stempelstellen, von den Angestellten in den Kontoren und von den werktätigen Bauern in den Dörfern. Millionen jubelten dem roten Arbeiterkandidaten, unserem Genossen Thälmann zu.

(Händeklatschen bei den Kommunisten.) [...]

Die Reden der sozialdemokratischen Vertreter an dieser Stelle dokumentierten, daß sie auch künftig mit Hindenburg die ersten in der Kriegspolitik sein wollen,

(Sehr richtig! bei den Kommunisten.)

daß sie die deutschen Waffen, die »siegreich in ferne Länder« getragen wurden, und zwar unter der Mithilfe der deutschen Sozialdemokratie,

(Zustimmung bei den Kommunisten.)

weitertragen wollen, ebenso wie sie den Raubzug nach dem Balkan unterstützten und dort die werktätigen Bauern unterdrückten,

(Sehr wahr! bei den Kommunisten.)

die mit nach der Türkei zogen und dort das werktätige

Volk unterdrückten, die in Spa unter Anwesenheit Hindenburgs in den Beratungen der damaligen Regierung die Ukraine als Aufmarschgebiet gegen Sowjetrußland benutzten.

(Hört! Hört! bei den Kommunisten.)

Dieselben imperialistischen Kriegspolitiker versuchen heute im Zeichen der Präsidentenwahl, das arbeitende Volk für den neuen Krieg zu mobilisieren.

(Lebhafte Zustimmung bei den Kommunisten.)

Hindenburg ist das Programm des imperialistischen Krieges. [...]

D: *Deutsche Parlamentsdebatten*, Bd. 2: *1919–1933*, hrsg. von Detlef Junker, Frankfurt a. M., S. 213–215.

22 Rudolf Hilferding: *Zwischen den Entscheidungen.* Januar 1933 *(Auszug)*

Es handelt sich um den Anfang und den abschließenden Teil eines neunseitigen Artikels, der ein Resümee der politischen Entwicklung des Jahres 1932 zieht. Mit der Formulierung »Regierung der Restauration« ist die Präsidialregierung Papen gemeint.

In dem grandiosen Machtkampf, den seit Eintritt der Weltwirtschaftskrise Deutschlands Sozialdemokratie um ihre eigene Geltung, um die Erhaltung und Neueroberung der Demokratie im mittel- und osteuropäischen Raum, um die Niederringung der sozialen, politischen und geistigen Konterrevolution führt, sind im Jahre 1932 wichtige Vorentscheidungen gefallen, die die endgültige Lösung weitgehend beeinflussen. In dieses Jahr fällt der Kulminationspunkt des deutschen Faschismus, der am 13. August erreicht ist, dem Tage, an dem der Reichspräsident sich weigert, die Übergabe der Staatsmacht, die Hitler fordert, zu vollziehen und Hitler vor dem Oberbefehlshaber der Reichswehr kapituliert. Es ist die Peripetie im Drama – in diesem Jahre die zunächst entscheidende Wendung [...].

So stehen wir zwischen den Entscheidungen. Die faschistische Bewegung ist in Deutschland aus der Staatsmacht, deren Ergreifung so unmittelbar bevorzustehen schien, ferngehalten worden dank der Taktik der Sozialdemokratie, die durch ihre Tolerierungspolitik den Zusammenschluß des Bürgertums zu einer reaktionären Masse unter faschistischer Führung vermieden und den Eintritt der Faschisten in die Regierung während ihres Aufstiegs verhindert hat. Dieselbe Taktik hat das Zentrum in seiner Opposition gegen die Regierung der Restauration festgehalten und damit diese der Stütze der einzigen festgefügten bürgerlichen Partei beraubt. Die Nationalsozialisten aber sind in die Legalität gebannt, die ihnen nur die Wahl läßt, als dienendes Glied in einem Bürgerblock den beginnenden Abstieg zu beschleunigen oder ihm in einer Opposition erst recht nicht zu entgehen, die ihre ungeduldig auf Rettung wartenden Anhänger enttäuscht. Es ist dieser beginnende Abstieg, der die Gefahr des Kompromisses zwischen Hitler und Schleicher verringert, denn die absteigende Partei hat die Chance, die Alleinmacht durch die Verdrängung ihrer Regierungspartner doch noch zu erobern, in verschwindend geringerem Maße als die aufsteigende.

So sind die bisherigen Entscheidungen gegen den Faschismus und gegen die Restauration gefallen. Ihre endgültige Gestalt wird aber die politische Entwicklung erst von den wirtschaftlichen Ereignissen erfahren.

D: Cora Stephan (Hrsg.): *Zwischen den Stühlen oder über die Unvereinbarkeit von Theorie und Praxis. Schriften Rudolf Hilferdings 1904 bis 1940*, Bonn 1982, S. 270–277. –

23 Otto Wels: Rede gegen das Ermächtigungsgesetz. 23. März 1933 *(Auszug)*

Freiheit und Leben kann man uns nehmen, die Ehre nicht.
(Lebhafter Beifall bei den Sozialdemokraten.)

Nach den Verfolgungen, die die Sozialdemokratische Partei in der letzten Zeit erfahren hat, wird billigerweise niemand von ihr verlangen oder erwarten können, daß sie für das hier eingebrachte Ermächtigungsgesetz stimmt. Die Wahlen vom 5. März haben den Regierungsparteien die Mehrheit gebracht und damit die Möglichkeit gegeben, streng nach Wortlaut und Sinn der Verfassung zu regieren. Wo diese Möglichkeit besteht, besteht auch die Pflicht.
(Sehr richtig! bei den Sozialdemokraten.)

Kritik ist heilsam und notwendig. Noch niemals, seit es einen Deutschen Reichstag gibt, ist die Kontrolle der öffentlichen Angelegenheiten durch die gewählten Vertreter des Volkes in solchem Maße ausgeschaltet worden, wie es jetzt geschieht
(Sehr wahr! bei den Sozialdemokraten.)
und wie es durch das neue Ermächtigungsgesetz noch mehr geschehen soll. Eine solche Allmacht der Regierung muß sich um so schwerer auswirken, als auch die Presse jeder Bewegungsfreiheit entbehrt.

Meine Damen und Herren! Die Zustände, die heute in Deutschland herrschen, werden vielfach in krassen Farben geschildert. Wie immer in solchen Fällen fehlt es auch nicht an Übertreibungen. Was meine Partei betrifft, so erkläre ich hier: Wir haben weder in Paris um Intervention gebeten, noch Millionen nach Prag verschoben, noch übertreibende Nachrichten ins Ausland gebracht.
(Sehr wahr! bei den Sozialdemokraten.)

Solchen Übertreibungen entgegenzutreten wäre leichter, wenn im Inlande eine Berichterstattung möglich wäre, die Wahres vom Falschen scheidet.
(Lebhafte Zustimmung bei den Sozialdemokraten.)

Noch besser wäre es, wenn wir mit gutem Gewissen bezeugen könnten, daß die volle Rechtssicherheit für alle wiederhergestellt sei.

(Erneute lebhafte Zustimmung bei den Sozialdemokraten.)

Das, meine Herren, liegt bei Ihnen.

Die Herren von der Nationalsozialistischen Partei nennen die von ihnen entfesselte Bewegung eine nationale Revolution, nicht eine nationalsozialistische. Das Verhältnis ihrer Revolution zum Sozialismus beschränkt sich bisher auf den Versuch, die sozialdemokratische Bewegung zu vernichten. Die seit mehr als zwei Menschenaltern die Trägerin sozialistischen Gedankengutes gewesen ist

(Lachen bei den Nationalsozialisten.)

und auch bleiben wird. Wollten die Herren von der Nationalsozialistischen Partei sozialistische Taten verrichten, sie brauchten kein Ermächtigungsgesetz.

(Sehr wahr! bei den Sozialdemokraten.)

Eine erdrückende Mehrheit wäre Ihnen in diesem Hause gewiß. Jeder von Ihnen im Interesse der Arbeiter, der Bauern, der Angestellten, der Beamten oder des Mittelstandes gestellte Antrag könnte auf Annahme rechnen, wenn nicht einstimmig, so doch mit gewaltiger Majorität.

(Lebhafte Zustimmung bei den Sozialdemokraten.
Lachen bei den Nationalsozialisten.)

Aber dennoch wollen Sie vorerst den Reichstag ausschalten, um Ihre Revolution fortzusetzen. Zerstörung von Bestehendem ist aber noch keine Revolution. Das Volk erwartet positive Leistungen. Es wartet auf durchgreifende Maßnahmen gegen das furchtbare Wirtschaftselend, das nicht nur in Deutschland, sondern in aller Welt herrscht.

Wir Sozialdemokraten haben in schwerster Zeit Mitverantwortung getragen und sind dafür mit Steinen beworfen worden.

(Sehr wahr! bei den Sozialdemokraten. –
Lachen bei den Nationalsozialisten.)

Unsere Leistungen für den Wiederaufbau von Staat und Wirtschaft, für die Befreiung der besetzten Gebiete werden vor der Geschichte bestehen.

(Zustimmung bei den Sozialdemokraten.)

Wir haben gleiches Recht für alle und ein soziales Arbeitsrecht geschaffen. Wir haben geholfen, ein Deutschland zu schaffen, in dem nicht nur Fürsten und Baronen, sondern auch Männern aus der Arbeiterklasse der Weg zur Führung des Staates offensteht.

(Erneute Zustimmung bei den Sozialdemokraten.)

Davon können Sie nicht zurück, ohne Ihren eigenen Führer preiszugeben.

(Beifall und Händeklatschen bei den Sozialdemokraten.)

Vergeblich wird der Versuch bleiben, das Rad der Geschichte zurückzudrehen. Wir Sozialdemokraten wissen, daß man machtpolitische Tatsachen durch bloße Rechtsverwahrungen nicht beseitigen kann. Wir sehen die machtpolitische Tatsache Ihrer augenblicklichen Herrschaft. Aber auch das Rechtsbewußtsein des Volkes ist eine politische Macht, und wir werden nicht aufhören, an dieses Rechtsbewußtsein zu appellieren.

Die Verfassung von Weimar ist keine sozialistische Verfassung. Aber wir stehen zu den Grundsätzen des Rechtsstaates, der Gleichberechtigung, des sozialen Rechtes, die in ihr festgelegt sind. Wir deutschen Sozialdemokraten bekennen uns in dieser geschichtlichen Stunde feierlich zu den Grundsätzen der Menschlichkeit und der Gerechtigkeit, der Freiheit und des Sozialismus.

(Lebhafte Zustimmung bei den Sozialdemokraten.)

Kein Ermächtigungsgesetz gibt Ihnen die Macht, Ideen, die ewig und unzerstörbar sind, zu vernichten. Sie selbst haben sich ja zum Sozialismus bekannt. Das Sozialistengesetz hat die Sozialdemokratie nicht vernichtet. Auch aus neuen Verfolgungen kann die deutsche Sozialdemokratie neue Kraft schöpfen.

Wir grüßen die Verfolgten und Bedrängten. Wir grüßen unsere Freunde im Reich. Ihre Standhaftigkeit und Treue verdienen Bewunderung. Ihr Bekennermut, ihre ungebrochene Zuversicht – –

(Lachen bei den Nationalsozialisten. – Bravo! bei den Sozialdemokraten.)

verbürgen eine hellere Zukunft.

(Wiederholter lebhafter Beifall bei den Sozialdemokraten. – Lachen bei den Nationalsozialisten.)

D: *Deutsche Parlamentsdebatten*, Bd. 2: *1919–1933*, hrsg. von Detlef Junker, Frankfurt a. M. 1971, S. 250–252.

24 *Prager Manifest* der SPD. 28. Januar 1934 *(Auszug)*

I. Die Bedingungen des revolutionären Kampfes

Im Kampf gegen die nationalsozialistische Diktatur gibt es keinen Kompromiß, ist für Reformismus und Legalität keine Stätte. Die sozialdemokratische Taktik ist allein bestimmt durch das Ziel der Eroberung der Staatsmacht, ihrer Festigung und Behauptung zur Verwirklichung der sozialistischen Gesellschaft. Die Taktik bedient sich zum Sturz der Diktatur aller diesem Zweck dienenden Mittel.

Der revolutionäre Kampf erfordert die revolutionäre Organisation. Die alte Form, der alte Apparat ist nicht mehr, und Versuche zu seiner Wiederbelebung entsprechen nicht den neuen Kampfbedingungen. Neue Organisationsformen mit opferbereiten Kämpfern müssen entstehen. In der Wahl dieser Formen sind wir nicht frei. Noch legt der Gegner durch die Übermacht seiner Mittel, durch die Brutalität ihrer Anwendung, noch legt uns der Zustand der deutschen Gesellschaft selbst, die unter dem furchtbarsten Druck des ökonomischen, physischen und geistigen Terrors steht, das Gesetz des Handelns auf. Kleine Gruppen bilden sich, sie müssen in teuer erkauften Erfahrungen die Technik ihrer Arbeit erwerben – eine Elite von Revolutionären.

Wenn die Gegensätze im Innern des Faschismus, wenn die stets sich verschärfenden Klassengegensätze im Kapitalismus sich entfalten, wenn Unzufriedenheit und Enttäuschung die Massengrundlage der nationalsozialistischen Herrschaft erschüttern, wenn oppositionelle Strömungen entstehen und spontane Massenbewegungen beginnen, dann wird es zur Aufgabe der revolutionären Elite, die Gegensätze im Bewußtsein der Massen zu vertiefen, ihre Entwicklung zu lenken, ihre Zielsetzung zu beeinflussen, die Verbindungen auszudehnen und die revolutionäre Organisation zur Massenorganisation zu erweitern.

In den Dienst der Förderung der revolutionären Organisation hat sich von Anfang an die Leitung der deutschen Sozialdemokratie im Ausland gestellt und für die Erfüllung dieser Aufgabe ihre Kräfte und Mittel eingesetzt. Der Druck des Terrors führt in Deutschland selbst zu weitgehender Dezentralisation der illegalen Arbeit. Die in Deutschland selbst unausweichliche Teilung der Arbeit kann nur in der Tätigkeit der Leitung ihre Zusammenfassung finden. Unterstützung und Förderung erhält jede Gruppe, deren revolutionärer Geist dafür bürgt, daß ihre Tätigkeit dem Sturz der nationalsozialistischen Diktatur im Rahmen der Einigkeit der Arbeiterklasse dient. Die Führung ist sich dabei bewußt, daß sie der ständigen Mitwirkung und Beratung der Leiter der illegalen Gruppen bedarf.

D: Dowe/Klotzbach, S. 214 f.

25 *Kundgebung an das deutsche Volk.* Lutetia-Konferenz. 2. Februar 1936

Der Text wurde weitgehend von Heinrich Mann ausgearbeitet und nach heftiger Diskussion mit einigen Abänderungen einstimmig angenommen. Man verzichtete darauf, ihn namentlich zu unterzeichnen.

Über hundert Vertreter des freiheitlichen deutschen Bürgertums und der deutschen Arbeiterschaft aller Richtungen, die Anfang Februar 1936, drei Jahre nach dem Beginn des gegenwärtigen deutschen Regimes, zu einer Tagung im Ausland versammelt waren, beschließen ihre Prüfung und Aussprache einmütig wie folgt:

Sie stellen fest:

1) Die gegenwärtige deutsche Regierung hat die wirtschaftlichen und sozialen Zustände durch Vergeudung, Rüstung, Zerstörung des Außenhandels und Zertrümmerung der Kaufkraft zerrüttet. Unter diesem Regime ist fortschreitende Verschlimmerung unausbleiblich.

2) Die gegenwärtige deutsche Regierung hat durch das undeutsche System der Willkür, der Gewalt, des Gewissenszwanges und der persönlichen Bereicherung der Machthaber eine tiefe und einheitliche Sehnsucht nahezu aller Deutschen, ausgenommen der direkten Nutznießer des Systems, nach dem Ende dieses Terrors und nach Wiederherstellung der elementarsten Menschenrechte ausgelöst.

Sie erklären und fordern:

1) Die Wiederherstellung dieser elementaren Rechte geht in der Gegenwart allem anderen voran. Die einzelnen Parteien und Gruppen werden aufgerufen, sich zusammenzufinden und ohne Aufgabe ihrer programmatischen Ziele ihre ganze Kraft auf die Verwirklichung folgender allgemein gültiger und fundamentaler Postulate zu richten:

Freiheit der Gesinnung, der Meinungsäußerung, der Forschung und der Lehre;
Freiheit des Glaubens und der Religionsausübung;
Freiheit der Person;
Achtung der Heiligkeit des menschlichen Lebens;
Rechtssicherheit und Gleichheit vor dem Gesetz;
Verantwortlichkeit und Absetzbarkeit der oberen Staatsorgane;
Kontrolle über die öffentlichen Einnahmen und Ausgaben;
Ausrottung der Korruption und der parasitären Parteiherrschaft.

2) Jede Gruppe und alle Einzelnen, die diese elementaren Forderungen als ihre eigenen empfinden, werden feierlich aufgerufen, sich als Kampfgefährten und als Verbündete jeder anderen Gruppe und aller anderen einzelnen zu fühlen und zu betätigen, von denen feststeht, daß sie die gleichen Forderungen als ihre eigenen empfinden. Es ist ihre Pflicht, über alle Klassen-, Gruppen- und Parteischranken hinweg überall und in jeder Lage Freundschaft miteinander zu suchen und zu pflegen, Beistand und Schutz einander zu bieten und zu leisten.

3) Zur heiligen Pflicht wird diese Haltung in einem Zeitpunkt, in dem durch die höchstgesteigerten militärischen, wirtschaftlichen, moralischen und politischen Kriegsvorbereitungen der gegenwärtigen deutschen Regierung die Gefahr näher rückt, daß das in dem – heute wie je maßgeblichen – Buch »Mein Kampf« klar und ausführlich entwickelte Programm des Vernichtungs- und Eroberungskrieges durchgeführt werden wird. Angesichts dieses Schrecknisses, das Deutschland selbst und die übrige Welt mit Zerstörung bedroht, wird eindringlich festgestellt, daß der Ausbruch oder Nichtausbruch des Verderbens vielleicht davon abhängt, ob und in welchem Grade die Widerstände sich im deutschen Volke verbreitern und zusam-

menschließen. Alle Gruppen und alle Einzelnen, die diesem Aufruf zur Bundesgenossenschaft entsprechen, helfen zu ihrem Teil mit, das deutsche Vaterland und Volk und mit ihnen die übrigen Länder und Völker vor der Austilgung durch einen neuen Weltkrieg zu bewahren.

Sie beschließen:

Der engere Ausschuß wird beauftragt, durch geeignete Sachbearbeiter eine Plattform zur Sammlung aller Oppositionsgruppen aufstellen zu lassen. Diese Gemeinschaft hat die Aufgabe, ein Programm auszuarbeiten, das die Grundlage für ein Deutschland der Freiheit und des Friedens, der Gesittung, der Reinlichkeit und des Rechts und einer starken, selbstbewußten, gegen den Mißbrauch durch übermächtige Kräfte gesicherten und energischen Demokratie der Arbeitenden in Stadt und Land sein wird.

D: Langkau-Alex, S. 210–212.

26 Beschluss zur Gründung der Union deutscher sozialistischer Organisationen in Großbritannien. 18. März 1941

Die deutschen Sozialisten in Großbritannien sind einig in der Überzeugung, daß die militärische Niederlage und der Sturz des Hitlersystems, die endgültige Überwindung des deutschen Militarismus und die Beseitigung der sozialen Grundlagen der Hitlerdiktatur unerläßliche Voraussetzungen bilden für einen dauernden Frieden, den Wiederaufbau Europas und eine demokratische und sozialistische Zukunft Deutschlands. Im Hinblick auf die besonderen Aufgaben, die sich für die in Großbritannien lebenden deutschen Sozialisten während des Krieges ergeben, erklären die unterzeichneten Organisationen ihre Entschlossenheit, unter Wahrung ihrer politischen Unabhängigkeit als deutsche Sozialisten den Kampf für die Niederlage Hitlers und seiner Bundesgenossen mit allen ihnen zur Verfügung stehenden Mitteln und im Bündnis mit allen Gegnern der totalitären Kräfte zu führen.

Vorstand der Sozialdemokratischen Partei Deutschlands [SPD]

Leitung der Sozialistischen Arbeiter-Partei in Großbritannien [SAP]

Vorstand des Internationalen Sozialistischen Kampfbundes [ISK]

Auslandsbüro »Neubeginnen«.

D: *Zur Politik deutscher Sozialisten. Politische Kundgebungen und programmatische Richtlinien der Union deutscher sozialistischer Organisationen in Großbritannien*, London 1945, S. 26.

27 *Manifest der demokratischen Sozialisten des ehemaligen Konzentrationslagers Buchenwald.* 13. April 1945 *(Auszug)*

Das von Hermann Brill, Ernst Thape und Benedikt Kautsky gestaltete Manifest besteht aus einer Präambel und sieben Abschnitten.

Wir haben Gefängnis, Zuchthaus und Konzentrationslager ertragen, weil wir glaubten, auch unter der Diktatur für die Gedanken und Ziele des Sozialismus und für die Erhaltung des Friedens arbeiten zu müssen. In Zuchthaus und Konzentrationslager setzten wir trotz täglicher Bedrohung mit einem elenden Tode unsere konspirative Tätigkeit fort. Durch diesen Kampf ist es uns vergönnt gewesen, menschliche, moralische und geistige Erfahrungen zu sammeln, wie sie in normalen Lebensformen unmöglich sind. Vor dem Schattengesicht der Blutzeugen unserer Weltanschauung, die durch die hitleristischen Henker gestorben sind, wie auch in der besonderen Verantwortung für die Zukunft unserer Kinder halten wir uns deshalb für berechtigt und verpflichtet, dem deutschen Volke zu sagen, welche Maßnahmen notwendig sind, um Deutschland aus diesem geschichtlich beispiellosen Zusammenbruch zu retten und ihm wieder Achtung und Vertrauen im Rate der Nationen zu verschaffen.

1. Vernichtung des Faschismus

Solange Faschismus und Militarismus in Deutschland nicht restlos vernichtet sind, wird es keine Ruhe und keinen Frieden bei uns und in der Welt geben. Unsere ersten Anstrengungen müssen darauf gerichtet sein, alle gesellschaftlichen Erscheinungen dieser blutigen Unterdrückung des Lebens für immer zu beseitigen.

Alle Gesetze, Erlasse, Verordnungen, Verfügungen, Urteile, Bescheide und sonstigen Rechtsvorschriften, die zur Begründung, Förderung und Behauptung der Diktatur gedient haben, sind aufzuheben.

Die NSDAP mit allen ihren Gliederungen und angeschlossenen Verbänden ist zu verbieten und aufzulösen, ihr Vermögen zugunsten der Opfer ihres Terrors einzuziehen, ihren Mitgliedern sind die politischen Rechte zu entziehen. Alle begangenen Verbrechen sind durch Volksgerichte schnell, streng und gerecht zu bestrafen und die Verurteilten einem Strafvollzug nach ihren eigenen Anschauungen zu unterwerfen. Alle zu Unrecht erworbenen Vermögen der Nutznießer des Regimes sind zu enteignen. Nationalsozialistische Aufstandsversuche sind rücksichtslos niederzukämpfen.

Darüber hinaus sind alle faschistischen und militaristischen Organisationen dem gleichen Verfahren zu unterwerfen.

Ebenso ist die hitleristische Wehrmacht mit allen ihren Institutionen aufzulösen. Den Bedürfnissen der öffentlichen Sicherheit kann durch eine Miliz genügt werden.

Alle Beamten, die als Träger der Diktatur tätig gewesen sind, müssen unverzüglich den öffentlichen Dienst verlassen.

Kriegsverbrecher und Kriegsverlängerer sind nach den Geboten des internationalen Rechts von deutschen Gerichten zu bestrafen.

2. *Aufbau der Volksrepublik*

Diese riesenhafte Arbeit kann nur geleistet werden, wenn sich alle antifaschistischen Kräfte zu einem unverbrüchlichen Bündnis zusammenschließen. Zu diesem Zwecke erstreben wir einen neuen Typ der Demokratie, die sich nicht in einem leeren, formelhaften Parlamentarismus erschöpft, sondern den breiten Massen in Stadt und Land eine effektive Betätigung in Politik und Verwaltung ermöglicht.

Zuerst sind in allen Orten antifaschistische Volksausschüsse zu bilden, die sobald als möglich durch Heranziehung antifaschistischer Organisationen auf eine urdemokratische Grundlage zu stellen sind.

Aus diesen Volksausschüssen ist für das ganze Reich ein Deutscher Volkskongreß zu berufen, der eine Volksregierung einzusetzen und eine Volksvertretung zu wählen hat.

Die bürgerlichen Freiheiten der Person, des Glaubens, des Denkens, der Rede und Schrift, der Freizügigkeit und des Koalitionsrechts sind sofort wiederherzustellen.

Die Volksausschüsse haben Gemeinderäte, diese durch Delegierte Kreis- und Landesräte zu wählen. Die Behördenvorstände in Stadt und Land sind neu zu bestellen. Staatskommissare haben die Kontrolle der übrigen Verwaltung zu übernehmen.

Das Reich ist unter Beseitigung des ganzen bisherigen Regierungsapparates der Länder nach wirtschaftlichen und sozialen Gesichtspunkten neu zu gliedern, die Verwaltung zusammenzufassen, zu vereinfachen und zu verbilligen.

Das privilegierte Berufsbeamtentum ist abzuschaffen und durch ein hochqualifiziertes, sauberes, sozial modernes Volksbeamtentum zu ersetzen.

Es folgen die Abschnitte Befreiung der Arbeit, Sozialisierung der Wirtschaft, Friede und Recht, Humanität, Sozialistische Einheit.

D: Abendroth, S. 123 f.

28 Carlo Schmid: *Die Wandlung der Deutschen Sozialdemokratie*. 17. November 1953 *(Auszug)*

Der Aufsatz erschien in der »Neuen Ruhr-Zeitung«.

Wir sind stark genug, um ohne Schaden für das unvergängliche Gut der Arbeiterbewegung, abwerfen zu können, was im Laufe der Zeit zu totem Ballast geworden sein mag. Dazu werden manche Dinge gehören, die einst – mit echtem geschichtlichen Recht – unseren Vorvorderen teuer gewesen sind, weil sie nach dem Stand der Erkenntnisse ihrer Zeit und auf Grund der Wirklichkeit von einst für wesentlich gehalten werden durften. In der SPD ist man sich schon lange vor der Wahl – eigentlich seit 1945 – klar darüber gewesen, daß der politische Ort der Partei im Gefüge unserer geistigen und gesellschaftlichen Wirklichkeit anderswo zu suchen sei als in früheren Jahrzehnten. Hätte nicht angesichts kommunistischer Bedrohung in verwirrtester Zeit die Notwendigkeit bestanden, alles zu vermeiden, was Unruhe und Unsicherheit in die sich langsam wieder zusammenfindenden Reihen der Getreuen tragen konnte, wäre der Erkenntniswandel, der sich im Bewußtsein der

Sozialdemokraten vollzogen hatte, deutlicher und früher sichtbar geworden.

Die SPD ist einst als Weltanschauungspartei entstanden. Ihre Weltanschauung war die Wissenschaftsgläubigkeit des mittleren 19. Jahrhunderts, der Glaube, daß auch die Geschichte wissenschaftlich deutbar und damit, insbesondere vom Ökonomischen her, vorausberechenbar sei. So wurde sie, deren Erzieher einst ausgezogen sind, den Drachen der Ideologie zu töten, zu einer Partei, hinter deren wissenschaftlichem Vordergrundsweltbild sich der fast chiliastische Glaube verbarg, bei folgerichtiger Entwicklung der ökonomischen Grundverhältnisse müsse eines Tages – wenn unter vielen Mühen und schmerzhaften Geburtswehen, so doch mit naturgesetzlicher Notwendigkeit – etwas wie ein irdisches Paradies entstehen. Der Vollstrecker dieses Prozesses sollte die Arbeiterklasse sein. Ihr galt es, politisch die Macht zu verschaffen. Dann werde das Übel aller Übel, der Staat, der ja nichts anderes sei als das Herrschaftsinstrument der zur Zeit herrschenden Klasse der Kapitalisten, sich selbst aufheben und an die Stelle der Herrschaft von Menschen über Menschen werde die allgemeine Verwaltung von Sachen treten. Dann erst werde Freiheit und echte Moral unter Menschen möglich sein. Man darf bei dieser Betrachtung nicht vergessen, daß es auch vorher einen Klassenkampf gab, jenen nämlich, der von oben gegen die Arbeiterschaft geführt wurde, und daß ohne den Zusammenschluß der Arbeiterschaft in einer politischen Partei und in den Gewerkschaften der einzelne Arbeiter dem ausbeuterischen Mechanismus der kapitalistischen Wirtschaft hilflos preisgegeben wäre. [...]

Die Wissenschaft ist in unserem Jahrhundert bescheidener geworden, als sie es in der Maienblüte des 19. Jahrhunderts gewesen war. Sie weiß heute um die Rolle des Spontanen in der Geschichte, und daß es schlechthin unmöglich ist, geschichtliche Zukunft vorauszuberechnen, und sie weiß auch, daß das Ökonomische nicht die einzige – ja, nicht einmal die wesentliche Triebfeder geschichtlichen Handelns ist. Mit der Erkenntnis der Unmöglichkeit, den Anbruch eines inhaltlich vorbestimmten Zeitalters vorauszusagen, hörte Politik auf, die Erfüllung eines aufgegebenen Weltbildes zu sein. Sie konnte fortan nicht mehr sein als Bemühung um die Schaffung immer besserer Zustände für den einzelnen und für die Völker in den Grenzen bestimmter Gegebenheiten. Die SPD hat aus der Absage an den absoluten Glauben an eine ökonomische Automatik in der Geschichte die Konsequenzen gezogen und sie auf dem Parteitag in Hamburg im Jahre 1950 deutlich ausgesprochen. Sie ist keine Weltanschauungspartei mehr. Zu ihr kann, aus welchem weltanschaulichen Lager auch immer, jeder stoßen, der der Meinung ist, daß alles getan werden müsse, um den materiellen, moralischen und geistigen Lebensstandard des Volkes zu heben, und der entschlossen ist, sich dabei ausschließlich demokratischer und rechtsstaatlicher Wege zu bedienen und den Menschen in die Mitte zu stellen. Man kann die Formulierung wagen, daß der Sozialismus der SPD der Ort ist, an dem sich zu Ende gedachtes liberales und konservatives Denken treffen könnten – vorausgesetzt, daß man unter liberal und konservativ schöpferische und fortzeugende Lebenskräfte versteht und nicht etwa Petrefakte. [...]

D: *Klassenbuch 3. Ein Lesebuch zu den Klassenkämpfen in Deutschland 1920–1971*, hrsg. von Hans Magnus Enzensberger [u. a.], 5. Aufl., Darmstadt 1977, S. 207–209. – Mit Genehmigung von Hans Schmid, Tübingen.

29 Politische Plattform der Harich-Gruppe. November 1956 *(Auszug)*

Wir sind eine Gruppe von SED-Funktionären, die über eine breite bewußte und über eine noch breitere unbewußte Anhängerschaft verfügt. Diese Anhängerschaft hat sich besonders aus den Kulturinstitutionen der DDR herausgebildet, aus Universitäten, Hochschulen, Zeitungsredaktionen, Verlagen und Lektoraten.

Wir lernten besonders aus den Beschlüssen des XX. Parteitages der KPdSU und aus unseren Kontakten mit ausländischen Genossen. Durch persönliche Diskussionen mit polnischen, ungarischen und jugoslawischen Genossen wurden wir in der Richtigkeit unserer Auffassungen bestätigt. Besonderen Einfluß hat auf unsere ideologische Entwicklung der Genosse GEORG LUKÁCS genommen.

BERTOLT BRECHT hat mit unserer Gruppe bis zu seinem Tode stark sympathisiert und in ihr die gesunden Kräfte der Partei gesehen. In unseren häufigen Diskussionen mit BERTOLT BRECHT konnten wir feststellen, wie verbittert er über die bestehenden Zustände in der DDR war.

In unserer Gruppe fand ein langer ideologischer Klärungsprozeß statt, der seinen Anfang kurz nach STALINS Tod nahm und durch den 17. Juni 1953 stark beschleunigt wurde. Nach dem XX. Parteitag der KPdSU haben wir eine Plattform über den besonderen deutschen Weg zum Sozialismus ausgearbeitet und wollten sie in der Partei diskutieren. [...]

Wir wollten unsere Konzeption vom besonderen deutschen Weg zum Sozialismus und unsere Plattform eines vom Stalinismus befreiten Marxismus-Leninismus vollkommen legal in der Partei und in der DDR diskutieren und verwirklichen.

Diese Legalität findet aber dort ihre Grenzen und ihr Ende, wo die gegenwärtige Parteiführung den Boden der Legalität verläßt. Nach unserer Meinung hat die Parteiführung diesen Boden der Legalität bereits verlassen. Ausdruck dafür war die 3. Parteikonferenz der SED mit ihrer Verniedlichung des XX. Parteitages der KPdSU. Ausdruck dafür ist ferner das Verhalten unserer Parteiführung gegenüber den Ereignissen in Polen und Ungarn. Man geht in unserer Partei trotz gegenteiliger offizieller Behauptung systematisch zum Personenkult zurück.

Man würgt in unserer Partei die Diskussion ab, knebelt die Presse und bezeichnet vollkommen unmarxistisch jede Unzufriedenheit der Arbeiter als das Werk imperialistischer Agenten. In einer solchen Situation darf die Parteidisziplin nicht Selbstzweck werden. Wir haben in Karl Liebknecht unser Vorbild, der 1914 und 1918 die Parteidisziplin brach, um die Partei zu retten.

Wenn wir daher mit unserer gegenwärtigen Parteiführung brechen, so bedeutet dieser Bruch keinen Bruch mit der Kommunistischen Partei; denn eine Parteiführung ist niemals identisch mit der Partei. Wir haben auch nicht die Absicht, die DDR im Stich zu lassen und uns als Bürger der DDR der Verantwortung für den augenblicklich herrschenden Zustand in der DDR zu entziehen.

Wir haben alle schuld an der Situation, wie sie von unserer Partei in der DDR herbeigeführt worden ist. Darum haben wir jetzt auch die Pflicht, diese Situation in unserem Sinne zu ändern und für eine solche Änderung zu kämpfen.

Darum ist es auch unsere Pflicht, von unserer Seite her eine neue Haltung gegenüber der SPD einzunehmen: denn die SPD ist die stärkste Arbeiterpartei Deutschlands und hat in Westdeutschland die Einheit der Arbeiterklasse verwirklicht.

Wir sind mit der SPD in vielen Punkten nicht einverstanden. Das sind vor allen Dingen die in der SPD vorhandenen bürgerlich-demokratischen und teilweise auch opportunistischen und revisionistischen Tendenzen. Aber wir sind mit der SPD in den zentralsten Fragen einverstanden. Aus dieser Übereinstimmung in den zentralsten Fragen ergibt sich auch die Möglichkeit zur Überwindung der Spaltung Deutschlands.

D: Günther Hillmann, *Selbstkritik des Kommunismus. Texte der Opposition*, Reinbek 1967, S. 189 ff.

30 Godesberger Programm der SPD. 15. November 1959 *(Auszug)*

Es handelt sich um den Schluss des Programms, der mit »Unser Weg« überschrieben ist.

Die sozialistische Bewegung erfüllt eine geschichtliche Aufgabe. Sie begann als ein natürlicher und sittlicher Protest der Lohnarbeiter gegen das kapitalistische System. Die gewaltige Entfaltung der Produktivkräfte durch Wissenschaft und Technik brachte einer kleinen Schicht Reichtum und Macht, den Lohnarbeitern zunächst nur Not und Elend. Die Vorrechte der herrschenden Klassen zu beseitigen und allen Menschen Freiheit, Gerechtigkeit und Wohlstand zu bringen – das war und das ist der Sinn des Sozialismus.

Die Arbeiterschaft war in ihrem Kampf nur auf sich gestellt. Ihr Selbstbewußtsein wurde geweckt durch die Erkenntnis ihrer eigenen Lage, durch den entschlossenen Willen, sie zu verändern, durch die Solidarität in ihren Aktionen und durch die sichtbaren Erfolge ihres Kampfes.

Schweren Rückschlägen und manchen Irrtümern zum Trotz hat die Arbeiterbewegung im neunzehnten und zwanzigsten Jahrhundert die Anerkennung vieler ihrer Forderungen erzwungen. Der einst schutz- und rechtlose Proletarier, der sich für einen Hungerlohn täglich sechzehn Stunden schinden mußte, erreichte den gesetzlichen Achtstundentag, den Arbeitsschutz, die Versicherung gegen Arbeitslosigkeit, Krankheit, Siechtum und für seinen Lebensabend. Er erreichte das Verbot der Kinderarbeit, der Nachtarbeit für die Frauen, den Jugend- und Mutterschutz und bezahlten Urlaub. Er erstritt sich die Versammlungsfreiheit, das Recht zum gewerkschaftlichen Zusammenschluß, das Tarifrecht und das Streikrecht. Er ist dabei, sein Recht auf Mitbestimmung durchzusetzen. Der einst das bloße Ausbeutungsobjekt der herrschenden Klasse war, nimmt jetzt seinen Platz ein als Staatsbürger mit anerkannten gleichen Rechten und Pflichten.

In einigen Ländern Europas wurden unter sozialdemokratischen Regierungen bereits die Fundamente einer neuen Gesellschaft gelegt. Soziale Sicherheit und die Demokratisierung der Wirtschaft werden in zunehmendem Maße verwirklicht.

Diese Erfolge sind Meilensteine auf dem opferreichen Weg der Arbeiterbewegung. Sie hat mit ihrer wachsenden Befreiung der Freiheit aller Menschen gedient. Die Sozialdemokratische Partei ist aus einer Partei der Arbeiterklasse zu einer Partei des Volkes geworden. Sie will die Kräfte, die durch die industrielle Revolution und durch die Technisierung aller Lebensbereiche entbunden wurden, in den Dienst von Freiheit und Gerechtigkeit für alle stellen. Die gesellschaftlichen Kräfte, die die kapitalistische Welt aufgebaut haben, versagen vor dieser Aufgabe unserer Zeit. Ihre Geschichte ist eine imponierende Entfaltung technischen und wirtschaftlichen Aufschwungs, aber auch eine Kette verheerender Kriege, riesiger Massenarbeitslosigkeit, enteignender Inflationen und wirtschaftlicher Unsicherheit. Die alten Kräfte erweisen sich als unfähig, der brutalen kommunistischen Herausforderung das überlegene Programm einer neuen Ordnung politischer und persönlicher Freiheit und Selbstbestimmung, wirtschaftlicher Sicherheit und sozialer Gerechtigkeit entgegenzustellen. Deshalb können sie auch nicht den Anspruch der jungen Staaten auf solidarische Hilfe erfüllen, die eben das Joch der kolonialen Ausbeutung abschütteln und die ihre nationale Zukunft in Freiheit aufbauen und am Wohlstand der Welt teilnehmen wollen. Sie wehren sich gegen die Lockung der Kommunisten, die sie in ihren Machtbereich einzubeziehen versuchen.

Die Kommunisten unterdrücken die Freiheit radikal. Sie vergewaltigen die Menschenrechte und das Selbstbestimmungsrecht der Persönlichkeit und der Völker. Gegen ihren Machtapparat stellen sich heute zunehmend auch die Menschen der kommunistisch regierten Länder selber. Auch dort vollziehen sich Wandlungen. Auch dort wächst das Freiheitsstreben, das keine Herrschaft auf die Dauer völlig niederhalten kann. Aber die kommunistischen Machthaber kämpfen um ihre Selbstbehauptung. Auf dem Rücken ihrer Völker errichten sie eine wirtschaftliche und militärische Macht, die zur wachsenden Bedrohung der Freiheit wird.

Darum ist die Hoffnung der Welt eine Ordnung, die auf den Grundwerten des demokratischen Sozialismus aufbaut, der eine menschenwürdige Gesellschaft, frei von Not und Furcht, frei von Krieg und Unterdrückung schaffen will, in Gemeinschaft mit allen, die guten Willens sind.

Jeder, Mann und Frau, ist aufgerufen, hier und in allen Ländern der Erde.

Auf deutschem Boden sammeln sich die Sozialisten in der Sozialdemokratischen Partei Deutschlands, die jeden in ihren Reihen willkommen heißt, der sich zu den Grundwerten und Grundforderungen des demokratischen Sozialismus bekennt.

D: *Protokoll der Verhandlungen des Außerordentlichen Parteitags der SPD vom 13.–15. November 1959 in Bad Godesberg*, Bonn 1960, S. 29 f.

Verzeichnis der Abkürzungen

ADAV	Allgemeiner Deutscher Arbeiterverein
BHE	Block der Heimatvertriebenen und Entrechteten
BP	Bayernpartei
BRD	Bundesrepublik Deutschland
BVP	Bayerische Volkspartei
CDU	Christlich Demokratische Union
CSU	Christlich Soziale Union
DAF	Deutsche Arbeitsfront
DDP	Deutsche Demokratische Partei
DDR	Deutsche Demokratische Republik
DG	Demokratische Gesellschaft
DKP	Deutsche Kommunistische Partei
DNVP	Deutschnationale Volkspartei
DP	Deutsche Partei
DRP	Deutsche Rechtspartei / Deutsche Reichspartei
DVP	Deutsche Volkspartei
FDP	Freie Demokratische Partei
IAA	Internationale Arbeiterassoziation
KAV	Kölner Arbeiterverein
Komintern	Kommunistische Internationale
KPD	Kommunistische Partei Deutschlands
KPO	KPD (Opposition)
KPdSU	Kommunistische Partei der Sowjetunion
KZ	Konzentrationslager
LPG	Landwirtschaftliche Produktionsgenossenschaft
MdB	Mitglied des Bundestags
MdL	Mitglied des Landtags
MdR	Mitglied des Reichstags
MEW	Marx-Engels-Werke
MSPD	Mehrheitssozialdemokratische Partei

	Deutschlands
NPD	Nationaldemokratische Partei Deutschlands
NRhZ	Neue Rheinische Zeitung
NSDAP	Nationalsozialistische Deutsche Arbeiterpartei
PDS	Partei Demokratischer Sozialisten
RGO	Revolutionäre Gewerkschaftsopposition
SAP	Sozialistische Arbeiterpartei
SAPD	Sozialistische Arbeiterpartei Deutschlands
SBZ	Sowjetische Besatzungszone
SDAP	Sozialdemokratische Arbeiterpartei
SDS	Sozialistischer Deutscher Studentenbund
SED	Sozialistische Einheitspartei Deutschlands
SHB	Sozialdemokratischer Hochschulbund
SMAD	Sowjetische Militäradministration
SPD	Sozialdemokratische Partei Deutschlands
SS	Schutzstaffel
UdSSR	Union der Sozialistischen Sowjet-Republiken
USPD	Unabhängige Sozialdemokratische Partei Deutschlands
VEB	Volkseigener Betrieb
WAV	Wirtschaftliche Aufbau-Vereinigung
ZA	Zentralausschuss
ZK	Zentralkomitee

Literaturhinweise

Die folgende Bibliographie strebt weder Vollständigkeit an, noch will sie Rechenschaft darüber geben, auf welche Werke sich die Darstellung in diesem Band stützt. Sie stellt vielmehr eine Anleitung zum selbständigen Weiterstudium dar.

Quellen

Bebel, August: Aus meinem Leben. 3 Bde. Stuttgart 1910–14.
– Die Frau und der Sozialismus. 16. Aufl. Stuttgart 1892.
– Schriften 1862 bis 1913. 2 Bde. Hrsg. von Cora Stephan. Frankfurt a. M. 1981.
Bermbach, Udo (Hrsg.): Theorie und Praxis der direkten Demokratie. Texte und Materialien zur Räte-Diskussion. Opladen 1973.
Bernstein, Eduard: Die Voraussetzungen des Sozialismus und die Aufgaben der Sozialdemokratie. Reinbek 1969. [Zuerst 1899.]
– Texte zum Revisionismus. Hrsg. von Horst Heimann. Bonn-Bad Godesberg 1977.
Born, Stephan: Erinnerungen eines Achtundvierzigers. Hrsg. von Hans J. Schütz. Bonn 1978.
Deutsches Bürgerbuch für 1845. Hrsg. von Hermann Püttmann. Köln 1975. [Nachdr.]
Dowe, Dieter / Klotzbach, Kurt: Programmatische Dokumente der deutschen Sozialdemokratie. 3., überarb. Aufl. Berlin 1990.
Ebert, Friedrich: Schriften, Aufzeichnungen, Reden. 2 Bde. Dresden 1926.
Emmerich, Wolfgang (Hrsg.): Proletarische Lebensläufe. Autobiographische Dokumente zur Entstehung der »Zweiten Kultur« in Deutschland. 2 Bde. Reinbek 1974/75.
Havemann, Robert: Berliner Schriften. München 1977.
Hilferding, Rudolf: Zwischen den Stühlen oder über die Unvermeidbarkeit von Theorie und Praxis. Schriften 1904 bis 1940. Hrsg. von Cora Stephan. Berlin 1982.
Hoelz, Max: Vom »weissen Kreuz« zur roten Fahne. Jugend-, Kampf- und Zuchthauserlebnisse. Berlin 1929.

Kuckuk, Peter (Hrsg.): Revolution und Räterepublik in Bremen. Frankfurt a. M. 1969.

Lassalle, Ferdinand: Reden und Schriften. Hrsg. von Friedrich Jenaczek. München 1970.

Levi, Paul: Zwischen Spartakus und Sozialdemokratie. Schriften, Aufsätze, Reden und Briefe. Frankfurt a. M. 1969.

Liebknecht, Karl: Gesammelte Reden und Schriften. 9 Bde. Berlin 1958–68.

Liebknecht, Wilhelm: Kleine politische Schriften. Frankfurt a. M. 1976.

Luxemburg, Rosa: Gesammelte Werke. 5 Bde. Berlin 1970–75.

Marx, Karl / Engels, Friedrich: Studienausgabe in 4 Bänden. Hrsg. von Iring Fetscher. Frankfurt a. M. 1966.

Ritter, Gerhard A. / Miller, Susanne: Die Deutsche Revolution 1918/19. 2. Aufl. Frankfurt a. M. 1983.

Rüden, Peter von / Koszyk, Kurt: Dokumente und Materialien zur Kulturgeschichte der deutschen Arbeiterbewegung 1848–1918. Frankfurt a. M. 1979.

Scheidemann, Philipp: Memoiren eines Sozialdemokraten. 2 Bde. Dresden 1928.

Spartakusbriefe. Hrsg. vom Institut für Marxismus-Leninismus beim ZK der SED. Berlin 1958.

Viesel, Hansjörg (Hrsg.): Literaten an der Wand. Die Münchner Räterepublik und die Schriftsteller. Frankfurt a. M. 1980.

Vollmar, Georg von: Reden und Schriften zur Reformpolitik. Berlin 1977.

Wehner, Herbert: Wandel und Bewährung. Ausgewählte Reden und Schriften 1930–1967. Frankfurt a. M. / Hannover 1968.

Bildbände

Achten, Udo: Illustrierte Geschichte des 1. Mai. Oberhausen 1979.

Eckert, Georg (Hrsg.): 1863–1963. Hundert Jahre deutsche Sozialdemokratie. Bilder und Dokumente. Hannover 1963.

Ruppert, Wolfgang: Die Fabrik. Geschichte von Arbeit und Industrialisierung in Deutschland. München 1983.

Türk, Klaus: Bilder der Arbeit. Wiesbaden 2000.

Gesamtdarstellungen

Abendroth, Wolfgang: Aufstieg und Krise der deutschen Sozialdemokratie. 4., erw. Aufl. Köln 1978. [1. Aufl. 1964.]

Bock, Hans Manfred: Geschichte des »linken Radikalismus« in Deutschland. Ein Versuch. Frankfurt a. M. 1976.

Freyberg, Jutta von [u. a.]: Geschichte der deutschen Sozialdemokratie. 3., erw. Aufl. Köln 1989. [1. Aufl. 1975.]

Geschichte der deutschen Arbeiterbewegung. Hrsg. vom Institut für Marxismus-Leninismus beim ZK der SED. 12 Bde. Berlin 1966–68.

Grebing, Helga: Geschichte der deutschen Arbeiterbewegung. 11. Aufl. München 1981.

Klönne, Arno: Die deutsche Arbeiterbewegung. 4. Aufl. Köln 1985 [1. Aufl. 1980. Taschenbuchausg. 1989.]

Lehnert, Detlef: Sozialdemokratie zwischen Protestbewegung und Regierungspartei 1848–1983. 2. Aufl. Frankfurt a. M. 1984. [1. Aufl. 1983.]

Miller, Susanne / Potthoff, Heinrich: Kleine Geschichte der SPD. 2 Bde. 8., erw. Aufl. Bonn 2002. [1. Aufl. 1974.]

Rovan, Joseph: Geschichte der deutschen Sozialdemokratie. Frankfurt a. M. 1980.

Schildt, Gerhard: Die Arbeiterschaft im 19. und 20. Jahrhundert. München 1996. (Enzyklopädie deutscher Geschichte. 36.)

Schönhoven, Klaus: Die deutschen Gewerkschaften. 2. Aufl. Frankfurt a. M. 1988.

Biographien

Adolph, Hans J. L.: Otto Wels und die Politik der deutschen Sozialdemokratie 1894–1939. Eine politische Biographie. Berlin 1971.

Beradt, Charlotte: Paul Levi. Ein demokratischer Sozialist in der Weimarer Republik. Frankfurt a. M. 1969.

Carsten, Francis L.: Eduard Bernstein. Eine politische Biographie. München 1993.

Dornemann, Luise: Clara Zetkin. Leben und Wirken. Berlin 1974.

Ediner, Lewis J.: Kurt Schumacher. Persönlichkeit und politisches Verhalten. Köln 1967.

Gilcher-Holtey, Ingrid: Das Mandat des Intellektuellen. Karl Kautsky und die Sozialdemokratie. Berlin 1986.
Grau, Bernhard: Kurt Eisner 1867–1919. Eine Biographie. München 2001.
Kramme, Monika: Franz Mehring – Theorie und Alltagsarbeit. Frankfurt a. M. 1980.
Mayer, Gustav: Friedrich Engels. Eine Biographie. 2 Bde. 2., verb. Aufl. Den Haag 1934.
Mehring, Franz: Karl Marx. Geschichte seines Lebens. 5., erw. Aufl. Leipzig 1933.
Merseburger, Peter: Willy Brandt (1913–1992). Visionär und Realist. Stuttgart 2002.
Na'aman, Shlomo: Lassalle. 2. Aufl. Hannover 1971.
Nettl, Peter: Rosa Luxemburg. Köln/Berlin 1965.
Schulze, Hagen: Otto Braun oder Preußens demokratische Sendung. Eine Biographie. Frankfurt a. M. 1977.
Trotnow, Helmut: Karl Liebknecht. Eine politische Biographie. Köln 1980.
Weitz, Ulrich: Salonkultur und Proletariat. Eduard Fuchs – Sammler, Sittengeschichtler, Sozialist. Stuttgart 1991.
Witt, Peter-Christian: Friedrich Ebert. Parteiführer, Reichskanzler, Volksbeauftragter, Reichspräsident. 2. Aufl. Bonn 1988.

Darstellungen zu einzelnen Epochen

Anfänge und Revolution 1848/49

Becker, Gerhard: Karl Marx und Friedrich Engels in Köln 1848–1849. Zur Geschichte des Kölner Arbeitervereins. Berlin 1963.
Dowe, Dieter: Aktion und Organisation. Arbeiterbewegung, sozialistische und kommunistische Bewegung in der preußischen Rheinprovinz 1820–1852. Hannover 1970.
Hodenberg, Christina von: Aufstand der Weber. Die Revolte von 1844 und ihr Aufstieg zum Mythos. Bonn 1997.
Kluchert, Gerhard: Geschichtsschreibung und Revolution. Die historischen Schriften von Karl Marx und Friedrich Engels 1846 bis 1852. Stuttgart 1985.
Quarck, Max: Die erste deutsche Arbeiterbewegung. Geschichte der Arbeiterverbrüderung 1848/49. Leipzig 1924.

Schraepler, Ernst: Handwerkerbünde und Arbeitervereine 1830–1853. Berlin 1972.

Welskopp, Thomas: Das Banner der Brüderlichkeit. Die deutsche Sozialdemokratie vom Vormärz bis zum Sozialistengesetz. Bonn 2000.

Wirtz, Rainer: Die Ordnung der Fabrik ist nicht die Fabrikordnung. In: Arbeiteralltag in Stadt und Land. Neue Wege der Geschichtsschreibung. Hrsg. von Heiko Haumann. Berlin 1982. S. 61–88.

Reichsgründungszeit und Wilhelminisches Zeitalter

Fülberth, Georg: Proletarische Partei und bürgerliche Literatur. Auseinandersetzungen in der deutschen Sozialdemokratie der II. Internationale über Möglichkeiten und Grenzen einer sozialistischen Literaturpolitik. Neuwied 1972.

Groh, Dieter: Negative Integration und revolutionärer Attentismus. Die deutsche Sozialdemokratie am Vorabend des Ersten Weltkrieges. Frankfurt 1973. [2. Aufl. 1975. Taschenbuchausg. 1974.]

Mehring, Franz: Geschichte der deutschen Sozialdemokratie. 4 Bde. 12. Aufl. Stuttgart 1922. [1. Aufl. 1898.]

Miller, Susanne: Das Problem der Freiheit im Sozialismus. Freiheit, Staat und Revolution in der Programmatik der Sozialdemokratie von Lassalle bis zum Revisionismusstreit. 5. Aufl. Berlin 1977. [1. Aufl. 1964.]

Ritter, Gerhard A. / Tenfelde, Klaus: Arbeiter im Deutschen Kaiserreich 1871 bis 1914. Bonn 1992.

Steinberg, Hans-Josef: Sozialismus und deutsche Sozialdemokratie. Zur Ideologie der Partei vor dem 1. Weltkrieg. 5., erw. Aufl. Berlin 1979. [1. Aufl. 1967.]

Stephan, Cora: »Genossen, wir dürfen uns nicht von der Geduld hinreißen lassen!« Aus der Urgeschichte der Sozialdemokratie 1862–1878. Frankfurt a. M. 1977.

Erster Weltkrieg und Revolution

Krause, Hartfrid: USPD. Zur Geschichte der Unabhängigen Sozialdemokratischen Partei Deutschlands. Frankfurt a. M. 1975.

Lucas, Erhard: Zwei Formen von Radikalismus in der deutschen Arbeiterbewegung. Frankfurt a. M. 1976.

Miller, Susanne: Burgfrieden und Klassenkampf. Die deutsche Sozialdemokratie im Ersten Weltkrieg. Düsseldorf 1974.
– Die Bürde der Macht. Die deutsche Sozialdemokratie 1918–1920. Düsseldorf 1978.
Oertzen, Peter von: Betriebsräte in der Novemberrevolution. 2., erw. Aufl. Berlin 1976. [1. Aufl. 1963.]
Winkler, Heinrich August: Von der Revolution zur Stabilisierung. Arbeiter und Arbeiterbewegung in der Weimarer Republik 1918 bis 1924. Berlin/Bonn 1984.

Weimarer Republik, Widerstand, Exil

Grebing, Helga / Kinner, Klaus (Hrsg.): Arbeiterbewegung und Faschismus. Faschismus-Interpretationen in der europäischen Arbeiterbewegung. Essen 1990.
Kontos, Sylvia: Die Partei kämpft wie ein Mann. Frauenpolitik der KPD in der Weimarer Republik. Basel / Frankfurt a. M. 1979.
Langkau-Alex, Ursula: Volksfront für Deutschland? Bd. 1: Vorgeschichte und Gründung des »Ausschusses zur Vorbereitung einer deutschen Volksfront«, 1933–1936. Frankfurt a. M. 1977.
Pyta, Wolfgang: Gegen Hitler und für die Republik. Die Auseinandersetzung der deutschen Sozialdemokratie mit der NSDAP in der Weimarer Republik. Düsseldorf 1989.
Rosenberg, Arthur: Geschichte der Weimarer Republik. 20. Aufl. Frankfurt a. M. 1980.
Weber, Hermann: Die Wandlung des deutschen Kommunismus. Die Stalinisierung der KPD in der Weimarer Republik. Gekürzte Studienausg. Frankfurt a. M. 1971.
Winkler, Heinrich August: Der Schein der Normalität. Arbeiter und Arbeiterbewegung in der Weimarer Republik 1924 bis 1930. Berlin/Bonn 1985.
– Der Weg in die Katastrophe. Arbeiter und Arbeiterbewegung in der Weimarer Republik 1930 bis 1933. Berlin/Bonn 1987.

Die Zeit nach 1945

Abelshauser, Werner: Die Langen Fünfziger Jahre. Wirtschaft und Gesellschaft der Bundesrepublik Deutschland 1949–1966. Düsseldorf 1987.

Brauns, Hans Jochen [u. a.]: SPD in der Krise. Die deutsche Sozialdemokratie seit 1945. Frankfurt a. M. 1976.
Fricke, Karl Wilhelm (Hrsg.): Opposition und Widerstand in der DDR. Politische Lebensbilder. München 2002.
Heimann, Horst: Theoriediskussion in der SPD. Ergebnisse und Perspektiven. Frankfurt a. M. 1975.
Henke, Klaus-Dietmar [u. a.] (Hrsg.): Widerstand und Opposition in der DDR. Köln 1999.
Klotzbach, Kurt: Der Weg zur Staatspartei. Programmatik, praktische Politik und Organisation der deutschen Sozialdemokratie 1945 bis 1965. Berlin/Bonn 1982.
Staritz, Dietrich: Geschichte der DDR. Erw. Neuausg. Frankfurt a. M. 1996.

Verzeichnis der Tabellen und Abbildungen

Namenregister

Zum Autor

AXEL KUHN, Jahrgang 1943, Studium der Geschichte, Germanistik und Philosophie. Promotion 1969, Habilitation 1975 im Fach Neuere Geschichte. Seit 1981 Professor für Neuere Geschichte am Historischen Institut der Universität Stuttgart. Forschungsschwerpunkte und Veröffentlichungen in den Bereichen Geschichte der demokratischen Bewegungen in Deutschland, Arbeitergeschichte, Alltagsgeschichte, Französische Revolution.